Alpenklassiker für Motorradfahrer

Bikers Paradies: Nicht nur in den französischen
Alpen erwarten uns traumhafte Strecken.

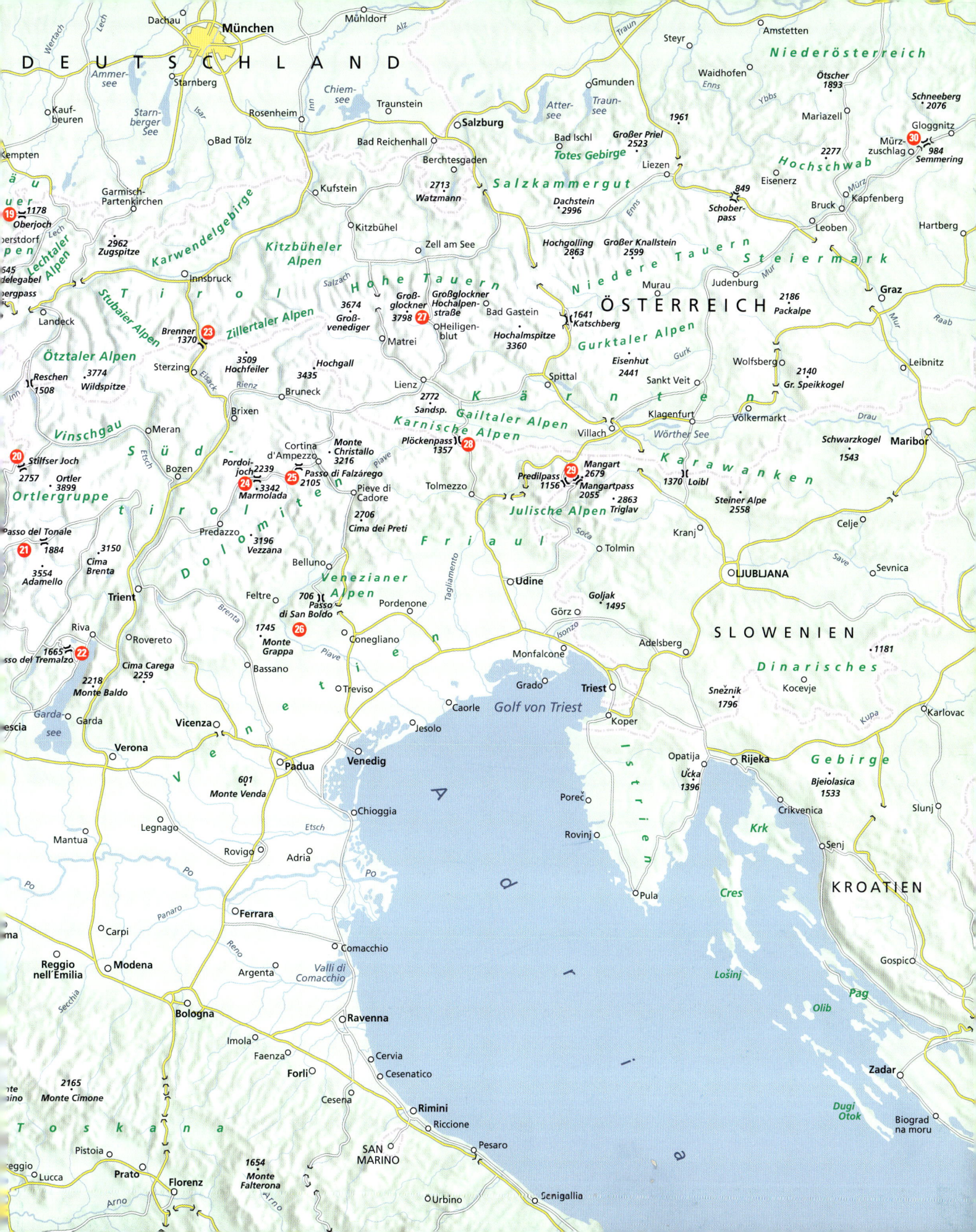

Heinz E. Studt · Markus Golletz

Alpen
Klassiker
für Motorradfahrer

Pässe · Geschichte · Touren

Rund um den Col de l'Iseran gibt es viel zu entdecken.

Inhalt

Bikers Traum!

Kurven- und Kehren-Paradies Großglockner –
schon der Saisonstart im Juni ist ein Genuss.

Auf der Südrampe des Iseran begrüßt
uns bereits der sonnige Süden Europas.

Vorwort

Die im Motorradsattel erreichbaren Pässe der Alpen sind eines der Traumziele wohl jedes europäischen Bikers. Nicht nur, dass sich an ihnen die hohe Kunst des Motorradfahrens perfekt trainieren lässt, sie belohnen uns auch umgehend für unsere Mühe, für die Überwindung unserer Ängste und persönlichen Grenzen wie auch Strapazen. Sie belohnen uns spätestens dort oben auf der Passhöhe mit grandiosen Landschaften, mit atemberaubenden Ausblicken und diesem immer wieder berauschenden Gefühl, das Dach der Welt erobert und erfahren zu haben.

Über 500 Pässe in den Alpen sollen auf dem Mopedsattel erreichbar sein – behaupten Statistiker. Nicht alle davon mögen sich auf den ersten Blick als Höhepunkt erkennbar zeigen, nicht alle von ihnen mögen erinnerungswürdig oder gar anspruchsvoll in ihrer Eroberung sein, doch sie alle haben neben unzähligen fahrerisch reizvollen Komponenten vor allem auch eines zu bieten: eine Geschichte. Sei es eine lange und spannende, die unseren Atem auch heute noch stocken lässt oder eine kleine, anekdotenähnliche, die uns zum Schmunzeln bringt.

Diese Geschichten zu erzählen, sie in Büchern zu konservieren und damit vor dem Vergessen zu bewahren, das haben Markus und ich uns zur Aufgabe gemacht. Nun würden allerdings 500 Pässe plus Hard Facts, plus Geschichten, Bildern und Tourenkarten jede technisch mögliche Buchform schlichtweg sprengen. Deshalb beginnen wir hier mit einer ersten Auswahl, mit 30 unserer persönlichen Lieblingspässe, die uns heutzutage nicht nur fahrerisch das gesamte Spektrum an Motorradgenuss schenken, sondern deren Geschichten auch zu den spannendsten und interessantesten gehören, die es zu erzählen gilt.

Als Brückenschlag zwischen gestern und heute haben wir in diesem Buch nicht nur die für Motorradfahrer wichtigsten geografischen Fakten der Pässe ergänzt, sondern haben Ihnen, liebe Leser, auch die aktuellen Gegebenheiten jedes von uns höchstpersönlich erforschten Kandidaten zusammengetragen. Und wir haben diese Faktensammlung ergänzt um unsere persönliche Tourenvorschläge, unsere Einkehr- und Übernachtungstipps. Denn dieses Buch soll nicht nur in der Vergangenheit schwelgen, sondern Ihnen eines beweisen: Jeder dieser historisch wertvollen Pässe ist auch heutzutage ein prächtiges Reiseziel, rund um jeden der hier versammelten alpinen Höhepunkte gibt es auch in unseren Tagen unendlich viel zu entdecken.

Viel Spaß dabei und allzeit viel zu erzählen wünschen

Markus Golletz und Heinz E. Studt

Kurze Begriffserklärung

Höchster Punkt Offizieller Scheitelpunkt der Strecke – lokalisiert anhand Passschild respektive offizieller Wegweiser. Die angegebenen Höhenmeter stammen aus offiziellen Quellen oder wurden anhand eigener, mehrfacher Messungen mithilfe aktueller GPS-Navigationssysteme ermittelt.

Basisorte Die zentralen Orte jeweils am Fuß des Passes, sie wurden ganz bewusst auch danach ausgewählt, dass sich zwischen beiden Orten eine fahrerisch erlebenswerte Passstrecke ergibt.

Anzahl der Kehren Gezählt von Basisort zu Basisort, als Kehre gilt jede Kurve mit mehr als 150 Grad Richtungswechsel, jede Kehre wurde allerdings auch bei mehrmaligem Befahren nur einmal gezählt.

Streckenlänge Berechnet jeweils von Basisort zu Basisort

Schwierigkeitsgrad Hierbei wird die gesamte geschilderte Strecke zwischen den Basisorten beurteilt, dabei bedeutet:
leicht = für Fahranfänger problemlos geeignet
mittelschwer = verlangt Erfahrung im Umgang mit dem Motorrad
anspruchsvoll = verlangt sichere Beherrschung des Motorrades sowie Erfahrung im Passfahren
sehr anspruchsvoll = nur mit langjähriger Motorraderfahrung sowie speziellen Kenntnissen – z. B. im Offroadfahren – zu bewältigen.

Jahr der Fertigstellung Eröffnungsjahr der ersten Fahrtrasse

Straßenzustand Beurteilt anhand eigener Erfahrung der letzten Jahre sowie im Vergleich zu bundesdeutschen Verhältnissen.

Mautpflicht Gemäß offizieller Angaben Stand Mitte 2013.

Wintersperre Gemäß offizieller Angaben seitens der Straßenverwaltung bzw. des ADAC, ÖAMTC, TCS oder anderer nternationaler Automobilclubs.

1 Mont Ventoux

Umgeben von Lavendelfeldern liegt der herausragende Gebirgszug des Mont Ventoux. Der windige Berg, der Name leitet sich wahrscheinlich vom Lateinischen ab, ist fest in der Hand von Zweiradfahrern, besonders denen ohne Motor. Will man an einem Ferienwochenende seine Runden über die üppig kurvigen Straßen seiner Ausläufer drehen, heißt es deshalb aufgepasst. Nicht selten sind dann dort Rennradler sogar in ganzen Pulks oder auch mal ein langsam fahrendes Serviceauto anzutreffen.

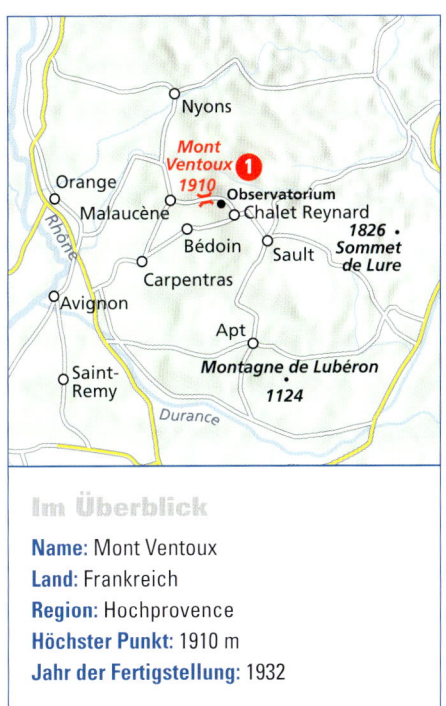

Im Überblick

Name: Mont Ventoux
Land: Frankreich
Region: Hochprovence
Höchster Punkt: 1910 m
Jahr der Fertigstellung: 1932

Die Geschichte der Passstraße

Von den Kelten als Sitz einer Windgottheit verehrt, hat der Mont Ventoux eine exponierte Alleinlage am Rande der Französischen Alpen. Das Kapitel seiner motorisierten Erschließung beginnt erst im 20. Jahrhundert: Auf den kargen und aussichtsreichen Gipfel des Mont Ventoux gelangt man auf drei unterschiedlichen Routen: 1932 wurde die Straße zum Skigebiet eingeweiht. Die heutige D 974 führt von Malaucène auf 21 Kilometern über den Mont Serein dorthin. Die südliche Route (ebenfalls D 974) zum Observatorium beginnt in Bédoin und zweigt am Chalet Reynard ab (Straße nach Sault). Sie wurde bereits im Frühjahr 1882 eröffnet (21,6 km, Steigungen bis 10 %), erhielt aber erst 1934 einen gepflasterten Straßenbelag.

Die dritte Variante leitet von Sault über die Combe de la Font de Margot (D 164), ist 19 Kilometer lang und wurde erst am 8. Oktober 1950 von Edouard Daladier und Charles Martel, Präsident der Conseil général de Vaucluse, eingeweiht. 1988 wurde die

Strecke zuletzt grundlegend erneuert und in ihrem Verlauf geändert.

Grund für die erste Straße war sicherlich der Bau des Observatoriums, das ebenfalls im Jahr 1882 fertiggestellt wurde. Seit 1968 zeichnet hier auch eine Wetterwarte mit einem 42 Meter hohen Turm relevante Daten auf. Ebenfalls auf dem Grat fällt seit 1995 eine Radarkugel auf, die sowohl der zivilen Luftfahrt als auch dem Militär dient.

Seit 1902 fanden auf den Mont Ventoux regelmäßig motorisierte Rennveranstaltungen statt. Das Bild eines Motorradrennens von 1904 am Mont Ventoux zeigt Louis Inghilbert, unterwegs auf der Strecke von Bédoin zum Observatorium auf den Gipfel. Der erste Sieger dieser überwiegend automobilen Rennen schaffte die 21,6 Kilometer in 27 Minuten 17 Sekunden (ø 47,5 km/h). Bis 1908 wurde dieser Rekord auf 19 Minuten 8 Sekunden verkürzt. Das Rennen galt als Härtetest für neu entwickelte Automobile. Victor Vermorel entwickelte direkt für das Mont-Ventoux-Rennen einen Prototyp. Seit dem ersten Rennen wurde der Rekord 26-mal verbessert, auch 21-mal durch Motorräder und 15-mal durch Motorräder mit Beiwagen. Eine Durchschnittsgeschwindigkeit von 100 km/h wurde erstmals 1957 von Willy Daetwyler in einem Maserati überschritten. 1977 wurden die Autorennen auf den Mont Ventoux einge-

stellt. Der Bugatti Type 57 Ventoux wurde nach dem Berg benannt. Die Route des Rennens wurde mehrfach modifiziert: Von 1902–1936 fuhr man von Bédoin bis zum Gipfel, von 1937–1976 ging es von St. Estève bis zum Chalet Reynard (6 km unterhalb des Gipfels). Heute findet im Sommer wieder regelmäßig die Mont Ventoux Classic, eine Oldtimer-Rennveranstaltung, statt.

Die letzten Kurven am Mont Ventoux in der Provence (o.) | Pech gehabt: im April noch Schneereste (u.li.) | Louis Inghilbert beim Mont-Ventoux-Rennen 1904 (u.Mi.) | Multistrada-Kurvenrausch (u.re.) | Rechte Seite: historisches Mt.-Ventoux-Plakat

Die Besteigung des Mont Ventoux 1336 wird als Geburtsstunde des Alpinismus angesehen. Überliefert ist, dass am 26. April 1336 der Dichter Francesco Petrarca aus »reiner Neugier«, aus »Verlangen« und mit »erregtem Herzen« den Gipfel des »windigen Berges« bestieg. Sein überlieferter Bericht der Besteigung gilt als erste verbürgte Darstellung einer »freiwilligen« Bergbesteigung.

Die Passstraße heute

Der »Gigant der Provence« hat eine einzigartige Lage am Übergang zur provenzalischen Ebene. Durch seine exponierte Lage ist er mit dem italienischen Monte Grappa

Sisteron: Rocher de la Baume im Abstand von Jahrzehnten

zu vergleichen, nur eben in Südfrankreich. Kommt man von der Ardèche-Schlucht, sieht man seinen Gipfel bei gutem Wetter schon weit vor der Rhone-Querung.

Die Fahrt zum Observatorium auf dem Gipfel begeistert wegen der anhaltend guten Aussichten, des rauen Asphalts und der abwechslungsreichen Strecke. Egal welche Route man wählt, markant ist der schüttere Fichtenwald in Kombination mit der kargen, aber offenen Gipfelregion. Eine Fahrt hinauf führt immer durch mehrere Klimazonen oder Jahreszeiten, je nachdem wie man es empfindet. Die Strecke von oder nach Sault gleicht im Frühjahr einem Blütenmeer, um Sault trifft man auf ausgedehnte Lavendelfelder, während die Straße auf relativ hoher Meereshöhe verläuft. Einen größeren Höhenunterschied (Ausblicke nach Norden) bietet die Straße nach Malaucène.

Von Bédoin wirkt der Berg so, als stände eine Mondrakete auf seinem Gipfel. Arg windig ist es in seiner Gipfelregion, und die ausgebauten Aussichtsstraßen, die alle zu seinem kargen Gipfelarrangement hinaufstreben, sind stark frequentiert. Wegen seiner weit reichenden Aussicht wird er gepriesen – bei gutem Wetter erscheinen am Horizont im Südosten die Pyrenäen, im Nordosten der Montblanc und im Süden das Mittelmeer. Stetig wehende Winde gaben ihm seinen Namen. Es gibt Tage, an den man sich am Gipfel ohne umzufallen einfach gegen den Wind lehnen kann. Das Motorrad sollte hingegen besser fest auf dem Seitenständer stehen!

Der Gipfel des Mont Ventoux ist bei Bikern ein überaus beliebter Treffpunkt. Entscheidend für die unregelmäßigen Treffen sind neben dem Straßenzustand (Wintersperre) das Wetter und ob gerade sportliche Radveranstaltungen stattfinden. Dann ist eine Fahrt zum Gipfel nicht zu empfehlen. Alternativ wird im Winterhalbjahr das tiefer gelegene Chalet Reynard als Treffpunkt angesteuert.

Touren rund um den Pass

Wir favorisieren, den Mont Ventoux sowohl mit der Ardèche-Schlucht auf der anderen Seite der Rhone zu kombinieren, als auch mit der Gorges de la Nesque im Süden oder dem Col de la Bataille und der Gorges du Nan im Vercors. Das Signal de Lure bei Sisteron ist ebenfalls von Sault aus gut zu erreichen. Der Parc Naturel Régional du Vercors ist eines der größten Naturschutzgebiete Frankreichs und bietet Bikern mit der Combe Laval und den umliegenden Pässen ein ausgedehntes Revier.

Abfahrt zum Chalet Reynard

Lavendelfelder bei Sault/ Mt. Ventoux

2 Ligurische Grenzkammstraße/ Strada ex militare Colle di Tenda

Abgefahren – die Ligurische Grenzkammstraße (LGKS) ist für Enduristen durchweg ein »positiver Alptraum«. Fast 70 Kilometer Offroad in einer Höhe von mehr als 2000 Metern auf einer überwiegend einspurigen Militärstraße – und das in Sichtweite des Mittelmeers. Die Botschaft ist eindeutig. Vielleicht gibt es etwas Ähnliches noch in Rumänien oder in abgelegenen Ecken Spaniens.

Im Überblick

Name: Ligurische Grenzkammstraße / Strada ex militare Colle di Tenda
Land: Italien, Frankreich
Region: Ligurien, Seealpen
Höchster Punkt: 2233 m
Jahr der Fertigstellung: 1880

Geschichte der Passstraße

Der Tendapass und die umliegenden Saumwege galten vor allem als Verbindung der Po-Ebene mit dem Meer, zwischen Piemont und Nizza. Das an der Küste zwischen Hyères und Toulon gewonnene Salz kam zusammen mit Gütern wie Sardellen, Tabak und Öl über diesen Pass. Im Gegenzug wurden (zollfrei) Getreide, Tiere oder Honig geschickt. Die Piemonteser benötigten große Mengen Salz, da dieses im Mittelalter nicht nur ein begehrtes Gewürz war, sondern vor allem das wichtigste Konservierungsmittel, um Fleisch und Fisch haltbar zu machen. Überall, wo es Regeln für Maut und Steuern gab, florierte auch der Schmuggel (ital.: Contrabbandiere). Ihre Hochzeit hatten diese Salzstraßen vor allem im Mittelalter.

Die Geschichte der Ligurischen Grenzkammstraße ist teilweise identisch mit der nahe gelegenen Via del Sale. Ihr späterer Ausbau hat mit dem Bau der Befestigungsanlagen und den Grenzforts am Colle di Tenda zu tun. Durch den Bau von Tunnels und das Aufkommen des modernen Straßenverkehrs im 19. Jahrhundert (Straße und Eisenbahn) wurde der Weg über den Colle di Tenda (heutiger Einstieg in die LGKS) allmählich unbedeutender. Der Name der LGKS erklärt sich aus der Geschichte: Auch wenn die Straße dem heutigen Grenzkamm folgt, war dies infolge von mehrmaligen Grenzverschiebungen nicht immer so. Die LGKS lag früher komplett in Ligurien, auf italienischem Staatsgebiet (bzw. im Königreich).

1860 trat das Königreich Sardinien Savoyen mitsamt Nizza und dem Hinterland (Nizza gehörte von 1815–1860 zum Königreich Italien) an Frankreich ab. Dabei verblieb das untere Royatal bei Sardinien-Piemont (bis etwa St. Dalmas de Tende), der mittlere Talabschnitt wurde französisch, die beiden obersten Gemeinden La Brigue und Tenda blieben tatsächlich sardisch.

1947 wurden im Zuge einer Grenzverlaufsänderung nach dem Zweiten Weltkrieg Korrekturen vorgenommen. Der Ort Tende blieb nach einem Entscheid seiner Bewohner auf französischem Territorium.

Verteidigungslinie gegen Frankreich

Wer sich genau umschaut, entdeckt hoch über dem Tendetunnel nicht nur das Fort Central, sondern noch fünf weitere Militärforts und eine Vielzahl von kleineren Bunkern sowie MG-Stellungen. Die meisten der Forts waren hervorragend getarnt und liegen, von oben beinahe unsichtbar, unter einem dicken Grasteppich verborgen. Ursprünglich als geschlossene Artilleriebatterien und zum Schutz gegen Frankreich angelegt, verloren sie schnell an Bedeutung. Eine Grenzverschiebung und neue Waffen zeigten schon im Ersten Weltkrieg die Ver-

Colle delle Boaria im Abendlicht (o.) | Cappana Chiara vor mehr als 40 Jahren (u.li.) | Abfahrt nach Limone Piemonte im letzten Tageslicht (u.Mi.) | hist. Salzstraße im Roya-Tal (u.re.) | Rechte Seite: Nahe dem Fort Central

Das ehemalige Ristorante am Colle di Tenda (o.) | Die meisterlich angelegte Showkurve der LGKS nahe dem Col della Boaria (u.)

Salzstraßen und »Weißes Gold«

Alte Landkarten verzeichnen eine Verbindung vom Tendapass in Richtung Colle delle Lombarda oft als *Via del Sale*. Auch das Valle di Roya diente als eine dieser Routen, auf der kostbares Salz gesäumt wurde. Im nahen Ort Tende deuten Straßennamen auf die Geschichte hin: Die Rue de France, früher Teil der alten Salzstraße, führt über Kopfsteinpflaster zur Porte de Lombarde, dem nördlichen Stadttor. 1776 passierten Tende täglich etwa 150 Maultiere, was eine Einbahnstraßenregelung nötig machte, um die engen Gässchen nicht vollends zu verstopfen. In der Gegenrichtung wurde deshalb eine neue Straße auf der Trasse der heutigen Route National um die Stadt herum angelegt. Die Städte Breil-sur-Roya, Saorge und Tende kamen durch diesen lukrativen Salzhandel zu Reichtum und Wohlstand.

Im südlichen Piemont (Valle Varaita) waren die Acciugai ein angesehener Berufsstand. Mit ihren Wägelchen voll mit in Salz eingelegten Sardellen (Acciughe) gingen sie eine lange Zeit im Jahr auf Reisen und blieben ihren Familien fern. Der Salzhandel war auf den kostenpflichtigen Salzstraßen oft mit Schmuggel verbandelt. Ein schweres Los hatten die Acciugai dennoch zu tragen – wegen des starken Geruchs, den sie trotz »Salzkonservierung« verbreiteten, durften sie bestimmte Häuser nicht betreten.

letzlichkeit solcher Anlagen. Die Artillerietechnik war veraltet. Ihre Bauzeit lag zwischen 1877 und 1890 und diente ursprünglich der Grenzbefestigung des Königreichs Sardinien-Piemont. Es bestand ein schmales geschütztes Wegenetz, das mit Transporttieren begangen werden konnte, und unter dem zur Telekommunikation rund 20 Kilometer Kabel verlegt waren.

Die Erbauer der Wege sorgten für eine schmale Trassenführung mit ausgeglichenen Steigungen (nie mehr als 13 Prozent) und festem Unterbau. Mal gepflastert, mal grob geschottert und manchmal einfach nur im Zerfall befindlich, ändert die Grenzkammstraße heute immer wieder ihre Beschaffenheit. Kilometersteine geben die Entfernung zum Fort Central an.

Im Juni 1940 wurde durch Mussolinis Truppen sehr traditionell ein Angriff an der Alpenfront auf Frankreich vorgetragen (mit Maultieren, ohne Luftunterstützung), der schon am ersten Tag vor Frankreichs Maginot-Linie stecken blieb. Viele Anlagen wurden nach Kriegsende (1947) von den Franzosen gesprengt und weitestgehend unbrauchbar gemacht. Immer wieder gab es Pläne, im Fort Central ein (Kriegs-)Museum einzurichten, doch davon ist bis heute wegen zu hoher Investitionskosten nichts zu sehen.

Im Umkreis des großen Fort Central liegen folgende von den Italienern erbaute Forts: Fort Tabourde, Fort Pernante, Fort de Giaure, Fort de la Marguerie sowie das Fort Pepin. Alle Forts außer Pepin haben einen trapezförmigen Grundriss. Von Pepins Kanonenluken bietet sich ein überragender Ausblick auf das Royatal. Weiter unten, im Morignole-Tal, findet man etwas abgelegen das Castell Tourno (eine »Blockhaus« genannte Stellung) die am Chemin Rio Freddo liegt. In der Fortführung der LGKS gibt es in der Nähe weitere militärische Anlagen aus dieser Zeit, auch an der Baise Peyrefique (oberhalb von Casterino).

Tunnelbau und Basistunnel-Projekt

Der Col-de-Tende-Straßentunnel geht auf eine Konstruktion von 1882 von *Giovanni Delfino* zurück und galt bis zur Eröffnung des St.-Gotthard-Tunnels mit seinen 3182 Metern als der längste unter einem Alpenpass gebaute Tunnel. Der Tendatunnel verbindet über die E74/SS20 das Vermenagna-Tal mit dem oberen Royatal. Die E74 (Nizza-Alessandria) ist wichtig für den Transitverkehr zwischen Piemont/Ligurien und den Alpes Maritimes. Hier gibt es weit und breit keine Autobahn.

Täglich zwängen sich rund 3200 Fahrzeuge durch die enge und antiquierte Tunnelröhre des Tenda-Straßentunnels. Vom Bau einer weiteren Tunnelröhre, 30 Meter neben der alten, hört man seit 2006. Es sollen Pläne auf dem Tisch liegen, in denen von einer vierjährigen Bauzeit die Rede ist. Doch zu sehen ist bisher nichts. Parallel geistern immer wieder Gerüchte um ein »Seealpen-Basistunnel-Projekt« durch die Medien.

Die Passstraße heute

Mit 48 Kehren windet sich die Auffahrt vom Royatal hinauf zum Fort Central (1908 m) auf dem Grenzkamm, dem damaligen Kontrollpunkt über Frankreich und Italien. Wenn man es genau nimmt, liegen darunter auf der alten Passstraße noch weitere 16 Kehren – genug, um sich schwindelig zu fahren! Wir haben es gerade so geschafft, beim letzten Tageslicht vom Grenzkamm abzufahren. Das alles begann mit dem Vorsatz, früh aufzubrechen … Dabei wäre es so gut gewesen, spätestens um zwölf Uhr auf dem Kamm zu stehen.

Wer die Strecke von Norden angeht, kann auch schon ein gutes Stück vor dem Colle di Tenda ins »Endurado« einsteigen. Das geht z. B. vom »Tal der Wunder« aus, dem Vallée des Merveilles ab Casterino. Die Strecke dorthin ist lohnenswert und führt entweder über St. Dalmas de Tende oder direkt über Tende, auf einer alten Militärstraße, die aus der Bauzeit des Fort Central stammen muss. Dort verläuft die Route über Baisse d'Ourne und von dort aus entweder steil hinunter nach Casterino oder zum Baisse de Peyrefique. Beide sind anspruchsvolle Endurostrecken.

Thomas und ich hatten auf unseren Ein- und Zweizylindern den umgekehrten Weg gewählt: Vom Colle di Langan, mit Ausblick

Grenzkamm unweit des Rifugio Don Barbera: Ab hier wird es anspruchsvoll!

Apricale: hängende Dörfer in der Ponente Region Liguriens

auf das Mittelmeer, hinüber zum Rifugio Melosa, wo der Schotter beginnt. Der erste Anstieg kann schon mal als Feuertaufe gelten, wer hiermit nicht so gut klar kommt, sollte sich den letzten Abschnitt der Grenzkammstraße nicht zumuten. Koffer und überflüssiges Gepäck hatten wir zu Hause gelassen, das hätte auf der Rüttelpiste nur gestört und zusätzliches Risiko bedeutet.

Das Rifugio Grai ist nur noch eine Ruine, die Aussicht von dort allemal unver-gleichlich. Obwohl wir nicht im »Zeitplan« waren, machten wir viele Pausen. Wenn man schon mal hier ist, will man schließlich auch was sehen! Und für ein Enduro-rennen bräuchte man nicht so eine fanta-stische Panoramastraße. Auf dem Kamm angekommen wurde die Piste besser, und wir erreichten den schönen Wiesengrad des Cima und Balcone di Marta. In den dach-losen Ruinen alter Kasernen weideten Scha-fe während Einheimische in der Nähe wil-den Spinat pflückten. Am Passo Collarden-te durchbrachen wir den Grenzkamm und fuhren nun auf der französischen Seite un-terhalb des Monte Saccarello (2200 m) wie-der hinauf zum Grenzkamm – bis zum Pas-so Tanarello. Der Gipfel des Monte Sacca-rello ist eine Sackgasse, aber eine die sich lohnt! Der Weg endete an der Erlöserstu-tue, mit Blick auf den Talkessel von Realdo und Verdeggia im Argentinatal. Der wirkli-che Gipfel von Liguriens höchstem Berg liegt 100 Meter weiter nördlich und ist bes-ser zu Fuß zu erreichen. Dort trifft man auf einen Bunker mit den Resten einer Ge-schützstellung.

Im folgenden Abschnitt wurde der Stra-ßenzustand der Ligurischen Grenzkamm-straße zur Abwechslung mal etwas ent-spannter: im Bosco delle Navette trafen wir auf Lärchenwälder und Alpenrosen, die Stei-gung hielt sich in Grenzen und der Schotter war potteben – fast wie Asphalt. Doch ober-halb vom Valle di Upega änderten sich Sze-nerie und Straßenzustand wieder. Wir merk-ten, dass wir mit dem »Zeitplan« hinten dran waren und machten nur am Colle Selle Vec-chie, dessen Name auf eine Salzstraße hin-weist, eine kurze Rast.

Die lange Kehre zum hochgelegenen Pas-so Framargal erfordert etwas Aufmerksam-keit, am Scheitelpunkt belohnen dann wei-te Ausblicke – nun nur noch hinunter zum relativ neuen Rifugio Don Barbera am Lago dei Signori. Ab hier hat es die Strada ex mi-litare Colle di Tenda, wie Italiener sie nen-nen, in sich. Man weiß nicht, worauf man sich mehr konzentrieren soll, auf die teils schwierigen Schotterpassagen oder die Aus-sicht, beides geht irgendwie nicht. Umso willkommener die Rast am bewirteten Ri-fugio. Hier trifft man auf einige wenige Bi-ker und kann sich austauschen und dabei etwas ausruhen.

Die folgenden gut 17 Kilometer haben es nochmal in sich und sollten deswegen nur von einer »erfahrenen Seilschaft« angegangen werden. Der durch eine Art Steinwald füh-rende Track hat seine Steigungen, »Problem-zonen« und ist von keinem Mobilfunkprovi-der abgedeckt. Schön ist er darüber hinaus auch noch, und vermutlich wohnt hier die größte Population von Murmeltieren im gan-zen Alpenbogen. Alte Kilometersteine geben den Abstand zum Fort Central an, der mit 17, 16, 15 Kilometern ständig am Schrump-fen ist – genau wie unsere Kondition und oder das abnehmende Tageslicht. Drei Mal müssen wir uns gegenseitig an schwierigen Stellen helfen, dann kommen wir zur »Show-kurve« der Ligurischen Grenzkammstraße, nahe der Schranke am Col della Boaria. Wir haben es fast geschafft, werden durch Stille und atemberaubende Blicke bis zum Monvi-so und einem rötlich blauen Abendhimmel belohnt. Jetzt nur noch zwischen den Liften des Limoneser Skigebietes herüber zum Fort Central fahren, dann beginnt der Asphalt! Am Fort haben es sich einige 4x4-Fahrer ge-mütlich gemacht. Etwas weiter westlich vom Fort kann man sich das ganze Kurvenen-semble hinab ins Royatal eindrucksvoll zu

Information

Alle Hard Facts zum Pass

Basisorte: Pigna / Colle di Langan,
Colle di Tenda / Limone Piemonte, Tende

Anzahl der Kehren: 48 (nur Südseite
Tendepass)

Streckenlänge: Colle Melosa – Casterino
70 km, Langan – Colle di Tenda 61 km,
Colle di Tenda – Castrino 15,7 km
(alles offroad)

Schwierigkeitsgrad: sehr anspruchsvoll,
nicht allein fahren!

Straßenzustand: verschieden, nach dem
Winter meist sehr anspruchsvoll

Mautpflicht: keine

Offizielle Wintersperre: Mitte November
bis min. Mitte Juni

Schönste Reisezeit: Juli bis Oktober,
Ferienwochenenden meiden

**Einkehr- und Übernachtungstipps rund
um die Ligurische Grenzkammstraße**

Im mittelalterlichen Apricale gelegen:
Albergo Diffuso, www.muntaecara.it

Zelten im Sommer möglich: Agriturismo am
Colle Langan, www.agriturismoilrifugio.it

Schön gelegen in La Brigue: Hôtel le
Mirval, www.lemirval.com

Angenehmes Hotel mit gutem Ristorante:
Hotel Colomba d'Oro, Triora,
www.colombadoro.it

Weiterführende Internetadressen

www.alpenrouten.de
Stichwort LG KS, siehe auch Kommentare

www.france-voyage.com/de
touristische Informationen (Suche über
Ortsname)

www.limonepiemonte.it
Infos zur Straße und eventuelle Sperrungen

tinyw.in/GhY4 – Karte der Forts am
Tendepass

Gemüte führen. Auf halber Strecke liegt die Ruine der alten Postkutschenstation, das Hospiz La Cà, das Reisenden früher als Übernachtungsstation auf dem Weg über die Grenze diente. Überlieferungen zufolge ging es hier im Winter mit »Einbaum ähnlichen« Schlitten samt Piloten im Sturzflug zu Tal. Wir müssen nun ein paar warme Klamotten nachlegen und kullern über die Serpentinenstrecke wie die Murmeln hinunter zum Südportal des Tende-Straßentunnels. Eingereiht in die Autoschlange, die sich durch die Tunnelröhre windet, geht es von hier ab auf der neuen Tenda-Passstraße (SS 20) durch das Royatal dem Meer entgegen.

Fazit der Eskapade auf dem Grenzkamm: Früh aufgestanden zu sein, trägt, wenn sich der Tag zu Ende neigt, zur Entspannung bei – bescherte uns aber einen besonderen Abendhimmel in den Seealpen. Eine gute Kondition und die Fähigkeit, stehend in den Rasten zu fahren, sind eine notwendige Voraussetzung für den anspruchsvollen Teil der LGKS. Dann könnte sogar eine leichte Straßenmaschine mit genügend Bodenfreiheit ausreichen, wie uns schon mal eine junge Italienerin eindrucksvoll demonstrierte. Im-

Ende Oktober Gold: Abfahrt nach
Rocchetta Nervina, nahe Ventimiglia

Unten: La Cà um 1820

mer vorausgesetzt, das Wetter spielt mit.

Die beste Zeit für eine Grenzwanderung mit dem Motorrad ist Mitte Juli oder die Zeit ab Anfang September bis zum ersten Schneefall, meist Ende Oktober. Angesichts der zunehmenden Reglementierungen für Motorfahrzeuge im Piemont sollte man generell Wochenenden und Ferienzeiten meiden, um Konflikten aus dem Weg zu gehen. Fahren Sie die unzugänglichen Abschnitte der LGKS auch nie allein.

3 Col de Turini

Der Col de Turini in den Seealpen ist spätestens seit der Rallye Monte Carlo eine Legende. Ihre Etappe »Die Nacht der langen Messer« wurde immer in einer Januarnacht ausgetragen und führt auch heute noch durch die pittoreske Gorges du Piaon. Ob mit einem Audi Quattro, wie Walter Röhrl Anfang der 1980er-Jahre, auf einer Moto Guzzi oder einer BMW GS, die Strecke – so nah am Meer und doch so alpin – hat ihren ganz besonderen Reiz.

Im Überblick

Name: Col de Turini
Land: Frankreich
Region: Seealpen /Provence-Alpes-Côte d'Azur
Höchster Punkt: 1607 m
Jahr der Fertigstellung: 1913

Die Geschichte der Passstraße

Vermutlich existieren die Straßen über den Col de Turini in ihrer heutigen Streckenführung erst seit der Eröffnung der Route des Grandes Alpes 1913. Während des Zweiten Weltkrieges zwischen 1943 und 1945 standen sich dort öfter die Deutsche Wehrmacht und französische Truppen (les forces armées françaises) gegenüber, die sich in alten und neuen Bunkeranlagen verschanzten. Auch im Österreichischen Erbfolgekrieg (1744–1748) war das nahe Massif de l'Authion schon Schauplatz einiger Kampfhandlungen. Die meisten der Befestigungs- und Kasernenanlagen stammen allerdings aus den 1880er-Jahren, als sich die Beziehungen zwischen Frankreich und Italien zusehends verschlechterten.

Seit 1911 wird die Mutter aller Rallyes, die Rallye Monte Carlo, in den Seealpen ausgetragen. Vom monegassischen Fürst Albert I. einst als Sternfahrt initiiert – damit Touristen auch in der Wintersaison ins Fürstentum Monaco kommen – fand die erste Rallye am 21. Januar 1911 statt. Von Genf, Paris, Boulogne-sur-Mer, Berlin, Wien und Brüssel starteten insgesamt 20 Teilnehmer mit dem Ziel Monaco. Die Rallye wird seit 1925 vom traditionsreichen Automobile Club de Monaco ausgerichtet. In den 1960er-Jahren wurde der Col de Turini in die »Monte«-Wertung mit aufgenommen. In den 1980er-Jahren machte der deutsche Pilot Walter Röhrl mit viermaligen Erfolgen bei der »Monte« von sich reden. 2007 wurde die nächtliche Etappe über den Col de Turini gestrichen und 2009 in das neue Konzept der WRC-Rallyes aufgenommen. Mittlerweile wurden die Etappen fernsehgerecht gekürzt, und auch Nachtfahrten gehören der Vergangenheit an.

»La Suisse Niçoise« wird das Hinterland der Côte d'Azur liebevoll schon seit über 100 Jahren genannt. Weitere Pfade verlaufen über den Col de Turini oder kreuzen ihn: die Via Alpina oder der GR 52A und natürlich auch die Route des Grandes Alpes lassen den Pass mit seinen drei Auffahrten (Peïra-Cava, Lantosque, Sospel) nicht aus.

Eines Januar-Tages in den 1984ern: Walter Röhrl & Partner auf Audi Quatro bei der Nacht der langen Messer (o. und u.li.) | Rally Monte Carlo elektrisch! (u.Mi.) | Gorge du Piaon mit DR 650 (u.re.) | Rechte Seite: Ausnahmsweise geadeaus: Gorges du Piaon

Kirche N D de la Menour oberhalb der Gorges Gorges du Piaon (li.) | Wegweiser zum Col de Turini (re.)

Die Passstraße heute

Wem der Sinn nach schmalen, rauen und oft kühn über dem Abgrund dahinschlängelnden Straßen steht, der sollte den Weg nach Sospel und Turini einschlagen. Über den Col de Castillon fährt man in das provenzalische Sospel, über dem sich das Fort St. Roch (samt unterirdischer Festungsanlage) erhebt. Die von Platanen gesäumte Hauptstraße führt vorbei an schattigen Cafés, in denen wir später sicherlich einen Imbiss nehmen werden. Doch zunächst gilt es sich für eine Route zu entscheiden, die Passhöhe des Col de Turini ist nämlich von drei Seiten erreichbar: Vom westlich gelegenen Lantosque und jeweils von den südlich gelegenen Orten L'Escarène (Peïra-Cava) und Sospel. Nordöstlich führt eine mit »Origine Circuit de l'Authion« beschilderte Straße, die sich nach etwa zwei Kilometern zu einer Ringstraße aufteilt. An dieser aussichtsreichen Straße im Massif de l'Authion liegen einige ehemalige Militäranlagen (s. S. 21.).

Manchen Biker erinnert die Fahrt durch den Turini-Forst an den Schwarzwald, andere denken eher an Walter Röhrl, der bei seinen Nachtfahrten über den Col de Turini Anfang der 1980er-Jahre viermal auf dem Treppchen der »Monte« stand.

Heute treffen wir kurioserweise auf einen anderen Ableger der Rallye. »Monte Carlo Electric« steht auf den Fahrzeugen geschrieben, und entsprechend leise geht es in Sospel auch auf den Kurs. Wir tun es ihnen gleich und haben ob der vergleichsweise geringen Leistung sogar die Möglichkeit, das eine oder andere Elektromobil in der Gorges du Piaon zu überholen.

Die Gorges du Piaon ist ein schmales Asphaltband, das mit jedermann arge Pirouetten veranstaltet: Die Rallyefahrer schätzen die Schlucht, weil sie sich mit ihren viaduktartig untermauerten Kurven herrlich für spek-

(s. S. 21.)

Die »Monte« im Januar

Eine Werteprüfung der WRC Rallye Monte Carlo, die von La Bollène-Vésubie nach Sospel bzw. Moulinet über den Pass führt, nennt sich bekanntlich »Die Nacht der langen Messer«. Sie fand historisch betrachtet auch bei widrigen Wetterverhältnissen statt und überquert, als besondere fahrerische Herausforderung, den Col de Turini.

Mehrfacher Sieger war Walter Röhrl (1980, 1982, 1983, 1984), der sich gerne an die Erlebnisse vor 30 Jahren, als bei der Nachtfahrt über den Pass bis zu 30 000 Zuschauer am Straßenrand standen, erinnert. Im Anschluss an die Rallye findet u. a. eine Rallye mit historischen Fahrzeugen statt: die Rallye Monte Carlo Historique, veranstaltet vom Automobile Club de Monaco.

Bilder und Geschichte unter: www.montecarlolegend.com

takuläre Fahrmanöver eignet, was Zuschauer zum Jauchzen bringt. Es gibt eigentlich bei der »Nacht der langen Messer« nur durchdrehende oder ABS-blockierende Räder …

Wir düsen an einer Schluchtwand entlang und lösen uns langsam von der ersten bewaldeten Zone. »Karussell mit Kiefernduft« hat ein Spiegel-Reporter geschrieben, wir kreiseln also in mediterraner Landschaft abwechselnd durch Tunnel und Kehren, bis eine kleine Kirche, Notre Dame de la Menour, und später Moulinet erreicht sind. Es geht nun wieder durch ein enges Tal und Kiefernwälder, bis der etwas unspektakulärere Passsattel erreicht ist. Dort lädt die Terrasse eines Hotels zum Verweilen ein, empfehlenswert aufgrund der grandiosen Aussicht ist aber eher ein Abstecher zum Mont Authion, um dessen Flanken sich eine neun Kilometer lange Panoramaroute zieht: der Circuit de la découverte de l'Authion.

Circuit de la découverte de l'Authion

Die Panoramarundfahrt L'Authion (auf der D 68 nur im Uhrzeigersinn befahrbar) führt zu Fortifikationen aus dem vorletzten Jahrhundert: unter einer Grasdecke kaum zu erkennen ist das Fort La Forca (2078 m). Inmitten der Schleife liegt das Fort Mille Fourches (2042 m), eindrucksvoll gelegen auch das dritte Ziel auf der Runde, die dicken Mauern der Pointe des Trois Communes (Ausblick auf den Mercantour Park mit Monte Bégo und Cime du Diable). Alle Fortanlagen liegen in Sichtweite der Straße, sind aber nicht direkt anfahrbar.

Zurück im Camp d'Argent, wie die wenigen Häuser auf der Passhöhe heißen, führt die Strecke auf der D 2566 in Richtung Peïra-Cava. Nach etwa zwölf Kilometern (vom Col de Turini gerechnet) geht es nach links in Richtung Luceram. Eine wunderbare Serpentinenpiste führt hinab in den Ort. Von Luceram bis l'Escarène sind es nur sieben Kilometer, und dort geht es schon wieder hinauf: in Haarnadelkurven auf die nackte Kuppe des Col de Braus.

In der Richtung Lucéram ist der Turini nicht weniger interessant. Bei la Cabanette zweigt eine kleinere Straße zum Col de l'Orme ab. Dort im Wald liegen fein säuberlich gestapelt eine ganze Reihe Serpentinen, mit Straßenbegrenzungen im »Burgzinnenmuster« und Überbreite in den Kehren. Geraden sind kaum vorhanden, so schraubt man sich dem Col de l'Ablé, einer kurviger Verbindungsstraße zwischen Col de l'Orme und Col de Braus, entgegen. Auf dieser Straße, mit unterster Asphalt-Kategorie, nähern wir uns durch einen duftenden Wald dem größeren Col de Braus und passieren dort das Grabmal des unvergessenen Radrennfahrers René Vietto. Die schönsten Abschnitte sind sicherlich das Kurvenensemble der untermauerten Kehren in der Gorges du Piaon, zwischen Moulinet und Sospel oder auch die viel fotografierte Abfahrt hinunter nach La Bollène ins Vésubietal. Empfehlenswert wird die Fahrt ab Mai, Anfang April ist oft noch mit schneebedingter Sperrung zu rechnen.

Touren rund um den Pass

Die Auswahl ist groß, jede Straße in der Region hat ihre speziellen Reize, wie sie nur Straßen zwischen Meer und Bergen in den Seealpen haben können. Ob der beim Abstieg ins Royatal mit langen Kehren gesegnete Col de Brouis, die Abfahrt zum Meer vom Col de Braus – Col St. Jean – Col de Castillon oder der Col de Nice, der auf der D 2204 zügig nach Nizza führt.

Seit Kurzem auch mal elektrisch: Die 'Monte' am Turini

4 Col d'Agnel/Colle dell'Agnello

Der Colle dell'Agnello gehört zu den Top Five der höchsten Alpenpässe und das, obwohl ihn kaum jemand kennt. Wo früher nur ein Saumweg war, entstand erst Anfang der 1970er-Jahre eine Passstraße, die heute so großen Namen wie dem Stilfser Joch oder dem Col de l'Iseran das Wasser reichen kann. Die Passstraße ist sogar die höchste grenzüberschreitende Straße in den Alpen. Ihr Scheitelpunkt auf 2744 Metern Höhe präsentiert sich ohne Brimborium: keine Souvenirs, keine Imbissbude, keine Bar – aber eine atemberaubende Aussicht.

Die Geschichte der Passstraße

Lange Zeit hielt man den Monviso, der sich in Sichtweite des Agnello-Passes in den Himmel reckt, für den höchsten Berg der Alpen. Die Römer gaben ihm seinen Namen: Monte Vesulus – oder auch »der Berg mit den Kiefern«. In den Werken von Leonardo da Vinci, Geoffrey Chaucer und Dante taucht sein Name auf. Erst 1861 wurde er das erste Mal bestiegen, heute ist jede seiner oft in Nebel gehüllten Wände bergsteigerisch erforscht.

Die asphaltierte Straße über den Colle dell'Agnello wurde erst 1973 gebaut und gehört damit zu den jüngeren im Alpenraum. Die Vorgeschichte dieser rekordverdächtigen Alpenstraße ist eine kriegerische: 1743 versuchten französische und spanische Truppen im Zuge des Österreichischen Erbfolgekrieges über den Colle dell'Agnello in Piemont, das damals mit Österreich verbündet war, einzumaschieren. Dabei wurden sie, erst nachdem sie den Pass bereits überschritten hatten, von einem verfrühten Wintereinbruch überrascht. Da bei Castello im Varaitatal (heute am Stausee zu erkennen) eine von den Piemontesern gut zu kontrollierende Engstelle lag, verschob man den Angriff auf das darauffolgende Jahr. Auch der Rückzug der Franzosen war wegen der winterlichen Verhältnisse von Verlusten gekennzeichnet. Im Folgejahr, am 19. Juli 1744, kam es dann zu einer erneuten Offensive der Angreifer. Man gelangte mithilfe italienischer Führer an unerwarteter Stelle auf den heutigen Colletto della Battagliola, von dem man heute (Schotterweg) einen atemberaubenden Ausblick auf den nahen Monviso und den Castello-Stausee genießt. Den Franzosen gelang am Battagliola ein Angriff mit Überraschungseffekt, und so konnten sie an diesem nebligen Tag das piemontesische Heer im Bajonettkampf schlagen. Man sprach sogar von 1500 Toten.

Zeitsprung: Der Castello-Stausee wurde im Varaitatal während der Zeit des italienischen Faschismus in den Jahren 1936–1942 von bis zu 3000 Arbeitern aus ganz Norditalien gebaut und fertiggestellt. Der Staudammbau wurde für damalige Verhältnisse sehr schnell vorangetrieben. Dabei ging es

Firnbedeckte Berge oberhalb des Lago di Castello (o.) | Varaitatal noch ohne Straße (u.l.) | Straßenbaumaschinen erreichen im Juli 1970 die Passhöhe (Mi.re.). | Schilderwald am Pass: nur 3 Monate befahrbar (u.re.) | Rechte Seite: Abfahrt nach Chianale

Panoramatafel und Panoramaaussicht
am Col d'Agnel

Begehung 1968 vor dem Straßenbau der
»Via al Agnello«

um Stromgewinnung, die besonders für den herannahenden Zweiten Weltkrieg wichtig sein sollte. Alle weiteren Staustufen im Tal sind vom Castello-Stausee abhängig und wurden in den Folgejahren gebaut. Auch das Bellinotal (okzitanisch: Blinz) entwässert in den See, den man vor der Schneeschmelze im April meist mit geringem Pegelstand vorfindet. Bei niedrigen Wasserständen schaute dann (ähnlich wie am Reschensee) eine Kirchturmspitze aus dem Wasser, bis der Turm 2003 einstürzte und heute vom gefluteten Dorf nichts mehr zu sehen ist.

Die Passrampe auf der französischen Seite konnte wegen des nur allmählich ansteigenden Geländes mit weniger Aufwand gebaut werden. Die Auffahrt von Château-Queyras ist 23 Kilometer lang, die Strecke vom Varaitatal (Piemont) sogar über 50 Kilometer. Aufgrund der Geografie und der Lage stellte ihr Bau besonders in Gipfelnähe eine große Herausforderung an den Straßenbau dar.

Als »Höhenmeterfresser« stand der Pass schon mehrfach auf dem Fahrplan der Tour de France und des Giro d'Italia.

Die Passstraße heute

Der bekannteste Berg des Piemont hat viele Namen: Mont Visible, Monte Viso, Monviso oder auch Monte Vesulus. Er überragt alle benachbarten Berge um satte 500 Meter. Die Aussicht von seinem 3841 Meter hohen Gipfel muss überragend sein: Kaum 30 Kilometer entfernt von den Weinbergen der Langhe, nur 90 Kilometer vom Mittelmeer ist der Gipfel frühmorgens oft glas-

Rechte Seite: Chianale im Winter:
die letzte Kirche vor der Grenze

Die Auffahrt auf den Col d' Agnel vom Queyras (F) aus: Sanftes Trogtal

klar und zum Greifen nahe zu erkennen. An seinem Fuß entspringt die Quelle von Italiens berühmtestem Fluss, dem Po. Ähnlich präsentiert sich der Ausblick vom Pass. Dort trifft man auf einen kleinen Parkplatz und, etwas höher, auf eine 360°-Panorama-Tafel. Die Aussicht ist einfach atemberaubend und so gut, dass sich in klaren Sommernächten die Sterngucker auf der Passhöhe treffen.

Die beiden Passrampen geben sich landschaftlich zunächst völlig unterschiedlich. Während die französische Seite der Straße auf relativ großer Höhe beginnt, fährt man von Italien quasi von der Poebene hinauf.

In Château-Queyras startet man aus gepflegter französischer Hochgebirgs-Atmo-sphäre, gleich neben dem namensgebenden Märchenschloss. Tatsächlich war das Château eine militärische Bastion, umgeben von einem Burggraben, durch den der Guil floss. Wie viele Anlagen in der Gegend, wurde auch diese vom königlichen Hofbaumeister Vauban geplant. Sie liegt auf einem 1400 Meter hohen Fels und war ein Vorposten, der den Feind aufhalten sollte, bis die Bastionen Montdauphin und Briançon die notwendigen Vorbereitungen zu ihrer Verteidigung getroffen hatten.

Der Motor läuft, wir gehen auf die Strecke und passieren einige kleine Talstationen von Wander- und Skiliften. Man kommt an den phallischen Erosionsformen von Demoiselle Coiffee vorbei, bevor man nach Fontgillarde gelangt, einem Weiler mit vielen Ferienhäusern. Dann beginnt ein langes Trogtal mit gleichbleibender Steigung. Die Bäume sind schon lange zurückgeblieben, die Straße wird

zusehends enger, bis sie ab dem Refuge Agnel noch einmal für den Gipfelanstieg zulegt.

Von der italienischen Seite ist die Fahrt ein ganzes Stück länger: Von Costigliole/Saluzzo bis zum Pass sind über 50 Kilometer zurückzulegen. Das Sahnehäubchen ist dabei das Kernstück, das über den eigentlichen Pass führt. Von der italienischen Seite kommend, wird es zwischen Sampeyre und Casteldelfino erstmals interessant. Die erste Serpentinengruppe führt hinauf und erreicht bald den Stausee Lago di Castello, an dessen talgewandtem Ende viele der Wanderwege zum Monviso beginnen (Vallantatal). Ab und an wird auf den Bosco d'Alève hingewiesen, einen der größten Zirbelkieferwälder (850 ha) der Alpen, der im neuen UNESCO-Biosphärenreservat des Monviso liegt. Der Stausee ist im Frühjahr oft sehr leer oder bis Mai eisbedeckt, was sich eindrucksvoll an der hohen Staumauer ablesen lässt. Schneebedeckte Berge gehören hier ganzjährig zum Landschaftsbild.

Auch Chianale ist ein typisch und ursprünglich gebliebener okzitanischer Gebirgsort wie aus einem Bilderbuch des 19. Jahrhunderts: ein rauschender Bergbach, Kopfsteinpflaster und mit dicken Schieferplatten bedeckte Dächer, einfache Holzhäuser mit schönen Balkonen und vor allem: kein übertriebener Touristenrummel und damit zivile Preise. Hier treffen sich Wandersleute, die wirklich was vorhaben: zum Beispiel den König aus Stein – wie der 3841 Meter hohe Monviso genannt wird – zu besteigen. Spezielle Einkäufe sollte man weiter unten im Tal erledigt haben, für das kulinarische Wohl ist aber allerorts, auch in den entlegensten Winkeln des Piemonts, gesorgt.

Unweit von Chianale nähert man sich dem alten italienischen Grenzposten. Die

Grenzbaracke ist weggeschafft worden, dort, wo einst die italienischen Zöllner standen, findet man nun eine blaue Fahrrad-Stechuhr. Pässe und Kofferräume wurden hier noch bis in die 1990er-Jahre kontrolliert.

Durch ein von Gletschern geformtes Tal werden erst sechs Serpentinen in der ersten Gruppe und dann zehn in einer zweiten Gruppe erreicht, die den finalen Anstieg um fast 1000 Höhenmeter bewältigen. Am Pass angekommen gibt es eine traumhafte Aussicht, ein minimales Plateau und einen üppig dimensionierten. Ein Rifugio findet man nur einige Kehren weiter unten, auf der französischen Seite (Refuge Agnel). Dort werden leckere Käsegerichte und Kuchen von den engagierten Wirtsleuten serviert. Oft wird diese Passstraße in einem abgelegenen Gebiet der Cottischen Alpen in den Aufzählungen der Alpen-Tops vergessen. Wer jedoch einmal da war, wird sich an sie erinnern!

2013 feiert der Agnello Geburtstag: die Passstraße ist nun 40 Jahre alt. In der Regel ist der Colle dell'Agnello jedoch nur von Mitte Juni bis etwa Mitte/Ende September geöffnet. Die Saison auf dem 2744 Meter hohen und oft windig-kühlen Passscheitel ist sehr kurz, der Verkehr hält sich meist in Grenzen.

Touren rund um den Pass

Die Auswahl ist groß, auch wenn für eine stimmige Rundtour lange Wege gefahren werden müssen. Von Frankreich kommend, sollte man über den Col d'Izoard anreisen und sich noch die hoch gelegenen Stichtäler bei Château-Queyras anschauen, ebenso die Combe du Queyras – dem Guil folgend – und den Col du Vars. Der Colle dell'Agnello ist im Umkreis die einzige Verbindung nach Italien. Hat man ihn überschritten, lohnt sich bei Casteldelfino ein Abstecher ins

Die 1970er-Jahre: In Erwartung auf die Fertigstellung der Straße

Bellinotal (38 Sonnenuhren, Sonnenuhrenmuseum in Celle di Bellino, Col de la Battagliola).

Ein Tipp ist auch der raue Col de Sampeyre, der durch Zirbelkiefernwälder und Goldregenbäume über Elvatal hinüberleitet, das mit interessanten geologischen Formationen aufwartet und mit zahlreichen Tunneln gespickt ist. Zwischen Mairatal und Varaitatal verläuft auf dem Kamm die Offroadstrecke Strada dei Cannoni (Varaita-Maria-Kammstraße), deren Flanke zu kriegerischen Zeiten mit Palisadenzäunen zur Abwehr bestanden war. Der nördliche Nachbar des Varaitatals ist das Valle di Po mit dem Endpunkt Pian del Re auf 2000 Metern Höhe zu Füßen des Monviso.

Information

Alle Hard Facts zum Pass

Basisorte: Sampeyre und Château-Queyras

Anzahl der Kehren: 34

Streckenlänge: 55 km

Schwierigkeitsgrad: anspruchsvoll

Straßenzustand: Sehr unterschiedlich. Von Chianale bis zum Pass 1,5-spurig, relativ guter Asphalt. Im mittleren Bereich teils Straßenschäden

Mautpflicht: nein

Reglementierung: Tempolimit 50 auf französischer Seite in der Gipfelregion

Offizielle Wintersperre: 1. Oktober bis 15. Juni (Abweichungen möglich, Info unter: Segnavia Porta di Valle, Tel. 0039/0175-68 96 29, www.segnavia.piemonte.it)

Schönste Reisezeit: Juli bis September

Einkehr- und Übernachtungstipps rund um den Col Agnel

Motorradfreundlich, im Tal gelegen: Agriturismo La Virginia, www.lavirginia.it

Auf 2580 Metern – nur für spartanische Ansprüche: Refuge Agnel des Hautes-Alpes, www.refugeagnel.com

Günstige Lage, guter Komfort: Hotel Daconerium, Dronero, www.draconeriumhotel.it

Hotel der gehobenen Klasse: La Ferme de Izoard, Queyras, www.laferme.fr

Im Bellinotal: Rifugio Melezé, www.rifugiomeleze.it

Weiterführende Internetadressen

www.segnavia.piemonte.it
Informationen am Taleingang: Karten Prospekte, Caffeteria u. v. m

www.cuneoholiday.com/de/aktiv/motorrad
Touristinfo der Region Cuneo für Motorradfahrer

www.pnr-queyras.fr
Regionalpark des Queyras

www.cuneoholiday.com/de/cuneoholiday
Informationen über das südliche Piemont

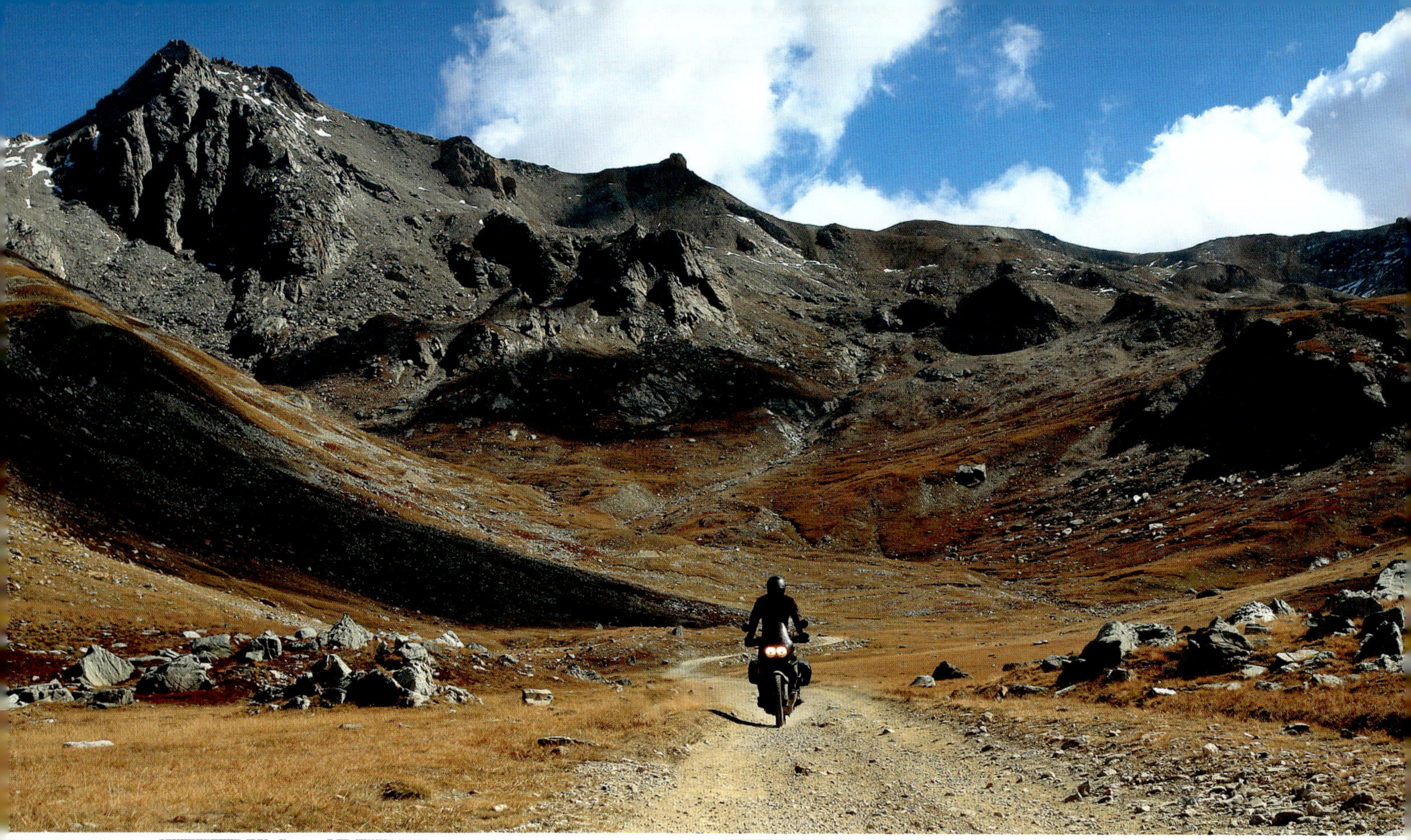

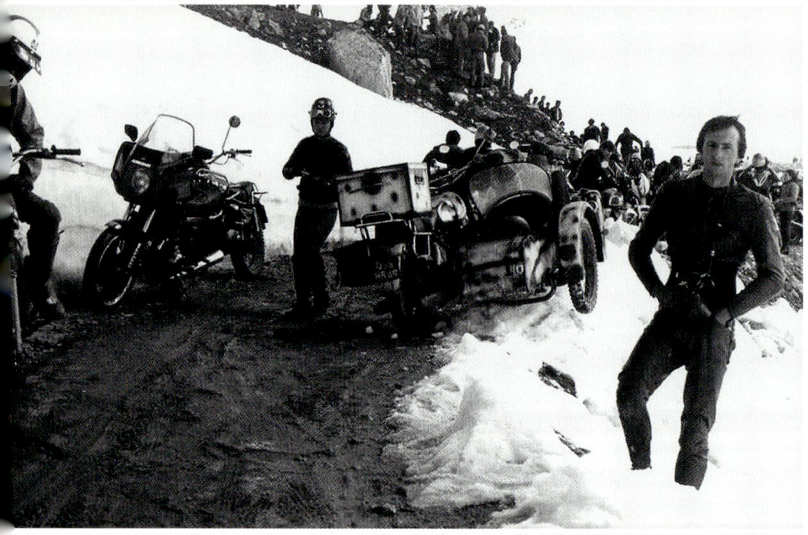

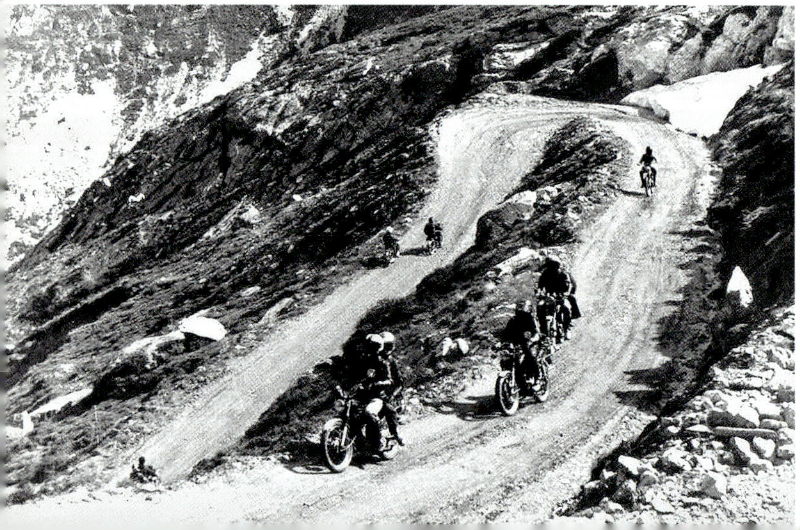

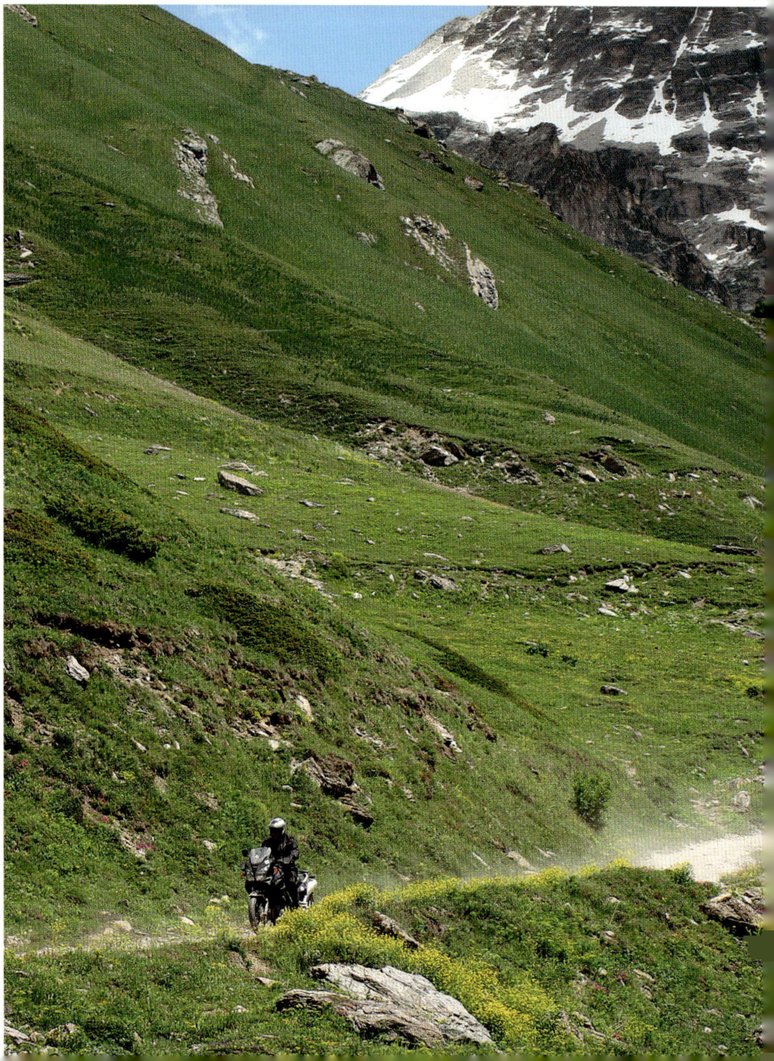

5 Colle Sommeiller

Die Fahrt auf den Colle Sommeiller ist eine Sackgasse. 25 Kilometer sind es von »Enduro-Village« Bardonecchia bis zum Fahnenhügel des Punta Sommeiller – eine Strecke, die viel von sich reden gemacht hat. Früher, als ein verrückter Engländer hier das höchste Motorradtreffen der Alpen ins Leben rief, oder 2007, als die Strecke für Motorfahrzeuge reglementiert wurde. Die Fahrt durch das Tal von Rochemolles ist ein Erlebnis, und bis vor den ersten Steilanstieg zum auf halber Strecke gelegenen Rifugio Sciarfotti schaffen es auch Straßenmaschinen.

Im Überblick

Name: Colle Sommeiller
Land: Italien
Region: Piemont
Höchster Punkt: 2995 m
Jahr der Fertigstellung: 1962

Die Geschichte der Passstraße

Benannt wurde der Pass wahrscheinlich nach dem französischen Ingenieur Germain Sommeiller († 1871), der in den Jahren 1857–1871 für den Bau des 12 Kilometer langen Fréjus-Eisenbahntunnels zwischen Bardonecchia (Italien) und Modane (Frankreich) verantwortlich war. Sommeiller setzte erstmals Druckluft als Energiequelle für den Betrieb von Maschinen im Tunnelbau ein und konnte die Bauzeit damit entscheidend verkürzen.

Die Straße ist nur bis Rochemolles befestigt, oberhalb gab es noch nie einen Asphaltbelag. So ist überliefert, dass der Pass zwar schon früh begangen wurde, ein Interesse an einer Straßenverbindung mit festerem Unterbau jedoch erst 1939 seitens des Militärs bestand. In dieser Zeit wurden weitere (militärische) Befestigungsanlagen und die Straßenverbindung Bardonecchia–Rochemolles gebaut.

In den späten 1950er-Jahren wurde das Gletscher-Skigebiet am Sommeiller erschlossen und im Jahr 1962 eine Straße er-

öffnet. Wegen des schnellen Rückzugs der Gletscher und der Schwierigkeit, die Straße instand zu halten, wurde das Skigebiet allmählich unbedeutend und verwaiste. Nach einem schweren Lawinenunglück, das auch die Gebäude des heute noch in Karten eingezeichneten Hotel d'Ambin in Mitleidenschaft zog, verblieben noch Überreste der Einrichtung auf beiden Seiten. 2004 wurden auch die Grundmauern des Hotels entfernt. 2007 entstand am Endpunkt der Fahrstraße eine große Parkfläche, die mit Holzbarrieren den ehemals anfahrbaren »Fahnenhügel« abtrennte.

Mythos Fahnenhügel

Bis zum Juni 2007 galt der Pass als höchster anfahrbarer Punkt in den Alpen – oder zumindest als anfahrbarer Dreitausender. Beides hielt keiner Überprüfung stand. Da laut Informationen von veralteten Karten nur

Relative Ruhe vor dem Gipfelsturm (o.) |
Spriet Hugues war in den Roaring '70s mit dabei: Erlebnisse bei den frühen Stella-Alpina-Treffen (li.u. und li.Mi.) |
Blütenpracht & Schnee: Piste unterhalb des Rifugio Sciarfotti (re. u.)

noch ein paar Zentimeter für die Dreitausendermarke fehlten, hatten findige Geländewagenfahrer aus Trümmerresten und langen Eisenstangen den sogenannten »Fahnenhügel« errichtet und ihn mit Fahnen und Wimpeln verziert. Man erhoffte so die fehlende Höhe für ein Gipfelfoto erreicht zu haben. Nach der endgültigen Sperrung des Mont Chaberton im Jahr 2000 führte das leider zu einer erhöhten Frequenz von 4x4-Fahrern und Enduristen, die in den Sommermonaten zunehmend den Wanderern in die Quere kamen. Schließlich wurde die Strecke ab dem Sommer 2007 für den Straßenverkehr reglementiert. Es kam zu einer Lösung, mit der beide Seiten gut leben konnten (s.S. 31).

Anfangszeit des Stella-Alpina-Treffens: 1974 (Bilder: Spriet Hugues)

Die Passstraße heute

Ab Bardonecchia sollte man sich auf spannende 47 Kehren und 25 Kilometer Offroad einstellen. Sommerwochenenden von Juni bis September, der italienischen Urlaubszeit, sind allerdings passé. Theoretisch ist eine Auffahrt nach 17 Uhr, wenn die Wanderer zurück sind, möglich. Als beste Zeit für eine Befahrung hat sich die erste Septemberhälfte erwiesen. Wenn auch nicht mehr die höchste, so doch eine der interessantesten Straßen, in einem Gebiet, das von Endurofahrern geliebt wird.

Bei Bardonecchia, nicht weit vom Fréjus-Tunneleingang nach Frankreich, zweigt die kleine Straße zwischen einem alten Eisenbahntunnel und dem Tunneleingang in das schöne Bergtal von Rochemolles ab. Einspurig geht es – noch auf Asphalt – durch Wald dem Bergdorf entgegen. Kurz darauf ein kristallklarer Stausee, an dem sich ein

Stella Alpina – das höchstgelegene Motorradtreffen Europas

Seit 1967 findet am zweiten Sonntag im Juli die Stella Alpina, Europas höchstgelegenes Motorradtreffen, in der Nähe von Bardonecchia statt. Der »Legende« nach soll der Brite Harry W. Lois, Chefredakteur der Zeitschrift »The Motor Cycle«, das Treffen ab 1964 initiiert haben. Die Idee für ein Motorradtreffen kam Lois 1964, auf einer Tour mit Mario Artusio durch die italienisch-französischen Alpen. Das erste Treffen fand 1966 noch am Stilfser Joch statt, 1967 zum ersten Mal unterhalb des Col du Sommeiller, mit etwa 200 Gästen aus 13 Nationen. Durch Lage und Ort machte es von sich reden, bis es 1973 erstmals die 1000-Personen-Grenze knackte. Als Zeltwiese dient die Hochalm beim Rifugio Scarfiotti (2156 m), ungefähr auf halber Distanz zum Pass.

Während des Treffens waren und sind »Expeditionen« beliebt, den Colle Sommeiller bei Tag oder auch bei Nacht zu erreichen. Nach der Reglementierung von 2007 gelang es sogar, die Gemeinde von Bardonecchia für eine Ausnahmegenehmigung während der Zeit des Treffens zu gewinnen. Das Rifugio Scarfiotti ist hingegen jederzeit legal zu erreichen.

Teilnehmer Spriet Hugues war 1974, 1977 und 1980 mit dabei. 1974 musste er, von Frankreich mit einer CB 500 Four kommend, den Weg über den Col de Mont Cenis einschlagen. Der Fréjus Tunnel wurde erst danach gebaut.

Reglementierung während der Saison

von Felsen und Wiesen geprägtes Panorama eröffnet. Auf dem Rastplatz, den man nach dem Queren einer Brücke erreicht, trifft man auf einen kleinen Picknickplatz mit gefasster Quelle. Dann beginnt das Enduro-Abenteuer erst so richtig. Serpentinengruppen wechseln sich mit ansteigenden Schottergeraden ab. Das Rifugio Scarfiotti, Lagerplatz bei der Stella Alpina, liegt am Wegesrand, man erkennt viele Wasserfälle und scheinbar in den Himmel leitende Serpentinengruppen. Eh man es sich versieht, hat man es mit einem ersten steilen Gipfelanstieg zu tun, der allzu oft durch eine hartnäckige Schneewechte gebremst wird. Ende Juni kann tatsächlich zu früh sein, denn hier oben hält sich der Schnee an schattigen Stellen ex-

trem lange. Die alten Fotos aus den 1970er- und 1980er-Jahren beweisen, dass auch am 2. Sonntag im Juli hier immer mit Schnee zu rechnen war.

Die Strecke wird auf den folgenden 16 Spitzkehren schmaler, steiler und der Belag sehr viel gröber. Man erreicht die steinige Hochebene des Pian dei Morti. Nachdem das steinige Geröllfeld passiert ist, liegen noch drei bis vier Serpentinengruppen vor einem, bis die neuerdings zum Wanderparkplatz hergerichtete Gipfelfläche erreicht ist. Man sollte sich nicht wundern, dort italienische Autos vorzufinden, Italiener sind bei solchen Straßen einfach viel schmerzfreier.

Im Vorfeld der Stella Alpina wurde die Piste bisher manchmal ausgebessert und bei Bedarf vom Schnee befreit. Dann kommt man auch mit weniger geländetauglichen Motorrädern auf das Gipfelplateau nahe dem ehemaligen Hotel d'Ambin mit dem kleinen Gipfelsee und den Ausblicken auf den nahen Punta Sommeiller (3332 m) oder den Rognosa d'Etache (3382 m), beides Berge, über welche die Grenze zu Frankreich verläuft.

Touren rund um den Pass

In unmittelbarer Umgebung befinden sich zahlreiche Endurostrecken (Bardonecchia), die hier beschriebenen Routen über den Col du Mont Cenis und die Assietta-Kammstraße sowie die Strecken über den Col de Montgenèvre, das Vallée de la Clarée und den Col d'Echelle zwischen Bardonecchia und Briançon. Fasst man die Runde größer und lässt die Offroadpartien außer Acht, kann man noch den Col du Galibier und den Col du Télégraphe mitnehmen (ca. 230 km).

Information

Alle Hard Facts zum Pass

Basisorte: Bardonecchia

Anzahl der Kehren: 47

Streckenlänge: 25 km

Schwierigkeitsgrad: sehr anspruchsvoll

Straßenzustand: sehr wechselhaft

Mautpflicht: keine

Reglementierung: 1.6.–30.9. gesperrt, Fr–So 9–17 Uhr

Offizielle Wintersperre: keine, aber unpassierbar bei Schnee (kein Winterdienst ab Rif. Scarfiotti)

Schönste Reisezeit: Mitte Juli bis Anfang Oktober

Einkehr- und Übernachtungstipps rund um den Colle Sommeiller

Hotel, Ristorante, Pizzeria: Albergo Del Forte, Exilles, Tel: 0039/0122-581 99, www.albergodelforte.com

Weiterführende Internetadressen

www.alpenrouten.de
Pässeinfos für Motorradfahrer

www.kradventure.de/stella.htm
Motorradtreffen Stella Alpina

ftec.cfasp.de/alpentour2003/stella_alpina.htm
Plädoyer für die Stella Alpina

www.tinyw.in/slWZ
Historische Fotostrecke Stella Alpina

Stella-Alpina-Treffen am 2. Juli-Sonntag: oft im Schnee

6 Assietta-Kammstraße/Strada dell' Assietta und Colle delle Finestre

Weit über den Wolken und mehr als 30 Kilometer Naturpiste zwischen Chisone und Susatal. Blicke auf die höchsten Berge der Alpen und deren größte Festung Fenestrelle – das ist die Assietta-Kammstraße. Seit die Straße vor ein paar Jahren reglementiert wurde, sollte man seinen Offroadreisetag neuerdings genau abstimmen, damit alles klappt.

Im Überblick

Name: Assietta-Kammstraße / Strada dell'Assietta und Colle delle Finestre
Land: Italien
Region: Piemont
Höchster Punkt: 2176 m
Jahr der Fertigstellung: 1932

Die Geschichte der Passstraße

Bei der Schlacht von Assietta 1747 im Zuge des Österreichischen Erbfolgekrieges griff das französisch-spanische Heer die Piemonteser (Königreich Sardinien) an. Dabei benutzten die Angreifer den Mont-Cenis-Pass und wollten so an der Festung von Exilles vorbei über die Assietta-Höhen nach Fenestrelle vorstoßen. Angeblich habe Karl Emanuel III. von Savoyen diesen französischen Zug vorausgesehen und befahl vorher den Ausbau der piemontesischen Stellungen auf dem 2500 Meter hohen Colle dell'Assietta. Der Hauptangriff erfolgt an einer der Assietta-Stellungen, dem Gran Serin. Die Schlacht forderte innerhalb von fünf Stunden 4000 Tote und Verwundete, das Eindringen der Franzosen konnte jedoch dank der neuen Wehranlagen vereitelt werden.

Zwischen 1880 und 1910 erlangte die Assietta durch den (Um-)Bau der Festungen von Fenestrelle und Exilles (1978 vollständig restauriert) eine weitere strategische Bedeutung. Sie wurde ein wichtiger Teil des Alpenwalls (Vallo Alpino), der später vom faschistischen Regime als Befestigungslinie entlang der italienischen Grenzen benutzt wurde.

Erst 1932, in der Zeit des italienischen Faschismus, wurde die Strada dell'Assietta als wichtige Verteidigungslinie weiter befestigt. Am Testa dell'Assietta und am Gran Serin sind heute noch Stellungen und Schützengräben zu erkennen.

Bei der Anfahrt durch das Chisonetal liegt die Forte di Fenestrelle, Europas größte Gebirgsfestung, unübersehbar am Assietta-Nordhang. Über 600 Meter Höhenunterschied, 4000 Treppenstufen und über drei Kilometer Länge klettern hier die Wehrmauern wie die Chinesische Mauer den Hang San Carlo bei Fenestrelle hinauf. Die Anlage ist gewaltiger als sie sich zunächst zu erkennen gibt. Beim Erkunden im Wald trifft man ständig auf weitere Ruinen und Reste der Wehranlage. Angeblich ist es dem italienischen »la dolce far niente«, dem »süßen Nichtstun« zu verdanken, dass die Italiener die Festung auf Verlangen der Franzosen nach dem Zweiten Weltkrieg nicht abrissen.

Bislang zweimal führte der Giro d'Italia über den Colle delle Finestre: 2005 und 2011.

Die Passstraße heute

Ab Sestriere ist der Einstieg in die SP 173 Strada dell'Assietta nicht schwer zu finden.

Ob Giro D'Italia (o.) oder einfach nur eine Endurotour (u.): Die Kammstraße bietet besondere Ein- und Ausblicke. Rechte Seite: Wintersperre von Oktober bis Mai

Enduristen wirbeln Staub auf am Testa dell'Assietta. Viele Abzweige sind inzwischen gesperrt.

Geschützstellungen und Bunker findet man entlang der Assietta überall. Gut getarnt bleiben sie auch Jahrzehnte später den Blicken verborgen.

31.10.–31.5. nicht befahrbar ist. Die SP 173 ist über 40 Kilometer lang und wird »Strada dell'Assietta« genannt. Mit einem Abstecher zum Colle delle Finestre (2178 m) werden es auch schnell über 50 Kilometer.

Um Sestriere hinter sich zu lassen, müssen wir noch einen Aufstieg inmitten von Skiliften bewältigen, dann ist endlich absolute Ruhe angesagt. Die Pässe heißen nun Colle Basset, Colle Bourget, Colle Costa Piana und Monte Genevris, von dem ein starkes Gefälle hinunter zum Colle Blegier führt. Ab und an tun sich immer wieder weite Panoramen auf das Pelvoux-Massiv und den Mont Chaberton auf.

Am Colle Lauson zieht plötzlich Nebel auf. Am Testa dell'Assietta tauchen aus der Nebelsuppe zuerst Schilder auf, welche die Höchstgeschwindigkeit auf 15 km/h begrenzen. Ganz in der Nähe steht ein Obelisk als Gedenkstein für den französischen General Fouquet de Belle-Isle, einem der vielen Opfer der Schlacht von Assietta im Jahr 1747.

Sie zweigt nur ein Stück westlich des Colle di Sestriere ab. Zuerst ist der Colle Basset (Assietta) ausgeschildert, dann weist eine große Tafel auf eine Menge an Gefahren und Verboten hin: maximal 30 km/h fahren, Fahrzeug sollte nicht breiter als zwei Meter sein und dass die Strecke in der Regel vom

Information

Alle Hard Facts zum Pass

Basisorte: Usseaux und Sestriere

Anzahl der Kehren: 31

Streckenlänge: 41 km

Schwierigkeitsgrad: sehr anspruchsvoll

Straßenzustand: verschieden grober Schotter, gut zu fahren

Mautpflicht: keine

Reglementierung: Tempolimit 30 km/h

Juli/August Fahrverbot für Kraftfahrzeuge an bestimmten Tagen (meist Mi und Sa) 9–17 Uhr (zwischen Pian dell'Alpe und Sestriere), www.provincia.torino.gov.it

Offizielle Wintersperre: 31.Oktober bis 31. Mai

Schönste Reisezeit: Juli bis Oktober

Einkehr- und Übernachtungstipps rund um die Assietta-Kammstraße

Hotel in Sauze d'Oulx Albergo Assietta: www.albergoassietta.it

Camping in Salbertrand: Camping Gran Bosco, einfacher, endurofreundlicher Platz mit Bar, Tel. 0039/0122-85 46 53, www.campinggranbosco.it

An der Passrampe zum Col de l'Echelle (1766 m) gelegen: Campeggio Pian del Colle, Bardonecchia / Melezet, Tel. 0039/0122-90 14 52, www.campeggiopiandelcolle.it

Oberhalb der Festung Fenestrelle kann bei Pra Catinat gezeltet werden: Area camping, www.pracatinat.it/?page_id=1761

Weiterführende Internetadressen

www.stradadellassietta.it
Viele Infos zur Assietta-Kammstraße

www.mdmot.com/S1-Assieta-Kammstrasse-AKS.html
Roadbooks und Infos

www.fortedifenestrelle.com
Alles über die große Gebirgsfestung

Dann folgt unerwartet der tiefer gelegene Colle dell'Assietta, an dem ein beschrankter Weg zum Gran Serin abzweigt (2 km). Schließlich wird weiter unten allmählich die Piste von Usseaux zum Colle delle Finestre sichtbar, die seit einigen Jahren asphaltiert ist.

Wer hier von Susa hinaufkommt, hat sich sicherlich bereits schwindelig gefahren. Die an eine Supermotostrecke erinnernde Route durch den Wald bringt es auf 47 Kehren, so viele wie am Stilfser Joch! Uns entgegenkommende Rollerfahrerinnen nehmen noch eine Gipfelzigarette, danach wird lässig der Lippenstift nachgezogen. Wir beglückwünschen uns gegenseitig zum Gipfeltreffen und überlegen kurz, was wir nun angesichts der fortgeschrittenen Zeit noch unternehmen. Das Wetter bessert sich zwar, aber es wird bald dunkel. Wir probieren eine alternative Abfahrt, die uns zum Weiler Dépôt und zur Festung von Fenestrelle führen soll. Am Abzweig »Pra Catinat« im lichten Wald schlagen wir neben einer gefassten Quelle auf 1700 Metern Höhe das Nachtlager auf. Im

Kommt der Schnee, gehört die Straße den Alpinisten. September ist eine gute Reisezeit.

nahe gelegenen Centro Sorggiorno wären wir auch in einem Zimmer oder Zelt untergekommen, aber das merken wir erst beim Frühstück am nächsten sonnigen Morgen.

Aktuelle Ereignisse

Motorradtreffen (Anfang Oktober) des MC Finis Terrae bei Fenestrelle: www.mcfinisterrae.it

Touren rund um den Pass

Susa, Bardonecchia und Briançon sind die zentralen Pässe der Region. Eine Tour über die Assietta-Kammstraße kann man deshalb immer mit dem Colle di Sestriere, dem Col du Mont Cenis, dem Col de Montgenevre oder dem Col de l'Echelle kombinieren. Offroad bieten sich der Colle delle Finestre, der Col del Colombardo oder der Monte Jafferau an (falls dieser derzeit legal zu befahren ist).

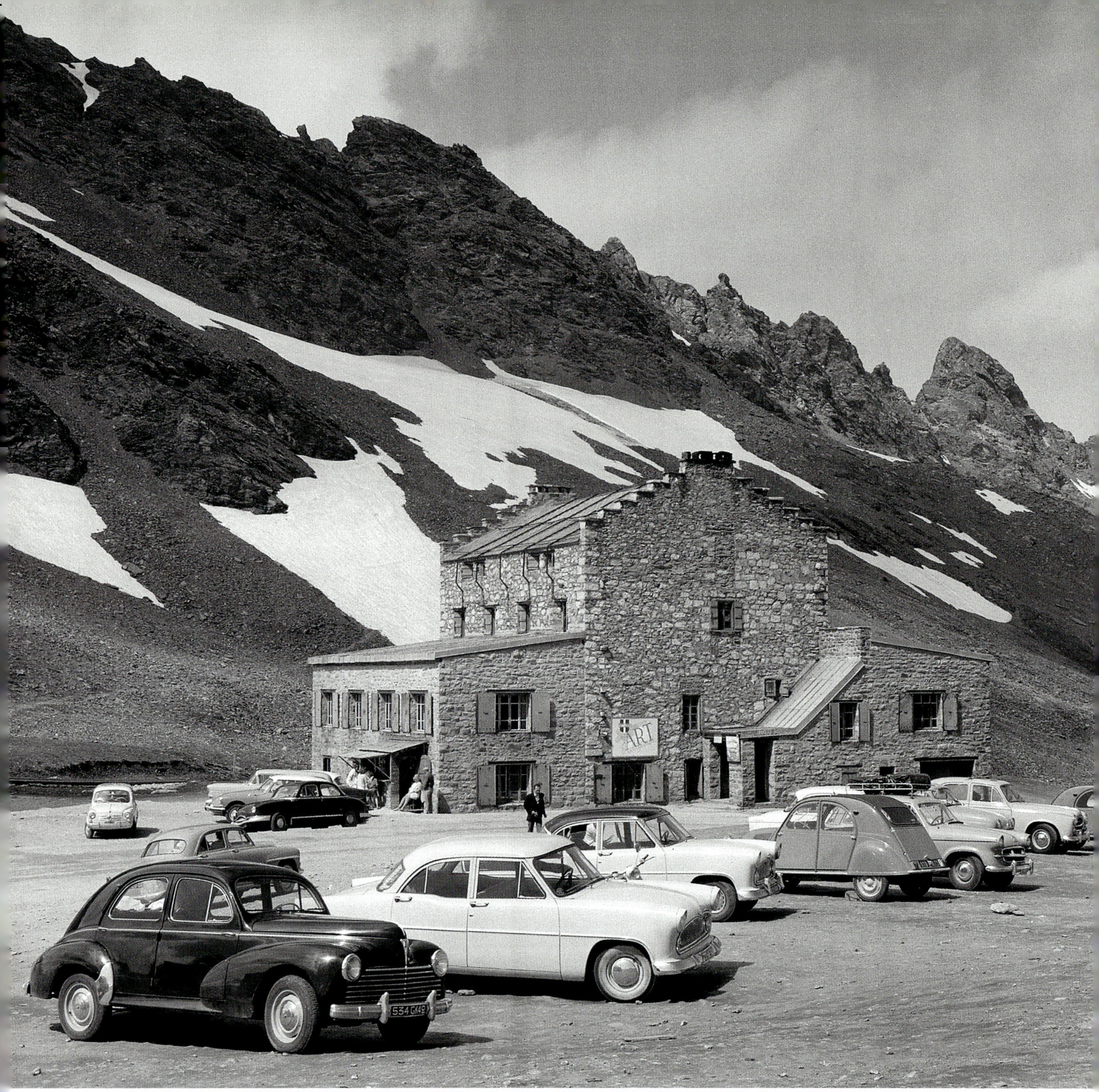
ART

TRIUMPH
D 902
COL DE L'ISERAN
ALTITUDE : 2770M
14 BONNEVAL-S-ARC
33 LANSLEBOURG
VAL D'ISERE 17
Bg St MAURICE 50

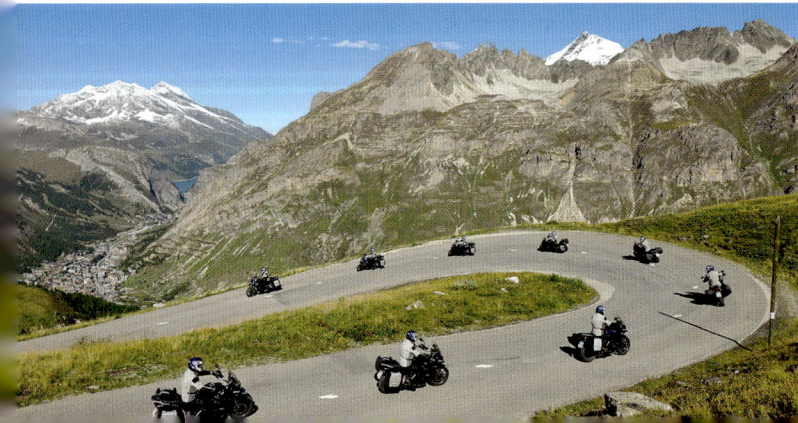

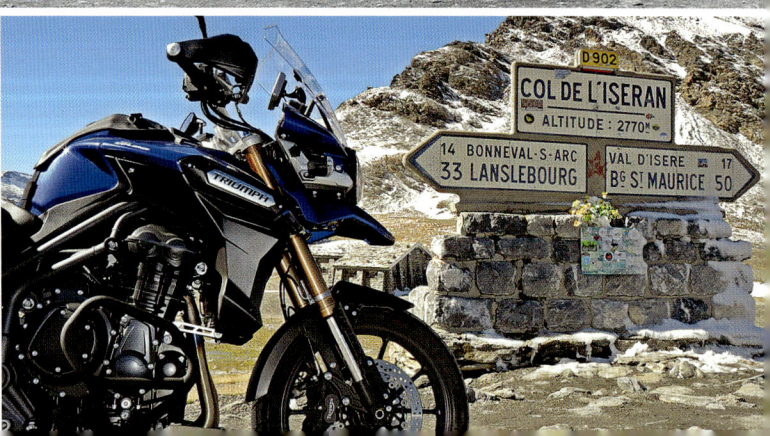

7 Col de l'Iseran

Er ist der ungekrönte König aller Alpenpässe, der höchste befahrbare Übergang des gesamten Alpenraumes, wenngleich sich seine Fans mit denen des Col de la Bonette bekanntlich seit Jahren heftig um dieses Prädikat streiten. Dass der Titel tatsächlich dem Iseran gebührt, liegt an der Tatsache, dass die eigentliche Passhöhe des Bonette lediglich auf 2715 Metern liegt, seine mit 2802 Metern höchste Stelle erreicht man nur durch eine zusätzliche asphaltierte Schleife – einen Abstecher von der Strecke – die aber nicht dem Pass zuzuordnen ist.

Im Überblick

Name: Col de l'Iseran
Land: Frankreich
Region: Seealpen, Département Savoie
Höchster Punkt: 2770 m
Jahr der Fertigstellung: 1937

Die Geschichte der Passstraße

Trotz seines hochalpinen und damit viele Monate im Jahr auch lebensfeindlichen Klimas ist der Col de l'Iseran seit vielen Jahrhunderten eine wichtige Alpenquerung. Wann es erstmals einem Menschen gelang, ihn zu erobern und gesund zurückzukehren, ist zwar urkundlich nicht belegt, reicht aber vermutlich bis weit in das Mittelalter zurück. Die erste überlieferte Begehung stammt aus dem Jahr 1689, als eine Gruppe Piemonteser Siedler mit Sack und Pack über den Iseran heimwärts marschierten. Sie waren Wochen unterwegs, es muss nicht nur aufgrund der Höhendifferenzen, sondern vor allem auch wegen der ständig wechselnden klimatischen Bedingungen eine unvorstellbar mühsame Wanderung gewesen sein. Zudem hatten sie weder Karten noch konnten sie sich auf Wegmarkierungen verlassen.

Dass die heutige Passstraße ihren Spuren oder auch anderen mittelalterlichen Pfaden folgt, ist zu vermuten. Die erste konkrete Streckenplanung für eine auch mit motorisierten Fahrzeugen nutzbare Trasse begann Anfang des 20. Jahrhunderts. 1910, und damit noch vor dem Ersten Weltkrieg, äußerste vor allem das französische Militär immer wieder den Wunsch, die grenzrelevanten und im Ernstfall als Verteidigungslinie gegen Italien wichtigen Gipfelwelten rund um den Iseran nicht zu Fuß, sondern auch mit großen Lasten erreichen zu können. Doch erst 1936 begann man mit dem technisch damals enorm schwierigen Bau der Trasse, und wieder war das Militär die treibende Kraft hinter all den Plänen. Im Juli 1937 wurde die noch vergleichsweise einfache und teilweise sogar nur einspurige Strecke feierlich eröffnet. Das Militär begann sie rege zu nutzen, um Material und Soldaten in die eisigen Höhen der Grajischen Alpen und Grenzregionen zu Italien zu befördern. Noch heute zeugen Ruinen und Reste von militärischen Anlagen entlang der Strecke von der ursprünglichen Intention für den Bau der Passstraße.

Doch auch der Zivilbevölkerung war es von Anfang an ausdrücklich gestattet, die Straße zu nutzen. Dies führte rasch dazu, dass die Gründerväter der legendären Route des Grandes Alpes, Frankreichs heutzutage wohl berühmtester Touristikroute, den Col de l'Iseran als einen wichtigen Bestandteil ihrer nördlichen Streckenführung aufnahmen, ja sogar als deren zentralen Höhepunkt

Der Nachkriegs-Tourismus (o.) entdeckte den Col de l'Iseran sehr rasch als einen der alpinen Höhenpunkte. Heute ist er Pflichtprogramm auf Bikers Lebens-Roadbook. | Blick auf Val d'Isère (u.li.), seine Südrampe bietet Genuss pur (re.).

Rund um den Iseran gibt es viel zu entdecken – zum Beispiel das Hochtal hinauf zum herrlichen Lac de Roselend.

in des Wortes kühnster Bedeutung. Zwar führte dies im Nachhinein dazu, dass die berühmte Themenstraße jetzt nur noch zwischen Juni und Oktober in ihrer gesamten Länge befahrbar war, ihrer rasch wachsenden Bekanntheit, ja Berühmtheit, tat die Aufnahme des Iseran allerdings keinerlei Abbruch. Ganz im Gegenteil.

Die Route des Grandes Alpes über den Iseran

In den französischen Seealpen wechselt hochalpines Gelände innerhalb weniger Kilometer mit engen Schluchten und weiten, fruchtbaren Tälern. Und die legendäre Route des Grandes Alpes verbindet die Höhepunkte dieser Region miteinander. 1910 hatte der Touring Club de France die Idee zu dieser

vielleicht schönsten Hochalpenpanoramastraße Europas, zwei Jahre später wurde mit dem Bau begonnen, 1937 war feierliche Eröffnung. Heutzutage führt sie – nahezu durchgängig beschildert – über verschiedene Département- und Nationalstraßen von Thonon-les-Bains am Südufer des Genfer Sees gute 700 oftmals anspruchsvolle Kilometer hinunter nach Menton bei Nizza. 16 000 Höhenmeter sind auf dieser Strecke insgesamt zu bewältigen, von 16 Pässen liegen immerhin sechs auf über 2000 Metern. Durchgängig befahrbar ist die Route in der Regel zwischen Juni und Oktober. Danach schließen vor allem die hoch gelegenen Pässe aufgrund des Wintereinbruchs.

Auch die Tour de France begrüßte den neuen Pass

Eine bereits legendäre Sportveranstaltung ließ es sich ebenfalls nicht nehmen, die Passstraße des Col de l'Iseran bereits kurz nach

deren Fertigstellung in ihr Programm aufzunehmen: die Tour de France. Erstmals im Jahr 1938 war der Pass gefürchteter Bestandteil des Tourverlaufs und forderte von den damaligen Radrennfahrern deren ganzes Können und eine fast schon übermenschliche Kondition. Denn nicht nur die zu überwindenden fast 1000 Höhenmeter machen seither allen Fahrern mächtig zu schaffen, vor allem auch die klimatischen Kapriolen rund um die Passhöhe führten damals wie heute dazu, dass immer wieder viele Fahrer aufgeben mussten. Im Jahr 1996 musste der Iseran aus Wettergründen sogar kurzfristig komplett aus dem Tourverlauf gestrichen werden. 2007 war er dann bislang letztmalig Bestandteil der Frankreich-Rundfahrt, seitdem macht der Tross auf seinem heute immer noch 3500 Kilometer langen Kurs einen mehr oder minder weiten Bogen um den Iseran. Unter anderem auch über den nahe liegenden Col du Petit Saint-Bernard, den Kleinen Sankt Bernhard.

Die Passstraße heute

Nur vier bis maximal fünf Monate im Jahr ist sie überhaupt befahrbar, die Piste hinauf zum Col de l'Iseran. Von Dezember bis in den Mai hinein ist sie dagegen fester und schneesicherer Bestandteil der Skigebiete rund um das berühmte Wintersportresort Val-d'Isère. Zwar könnte man dieses auch im Sommer recht sehenswerte, wenngleich weitgehend geschlossene einstige Bergdorf als nördlichen Basisort bestimmen, der Anstieg von Bourg-Saint-Maurice über Seez und Val-d'Isère hinauf zum Col de l'Iseran ist allerdings ein noch deutlich längerer fahrerischer Leckerbissen. Deshalb habe ich das hübsche Bourg-Saint-Maurice als nördlichen Basisort meiner Tourenbeschreibung zugrunde gelegt.

Mit atemberaubenden Ausblicken auf das mächtige und im oberen Verlauf deutlich hochalpine Isère-Tal geht es zunächst über Seez, die N90 und La Thuile in bereits gemäßigt anspruchsvollen Kurven und Kehren bergan. Ein lohnender Abstecher lockt dann kurz vor Val-d'Isère rechter Hand auf ein benachbartes Hochplateau – der Weg hinauf nach Tignes, ebenfalls ein berühmtes Skiresort. Mein Tipp: Einfach kurzerhand den Blinker rechts setzen und den sehenswerten Sackgassenabstecher genießen.

Hinter Val-d'Isère klettert die Piste zum Iseran dann zügig hinauf in hochalpine Höhen. Kein Baum, kein Strauch begrenzt unseren weit schweifenden Blick. Die Passhöhe liegt wie erwähnt auch heute noch viele Tage im Jahr entweder unter Eis und Schnee begraben oder hüllt sich in dicke Wolken. Und selbst im Sommersonnenschein pfeift meistens ein eisiger Wind um die Ecken der kleinen Kirche auf dem Hochplateau des Iseran, das schmucklose Hospiz habe ich auf keiner meiner bisher sechs Touren über den Pass jemals offen vorgefunden. Die Chance auf einen koffeinhaltigen Boxenstopp inmitten grandioser Landschaften besteht deshalb nur, falls Sie selbst eine Thermoskanne und ein paar frische Croissants eingepackt haben. Grandiose Pausenplätze entlang der Piste gibt es als Belohnung zuhauf.

Den besten Überblick über die Passstraße des Col de l'Iseran hat man übrigens vom Pointe des Lessières, einem hinter der Gipfelkapelle steil aufragenden, 3041 Meter hohen Felsendom. Dessen Besteigung mit festem Schuhwerk ist im Juli und August vergleichsweise einfach, nicht zuletzt die schon im Mopedsattel erreichte Basishöhe von 2770 Metern erleichtert dies. Auch sollten bis dahin normalerweise alle Schneebretter an den Flanken abgetaut sein und den gefahrlosen Weg bergan ermöglichen. Aber unterschätzen Sie die restlichen gut 300 Höhenmeter dennoch nicht, bringen Sie Kondition mit.

Haben wir die Passhöhe erst einmal überschritten, empfängt uns umgehend die Wärme des Südens. Spätestens im hübschen Weiler Bonneval-sur-Arc begrüßen uns bunte Blumenfenster und eine satte Portion Sonnenschein. In weiten, gut ausgebauten Kurven geht es dann auf landschaftlich sehr schöner Strecke und ganz entspannt bergab nach Lanslevillard.

Touren rund um den Pass

Länge: 275 km
Zeitaufwand: 6 Std.
Schwierigkeit: mittelschwer

Als Basisort wählen wir zum Beispiel das hübsche Bourg-Saint-Maurice nördlich des Passes. Über Seez und Val-d'Isère geht es hinauf zum Iseran, dann hinab nach Lanslevillard und dort links ab zum Col du Mont Cenis (2081 m) – vielleicht sogar mit einem Offroadabstecher zum rechter Hand anschließenden Col du Petit Mont Cenis (2183 m). Dann geht es über Lanslebourg-Mont-Cenis nach Modane und Saint-Michel-de-Maurienne. Hier locken gen Süden der Col du Télégraphe (1600 m) sowie der berühmte Col du Galibier (2642 m). Aufgepasst: Die beiden Abstecher verlangen mehrere Stunden zusätzlicher Zeit, sie lohnen aber ungemein. Über Saint-Jean-de-Maurienne erreichen wir dann die Südrampe zum Col de la Madeleine (1984 m), der uns via Moutiers spätabends retour nach Bourg-Saint-Maurice führt.

Information

Alle Hard Facts zum Pass

Basisorte: Bourg-Saint-Maurice und Lanslevillard

Anzahl der Kehren: 44

Streckenlänge: 89 km

Schwierigkeitsgrad: mittelschwer

Straßenzustand: gut

Mautpflicht: keine

Offizielle Wintersperre: November bis Juni

Schönste Reisezeit: zwischen Juni und Oktober

Einkehr- und Übernachtungstipps rund um den Col de l'Iseran

Übernachtungstipp in Bourg-Saint-Maurice: Hotel Angival, 90 Rue Jean Moulin, www.angival.com

Boxenstopp in Val-d'Isère: Bar la Rosee Blanche in der Rue de la Daille

Einkehrtipp in Saint-Jean-de-Maurienne: Restaurant San Marco, 1 Place Croix Blanche

Weiterführende Internetadressen

www.grande-traversee-alpes.com
Alle Infos zur Route des Grandes Alpes

www.france-voyage.com
Touristische Infos auch zum Département Savoie

www.valdisere.com
Viel mehr als nur ein Skigebiet

www.bourgsaintmaurice.com
Ein idealer Tourenstandort

Inzwischen durchgängig ausgeschildert und ein fahrerischer Leckerbissen

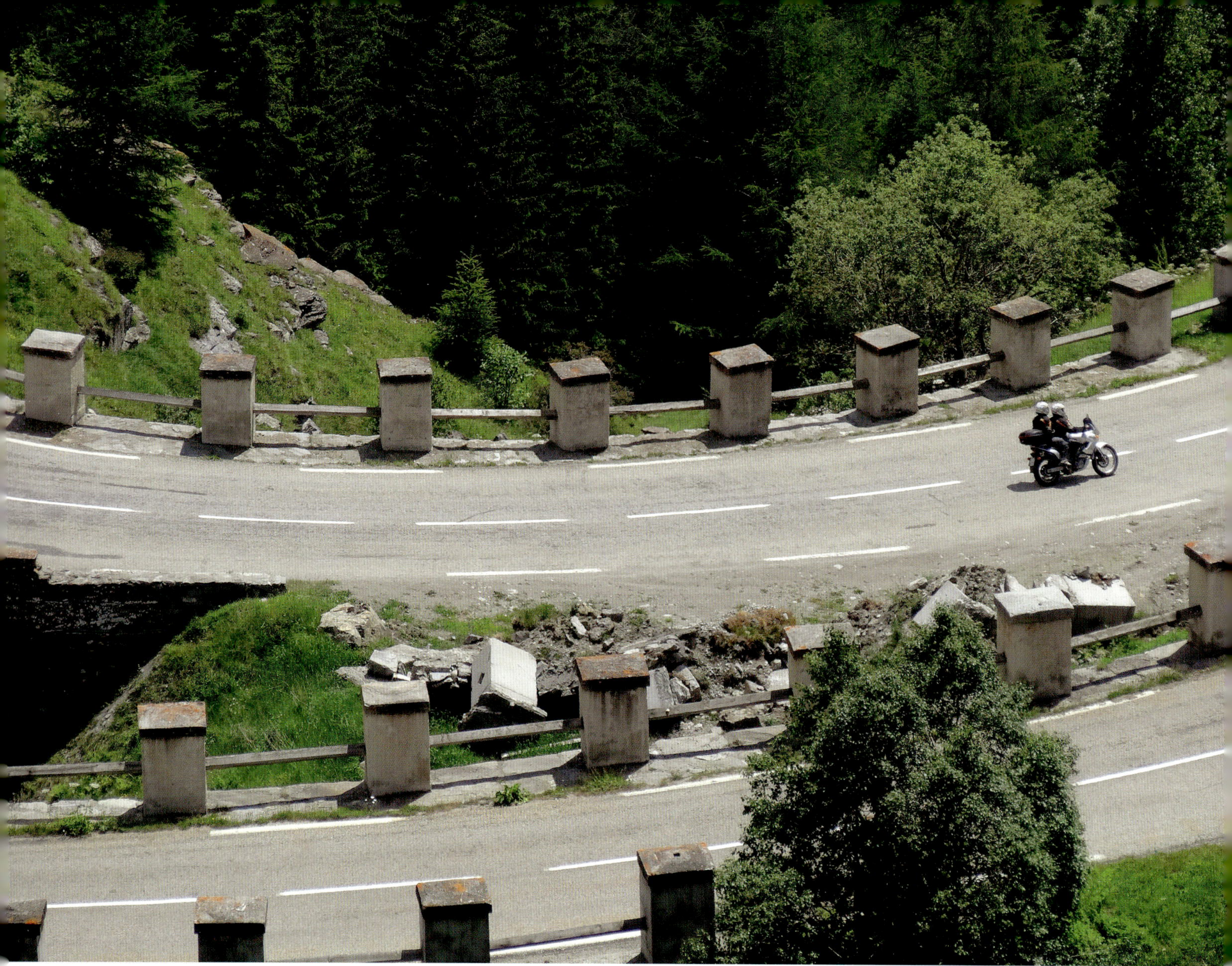

S.S.N 25
DEL MONCENISIO
Km.58.302

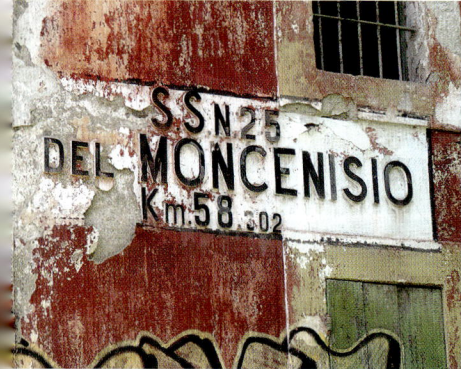

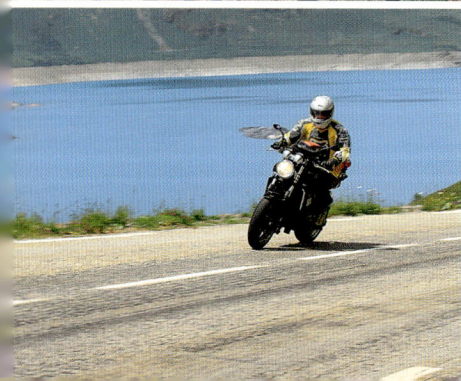

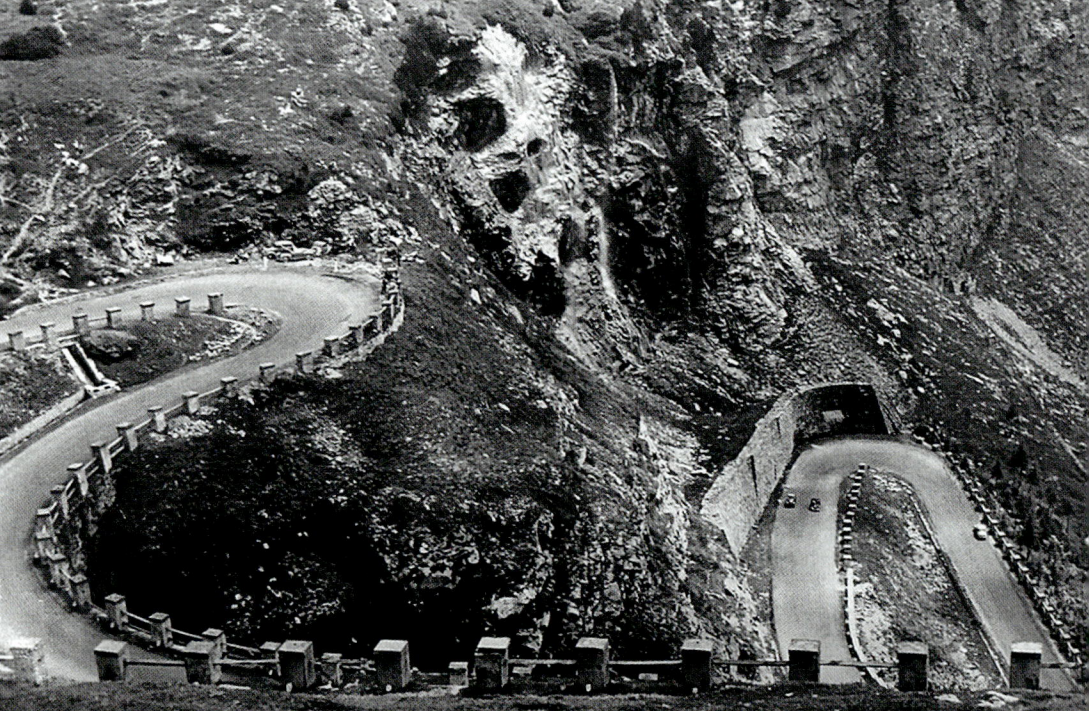

8 Col du Mont Cenis

Kaum ein Pass ist so umfangreich in die Geschichte eingegangen wie der Col du Mont Cenis. Von den Römern und Franken begangen, von Hannibals Truppen vermutlich samt Elefanten erklommen und von Napoleons Truppen als befestigte Straße angelegt. Im letzten Jahrhundert wurde die Grenze zu Italien mehrfach verschoben. Ein gigantischer Stausee krönt heute den Passsattel, an dem die Grenze zwischen den Grajischen Alpen im Norden und den Cottischen Alpen im Süden verläuft. Die heutige Passstraße verbindet Lanslebourg (1399 m) in Frankreich mit Susa (503 m) in Italien.

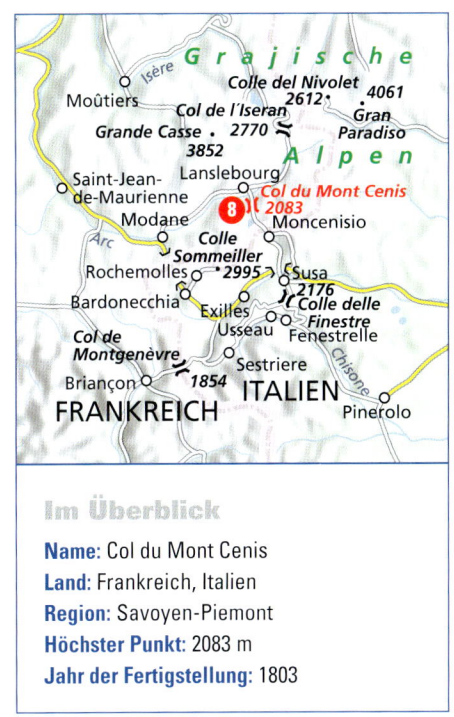

Im Überblick

Name: Col du Mont Cenis
Land: Frankreich, Italien
Region: Savoyen-Piemont
Höchster Punkt: 2083 m
Jahr der Fertigstellung: 1803

Die Geschichte der Passstraße

Napoleon Bonaparte veranlasste die Befestigung des Passes in den Jahren 1803–1810. Der schon lange Zeit zuvor von Menschen begangene Pass sollte es Napoleons Truppen ermöglichen, ähnlich wie der Simplon, auch mit schwerem Gerät schnell nach Italien zu gelangen. In der Geschichtsschreibung sehr umstritten, hätte auch Hannibals Heer samt Kriegselefanten an dieser Stelle im Jahr 218 v. Chr. den Alpenhauptkamm überqueren können. 16 Tage soll diese Querung gedauert haben, viele Menschen und alle bis auf einen der 37 Kriegselefanten fielen den Witterungsbedingungen zum Opfer. Das ist den Überlieferungen der Geschichtsschreiber Livius und Polybios zu entnehmen, doch auch sie legten sich auf keinen Alpenpass konkret fest.

Vermutlich ist der Col du Mont Cenis schon seit dem 3. Jahrhundert n. Chr. ein wichtiger Pilgerweg gewesen. Das Wallfahrtswesen wurde von den damals Herrschenden geschützt und geregelt. Die Via Francigena war im Mittelalter (seit 990) ein Hauptverkehrsweg, der Italien (Rom) mit dem nördlichen Europa verband.

Die Geschichte des ehemals italienischen Passes ist in der Neuzeit geprägt von kriegerischen Auseinandersetzungen zwischen Frankreich und Italien. Am Hochplateau des Col du Mont Cenis befand sich zu jener Zeit ein kleiner Natursee, an dessen Gestaden ein Hospiz lag, das seit Jahrhunderten für Reisende von großer Bedeutung war. So hatte Napoleon trotz seiner Abneigung gegen Klöster eine Ausnahmegenehmigung für den Bau des Mont-Cenis-Hospizes erteilt. Als Dank für die Hilfe im Krieg gegen Österreich traten die Savoyer am 24. März 1860 ihr Stammland an das französische Kaiserreich ab. Savoyen gehörte fortan zu Frankreich (und nicht mehr zum Königreich Sardinien), wodurch der Col du Mont Cenis zu einem strategisch wichtigen Grenzpass aufgewertet wurde. Es wurde militärisch kräftig aufgerüstet – zwischen 1874 und 1887 baute das Königreich Italien fünf große Befestigungsanlagen um den damals noch kleineren Mont-Cenis-See: die Forts Ronce, Variselle, Pattacreuse, Malamot und Cassa.

1921 wurde auf Höhe des Hospizes die erste Staumauer errichtet. Nach dem Zweiten Weltkrieg wurde 1947 gemäß den Vereinbarungen des Friedensvertrags mit Italien die Grenze nochmals verschoben, und der Pass wurde auch diesmal komplett Frankreich zugesprochen. Italien erhielt im Friedensvertrag Garantien, die auch in Zukunft die Wasser- und Stromversorgung aus dem Lac du Mont Cenis sichern sollte. Der Staudamm heutigen Ausmaßes wurde 1968 vom Stromversorger EDF fertiggestellt. Auf dem Boden von Europas höchstgelegenem Stausee schlummern nun die Ruinen des Hospizes und des Fort Cassa. Beim Baubeginn 1962 wurden 15 Millionen Kubikmeter Erde bewegt. Den Bauarbeitern wurde unterhalb des heutigen Dammes bei Gran Croce eine Unterkunft errichtet, die heute noch als »Hotel Malamot« existiert. Von kleineren kosmetischen Veränderungen ab-

Letzter Anstieg der D 1006 unterhalb des Stausees (o.) | Die gleiche Strecke nur 50 Jahre vorher (u.re.) | Casa Cantoniera bei Susa (li.Mi.) | Griffiger Asphalt am Stausee (li.u.) | Rechte Seite: Alberto Garelli bei seiner Mont Cenis-Querung im Jahr 1914

1865: Letzter Anstieg mit Pferden und Kufenschlitten zum Col de Monte Cenis

Frühes Foto der automobilen Passrampe im Pas du Paradis: heute in Frankreich, damals von Italienern gebaut

gesehen, dürfte sich das Gebäude fast noch im Originalzustand befinden – äußerlich ist das Hotel nicht sonderlich ansprechend, jedoch scheinen im Inneren fähige Köche am Werk zu sein.

Allerhand weitere Überlieferungen ranken sich um den Col du Mont Cenis: 13-mal soll er von deutschen Kaisern benutzt worden sein (u. a. Heinrich IV. auf seinem Gang nach Canossa 1077), fünfmal wurde der Mont Cenis bisher bei der Tour de France befahren (1949, 1956, 1961, 1992 und 1999). Im Zuge der Diskussion um die umstrittene Schnellbahnstrecke Lyon–Turin (TAV) ist die Rede von einem Tunnelbau, dem Mont-Cenis-Basistunnel. Der derzeitige Mont-Cenis-Eisenbahntunnel am Col de Fréjus aus dem Jahr 1871 liegt nur gut 25 Kilometer westlich.

Nun noch eine Anekdote: Im Winter 1914 bezwang der italienische Ingenieur und Motorradrennfahrer Adalberto Garelli den Pass mit einem selbst gebauten Motorrad. Ein Jahr zuvor hatte er es mit einem eigens konstruierten 350-cm³-Zweitaktmotor fertiggestellt. Dieser Antrieb verfügte als Doppelkolbenmotor über zwei gleichlaufende Kolben in einem gemeinsamen Brennraum. Mit diesem Fahrzeug bezwang er am 10. Januar 1914 den 1925 Meter hohen, tief verschneiten Pass von Mont Cenis, in der Nähe von Moncenisio bei klirrender Kälte – ein Unternehmen, das zur damaligen Zeit als unmöglich galt.

Die Passstraße heute

Besonders die italienische Passrampe, ausgehend vom Susatal, ist unter Motorradfahrern sehr beliebt. Die Straße hinauf ist ein breit ausgebautes Meisterwerk italienischer Straßenbaukunst, das weit geöffnete

Hochgebirgstal die perfekte Kulisse für eine Alpenkamm-Überquerung.

In Susa sollte man sich auf der Piazza unbedingt einen caffè oder ein Eis gönnen, um sich auf die Gebirgskulisse einzustimmen. Susa ist ein Hauptort, um Unternehmungen in Sachen Endurofahren oder einfach *la dolce vita italiana* zu genießen. Der Assietta-Kamm, der Col du Mont Cenis und eine Reihe kleinerer Passstraßen münden hier in der Nähe ins Tal, das sich an dieser Stelle beachtlich weitet und großartige Blicke auf den gewaltigen Rocciamelone (3538 m) am Südrand der Grajischen Alpen freigibt. Dieser Bergriese mit der höchsten Kapelle Europas auf seiner Spitze, so sagen die Piemonteser, wurde lange Zeit für den höch-

sten Gipfel der Alpen gehalten. Im Nordwesten zweigt das Val Cenisio ab, in dem sich die alte und die neue Passstraße eindrucksvoll auf verschiedenen Wegen dem Col du Mont Cenis entgegenschlängeln. Die alte Passstraße (die auch Signore Garelli benutzt haben dürfte) führt im größeren Bogen über Novalesa und Venaus. Der namensgebende Ort Moncenisio ist nur über diese schmale Straße zu erreichen und fristet ein verkehrsberuhigtes Dasein im Lärchenwald. Später folgen viele Kehren und eine stoisch den Hang heruntergefaltete Serpentinengruppe. Die Provinzstraße führt an einem weit sichtbaren Wasserfall vorbei zurück nach Susa. Bei dem heutigen Verkehr auf der gut ausgebauten Strecke ist es schwer

vorstellbar, dass sich einst der Warenverkehr über diese minimale Straße gedrängt haben muss.

Die SS 25 ist Lkw-gerecht ausgebaut, was in diesem Fall nicht störend ist. Diese »Via Moncenisio« ist beinahe vollgasfest, und so erklimmt sie in perfekten Radien die ersten Anhöhen. Einige verfallene *Case Cantoniera* (Immobilien der Straßenbaufirma ANAS) begleiten die Strecke, dann mündet die alte Mont-Cenis-Passstraße unauffällig ein. Bei der Bar Cenisio passiert man die alte Grenzstation, bald darauf wird die Strecke fran-

Rast am Cenis-Stausee: Café, beste Aussicht und ein Museum gleich um die Ecke

zösisch (D 1006) und leitet in einem zunehmend baumfrei und eben werdenden Hochtal auf den vermeintlichen Talschluss zu. Hier wäre auch Schluss, wenn nicht jemand eine Straße in den Fels gehauen hätte, die in vier weiten Serpentinen und etwas später in einer weiteren Tornanti-Gruppe den Dammfuß eines Schüttdammes sowie den ehemaligen französischen Grenzposten erreichen würde. Oben wartet eine Hochgebirgskulisse, die sich gewaschen hat. Eine lange Staumauer, eine Dorfruine, alte Militärforts und kühn durch den Stein führende Pisten sind zu sehen. Ins Auge springt das Fort Variselle am westlichen Ende der Staumauer; es ist legal auf Schotterwegen zu erreichen. Wer nicht am gut ausgebauten Nordufer (Lkw-Verkehr), sondern offroad am See entlang zum Col de l'Iseran fahren möchte, nimmt die geschotterte Passage am Südufer.

Wer aus nördlicher Richtung anreist, kommt sicherlich vom Col de l'Iseran und kann nun seine Route nach Italien fortsetzen. In den Seitentälern der Maurienne blitzen das ganze Jahr hindurch Gletscher und firnbedeckte Berge. In Lanslebourg heißt es dann den Blinker links setzen und hoch geht es auf gut ausgebauten Serpentinen durch den Lärchenwald, bis die Baumgrenze erreicht ist. Etwas unscheinbar empfängt einen hier der Col de Mont Cenis (Relais du Col), der noch vor dem gleichnamigen Stausee liegt, dem größten und höchstgelegenen seiner Art in Europa. Eigentlich erwartet man hier die Landes-

Auf der racingmäßig ausgebauten Straße am See geht es immer noch bergauf. Der Pass liegt unspektakulär auf französischer Seite.

Französischer Konvoi auf dem
Mont-Cenis, Datum unbekannt

grenze, doch schaut man sich die Geschichte an (s. o.) wird klar, dass die Grenze hier mehrfach verschoben wurde. In
Sichtweite des Sees zweigen nun rechts
Schotterpisten zum Fort Turra und später
zum Col de Petit Mont Cenis ab. Eine weitere gesperrte Piste führt zum Lac de Ro-
terel. Unterhalb der Staumauer vereinen
sich Haupt- und Nebenpiste wieder.

Direkt über dem Stausee, etwa dort, wo
man die Passstraße vermutet, gibt es eine
Attraktion: Das Musée Pyramide du Mont
Cenis zeigt ein Diorama zur örtlichen Geschichte von Napoleon und Hannibal sowie einen sagenhaften Ausblick auf das tür-
kisfarbene Wasser des Sees und die umliegenden ausgedehnten Weiden. Auf gut ausgebauter Strecke und mit Blick auf vergletscherte Berge geht es im Racing-Modus auf
die Staumauer zu. Mehrere Forts tauchen
aus den Wolkenschwaden auf. Das höchstgelegene ist das Fort Malamot (2917 m),
das bis in die 1990er-Jahre von geübten En-

duristen angefahren werden konnte. Seitdem die Auflagen des angrenzenden Vanoi-
se-Nationalparks enger gesteckt wurden, besteht ein Fahrverbot mit Schranke. Auch
andere Strecken in der Region wurden stark
reglementiert. Ein Verlust, der zu ertragen
sein sollte, denn so kann sich die empfind-
liche Natur oberhalb von 2000 Metern besser erholen.

Touren rund um den Pass

Im Norden der Col de l'Iseran, bei Susa die
Assietta-Kammstraße, im Susatal der Jafferau, der Col de Montgenèvre und Bardonecchia mit dem Col de Sommeiller und
dem wunderschönen Col de l'Èchelle im
Vallée de la Clarée – daraus lässt sich so manche schöne Tour stricken. Nur den teuren
Fréjus-Straßentunnel sollte man meiden …

Information

Alle Hard Facts zum Pass

Basisorte: Lanslebourg und Susa

Anzahl der Kehren: 24

Streckenlänge: 38 km

Schwierigkeitsgrad: mittelschwer

Straßenzustand: vortrefflich (Italien)

Mautpflicht: keine

Offizielle Wintersperre: Oktober bis Mai

Schönste Reisezeit: Juni bis Ende
September

**Einkehr- und Übernachtungstipps rund
um den Col du Mont Cenis**

Direkt unterhalb der Mont-Cenis-Stau-
mauer, sehr gutes Essen: Hôtel du Malamot, Grande Croix, 73480 Lanslebourg-
Mont-Cenis, Tel. 0033/(0)479-05 97 85,
hotel@relais-des-2-cols.fr

Schöne Straßencafés in Susa oder in Bonneval-sur-Arc (ein »plus beaux villages de
France«) am Fuß des Col de l'Iseran

Tradition seit 1911: Hotel Susa e Stazione,
www.hotelsusa.it

Campingplatz in Peisey-Nancroix: Camping
les Lanchettes, Tel. 0033/(0)479 07 93 07

Im malerischen Dorf Aussois: Hôtel du
Soleil, www.hotel-du-soleil.com

Old-style, aber ehrwürdig: Hotel
Napoleon, Susa, www.hotelnapoleon.it

Weiterführende Internetadressen

www.alpenrouten.de
Pässeinfos für Motorradfahrer

www.france-voyage.com
Touristische Informationen (Suche
über Ortsname)

Hotel du Malamot, wo schon einst
die Stauseearbeiter speisten

9 Colle del Nivolet

Der Colle del Nivolet ist in der Luftlinie nicht weit vom französischen Col de l'Iseran entfernt, mit dessen Höhe und Schönheit er konkurrieren kann. Seine Lage könnte man als Randlage bezeichnen, denn er ist nur von italienischer Seite, durch das Valle Locana (südlich des Aostatals) anzufahren. Im oberen Abschnitt führt die meisterlich angelegte Passstraße aus den 1930er-Jahren im baumlosen Gelände über Staumauern und bietet weite Ausblicke auf gletscherbedeckte Berge in über 2600 Metern Höhe.

Im Überblick

Name: Colle del Nivolet
Land: Italien
Region: Piemont (Grajische Alpen)
Höchster Punkt: 2612 m
Jahr der Fertigstellung: 1931

Die Geschichte der Passstraße

Wenn man bedenkt, dass Italiens König Vittorio Emanuele II. im heutigen Nationalpark Gran Paradiso schon im 19. Jahrhundert für seine Steinbockjagd raffiniert gepflasterte königliche Jagdsteige anlegen ließ, wundert einen der Zustand der heutigen Nivoletstraße nicht. 1856 erwarb der König Grundstücke in der Gran-Paradiso-Region und ließ dort Jagdhäuser errichten. Bereits 1861 begann man, 340 Kilometer Jagdsteige bis auf eine Höhe von 3296 Metern sukzessive anzulegen und auszubauen. Dies entsprach noch nicht heutigen Vorstellungen einer Straße, aber es entstanden Wege in einer Breite von einem bis zweieinhalb Metern. Der Bau und Unterhalt soll den König ein Vermögen gekostet haben. Das heutige Rifugio Savoia kurz hinter der Passhöhe war früher so ein Jagdhaus, bis es 1921 umgebaut wurde.

1922 wurde Italiens erster Nationalpark Gran Paradiso gegründet, durch den zum Nivoletpass erst 1931 eine erste Trasse entstand. Aus offensichtlich militärischen Gründen wurde die Straße seinerzeit stärker befestigt und ausgebaut. Dabei folgte man von piemontesischer Seite den Spuren eines antiken Saumpfads. Das Ziel des militärischen Planungsstabes war es, auch eine befestigte Straßenverbindung vom Valle Orco hinüber ins Aostatal einzurichten, die über den Colle del Nivolet nach Valsavarenche führen sollte. Für motorisierte Fahrzeuge geeignet, sollte sie der schnellen Truppenverlegung dienen. Durch witterungsbedingte Schwierigkeiten in großer Höhe und dem herannahenden Zweiten Weltkrieg begann zwar der Straßenbau auf der Valsavarenche-Seite, kam aber 1943 kriegsbedingt zum Erliegen. In den 1950er- und sogar 1970er-Jahren wurde das Projekt aus touristischen Gründen erneut aufgerollt, doch es scheiterte 1973 nochmals, nicht zuletzt deswegen, weil man die Wichtigkeit des Nationalparks Gran Paradiso erkannt hatte. Auch die touristischen Interessen der beteiligten Gemeinden und Täler korrespondierten nicht miteinander. Die heute sichtbare Trasse ist nun ausschließlich Wanderern vorbehalten, auch

Die sw-Bilder entstanden Ende der 1950er-Jahre: Das große zeigt einen Parkwächter im Parco Gran Paradiso. Das unten links die kaiserliche Jagd, für die das Tal bekannt wurde. | Blick auf den Stausee vom Nivolet-Pass (u.re.) | Rechte Seite: Geschafft! Hinter dem Pass geht es in ein Hochtal.

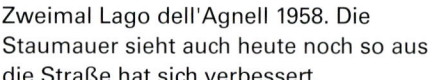

Zweimal Lago dell'Agnell 1958. Die Staumauer sieht auch heute noch so aus, die Straße hat sich verbessert.

Prozent gerechnet werden (Vorsicht: Einmündung im Tunnel!). Eine weitere, aber nicht befahrbare historische Route beginnt zwischen der Alpe Brancie und Alpe Renada, noch vor dem Lago Serrù. Der zerfallene Mulatiera führt unterhalb einer Hochspannungsleitung steil an der Südflanke des Nivoletpasses hinauf, um oberhalb des Lago Agnel in einer Serpentine auf die neue Trasse zu stoßen.

Ab 2000 Meter Meereshöhe, hinter Chiapili di Sopra, breitet sich eines der überwältigendsten Alpenpanoramen aus. In dieser hochalpinen Sektion schlängelt sich die Straße wie im Bilderbuch vorbei an den beiden Bergseen und über die geschwungene Staumauer des Lago Agnel, ehe sie lindwurmartig zum Gipfelfinale ansteigt. Auf 2612 Metern ist der Pass erreicht, danach fällt die Strecke zum Rifugio Savoia an den Laghi del Nivolet wieder ab und endet unvollendet in einem Hochtal, wo prächtige Blicke auf den über 4000 Meter hohen Gran Paradiso frei werden. Wer will, kann noch ein Stück auf der unvollendeten Straße weiterfahren und das einmalige Panorama genießen. Mit etwas Glück trifft man beim Wandern im ehemaligen Jagdgebiet des Königs vielleicht auf die raren Exemplare des Alpensteinbocks (Ibex), dessen Bestand sich im Gran-Paradiso-Nationalpark gut erholt hat.

Die letzten sieben Kilometer der Traumstraße zum Colle del Nivolet sind wegen Pendelbusverkehr seit 2007 in den Sommermonaten für motorisierte Fahrzeuge mit zeitweisem Einbahnverkehr, d. h. Ab- und Auffahrt nur zu bestimmten Zeiten, reglementiert (Wer zu spät für die Auffahrt mit eigenem Fahrzeug kommt, sollte mit den Parkrangern reden. Manchmal geht noch et-

wenn manche Landkarten hier eine befahrbare Straße andeuten.

Ohne es zu wissen, dürften einige von uns den Pass schon einmal im Kino gesehen haben: am Nivolet wurden einige Szenen der Filme »The Italian Job« und »Gran Paradiso« gedreht.

Die Passstraße heute

Wer Turin auf der Karte gefunden hat, ist schon fast am Ziel. Vom Aostatal oder der piemontesisch-lombardischen Poebene aus erreicht man den Ausgangsort Pont Cana-

vese. Ab Locana (600 m) flankiert rechter Hand der Nationalpark Parco Nazionale Gran Paradiso die alpine Straße. Ab diesem Punkt sind noch ganze 2000 Höhenmeter bis zum Gipfel zurückzulegen.

Bei Noasca macht ein größerer Wasserfall auf sich aufmerksam. Ceresole Reale ist noch einmal ein guter Ort zur Bevorratung und Unterkunft, dann führt die SP 50 hinauf durch das enger werdende Orcotal und weitere 18 Kilometer dem Nivoletpass entgegen. In der Nähe eines Feriendorfes bei der Alpe Piloca konnte man noch vor Kurzem parallel zur Hauptroute eine untertunnelte Ex-Militärstraße befahren – auf eigene Gefahr – versteht sich. Neben Geröll auf der Fahrbahn muss auch in den unbeleuchteten Tunneln mit Steigungen bis 18

Information

Alle Hard Facts zum Pass

Basisorte: Cuorgnè

Anzahl der Kehren: 48

Streckenlänge: 58 km

Schwierigkeitsgrad: mittelschwer bis anspruchsvoll, besonders in den oberen Serpentinengruppen

Straßenzustand: gut, aber stark variierend, gelegentlich Steinschlag auf die Fahrbahn

Mautpflicht: keine

Reglementierung: Juli/August an Sonn- und Feiertagen keine Abfahrten 9–13 Uhr, keine Auffahrten 9–18 Uhr. Busshuttle ab Parkplatz 7 km vor dem Gipfel, Abfahrt halbstündlich, www.pngp.it/de/node/605

Offizielle Wintersperre: Oktober bis Juni

Schönste Reisezeit: Juli bis Mitte Oktober

Einkehr- und Übernachtungstipps rund um den Colle del Nivolet

Berghütte auf 2534 Metern: Rifugio Savoia, Valsavarenche Tel. 0039/0165-941 41

Im Nationalpark Gran Paradiso: Rifugio Città di Chivasso, Tel. 0039/0124-95 31 50

Campingplätze und Hotels im Tal: www.comune.ceresolereale.to.it (Menü »Soggiorno«)

Weiterführende Internetadressen

www.pngp.it/de
Gran Paradiso Nationalpark

www.alpenrouten.de
Stichwort Nivolet

was, wenn man verspricht, leise zu fahren, besonders auf den letzten Kilometern des Gipfelanstiegs.). Außerhalb der Saison und unter der Woche kann der Passanstieg auch jederzeit mit dem eigenen Fahrzeug befahren werden. Die Parkverwaltung bat uns mitzuteilen, dass die Fauna einen rücksichtsvollen Fahrstil dankt.

Touren rund um den Pass

Trotz der relativen Nähe zu anderen Pässen ist eine Rundtour kaum möglich. Wer schlau ist, sucht sich ein Quartier auf halber Höhe im Valle di Locana. Auch die Nachbartäler wie z. B. das Aostatal, der Colle del Lys oder die SP 47/48 von Pont-Canavese nach Piamprato können schöne Abstecher oder Tagestouren sein.

Mit der Touratech XChallenge bei gutem Wetter auf dem Nivolet – das ist wie ein 5er im Lotto.

Ab Rosone bei Locana kann man einen lohnenden Abstecher vom Colle del Nivolet zum Lago di Teléccio starten. Die Serpentinenstraße führt durch das Valle di Piantonetto und ist in einem schlechten Zustand, mit Schlaglöchern, geringen Fahrbahnbreiten und ausgewaschenen Rinnen. Große Motorräder müssen in den Kehren teilweise sogar rangieren! Doch die Mühen lohnen sich wegen der Passage in der Felswand und dem herrlichen Ausblick über den See sowie auf die umliegenden Drei- und Viertausender. For Enduros only!

Der Colle del Nivolet ist mit 2612 m oft über den Wolken.

10 Großer Sankt Bernhard/ Colle del Gran San Bernardo

Der große – insgeheim eher kleinwüchsige – Franzose Napoleon Bonaparte machte ihn Anfang des 19. Jahrhunderts berühmt, und kleine kuschelige Fellknäuel auf Schnaps-fässern sorgen heutzutage dafür, dass sein Ruhm nicht endet – doch der Große Sankt Bernhard hat noch viel mehr zu bieten als ein abgegriffenes »Feldherren-Chaiselongue« und eine profitable Hundezucht. Ganz speziell auch uns Motorradfahrern.

Die Geschichte der Passstraße

Aber stöbern wir zunächst wieder einmal in der reichhaltigen Geschichte auch dieses Passes. Bereits zur Eisenzeit, 1000 Jahre vor unserer Zeitrechnung, zogen Menschen über den für damalige Verhältnisse lebensfeindlich hohen Pass. Gerüchten zufolge sogar kein Geringerer als der legendäre Feldherr Hannibal selbst. Für die Römer war der Saumpfad über den Großen Sankt Bernhard eine der wichtigsten direkten Verbindungen von Oberitalien in die gallischen Provinzen rund um den Rhein. Bereits Julius Cäsar berichtete von ihm in seinen Erzählungen über den Gallischen Krieg, Kaiser Claudius ordnete dann um die Zeitenwende herum den Ausbau des Saumpfades zu einer befestigten Piste an. Von großem Vorteil war, dass sowohl die Nord-, wie auch Südrampe des Passes keinerlei unüberwindbare Schluchten aufwiesen, wie zum Beispiel am Gotthardpass.

Die Römer errichteten direkt auf der Passhöhe einen Tempel für ihren Gott Jupiter Optimus Maximus, der später wohl die Wurzel des einstigen Passnamens »Mons Jo-

vis« war. Im Mittelalter war der Pass wichtiger Teil eines immensen Netzwerkes an Handels- und Pilgerstraßen in ganz Nord- und Mitteleuropa. Auch zahlreiche Kreuzritter zogen über den Großen Sankt Bernhard auf ihrem Weg ins orientalische Verderben. 1050 kam Bernhard von Aosta – auch bekannt als Bernhard von Menton – hier vorbei, ein reisefreudiger adliger Wanderprediger aus Savoyen, und gründete angesichts der prächtigen hochalpinen Lage des Passes spontan ein Hospiz, eine Schutzunterkunft für alle Reisenden. Denn nicht nur das hochalpine Wetter, auch unzählige Räuberbanden mach-

ten die Überquerung zu einem lebensgefährlichen Abenteuer. Aufgrund seiner Verdienste um die Sicherheit der Menschen wurde Bernhard im 12. Jahrhundert seliggesprochen und sowohl der Grosse Sankt Bernhard, wie auch der gut 80 Kilometer

Im Überblick

Name: Großer Sankt Bernhard / Colle del Gran San Bernardo
Land: Schweiz, Italien
Region: Wallis, Aosta
Höchster Punkt: 2469 m
Jahr der Fertigstellung: 1905

Bauarbeiten am Großen St. Bernhard-Tunnel im April 1959 (o.re.) sowie eine Pressefahrt im März 1969 (o.li.) | Das Hospiz auf der Passhöhe im Juli 1949 (u.li.) sowie die heutige Anfahrt über Champex (re.)

entfernt liegende Kleine Sankt Bernhard – auch hier hatte er ein Hospiz errichtet – wurden nach ihm benannt.

Der Pass der Berühmtheiten
Viele weitere Persönlichkeiten nutzen den Pass im Laufe der Jahrhunderte auf ihren Reisen nach Rom. So zum Beispiel Karl der Große, Heinrich IV., Friedrich I. oder Heinrich VI. Vollends berühmt wurde er, als Napoleon Bonaparte im Mai 1800 mit 40 000 Mann und unzähligen Geschützen über den Pass nach Italien zog. In Bourg-St-Pierre, im Mittelteil der Nordrampe, gibt es bis heute ein »Café Napoléon«, in dem der Franzose damals angeblich gefrühstückt haben soll.

Auch der Bau der autobahngleichen St.-Bernhard-Rampe war eine technische Meisterleistung (li.). | Das Hospiz als Tourismusziel (re.)

Gerne zeigt man im Café mit einer gehörigen Portion Ehrfurcht jenen Lehnstuhl, in dem sich der legendäre Feldherr ausruhte. Bereits Napoleon erkannte die Wichtigkeit des Passes und ordnete den ersten Straßenbau an.

1840 begann man von Schweizer Seite aus mit dem Bau einer modernen Passstraße, die erst 1903 bis zur Passhöhe fertiggestellt werden konnte. Zwei Jahre später wurde die italienische Rampe fertiggestellt. Doch es dauerte noch fast zehn Jahre, bis die gesamte Straße für den motorisierten Verkehr freigegeben wurde. Bis dahin mussten Automobilisten Ochsen oder Pferde vor ihre Fahrzeuge spannen, wenn sie den Pass erobern wollten. Im Ersten und Zweiten Weltkrieg bildete der Pass die Südwestgrenze der Schweizer Verteidigungslinien und war dementsprechend mit Sperren und Festungsbauwerken gesichert. Zwischen 1950 und

1970 wurde die Passstraße zur Schweizer Nationalstraße um- und ausgebaut, wenngleich sie aus klimatischen Gründen nur sechs bis sieben Monate im Jahr nutzbar war. Erst der Bau des mautpflichtigen, sechs Kilometer langen Scheiteltunnels, der 1964 eröffnet wurde, macht die Passquerung seitdem ganzjährig möglich.

Die Passstraße heute
Eines hier gleich vorweg: Sobald Sie eine Ihrer Reisen auch nur in die Nähe dieses Passes führen sollte, erfahren Sie ihn. Es ist ein unvergessliches Erlebnis – sofern Sie den Tunnel möglichst meiden, versteht sich. Bevor wir uns allerdings die schnellstraßengleiche Nordrampe in Form der perfekt ausgebauten Kantonstraße 21 zum Aufstieg aussuchen, sollten Sie einen Blick auf die Karte werfen und von Les Valettes aus rechts abzweigend die Piste Richtung Champex-Lac und den kleinen Col de Champex wählen. 29 größtenteils anspruchsvolle Spitzkehren mit zudem ordentlicher Steigung schenkt uns dieses Kurvenparadies, das allerdings nicht anfängertauglich ist. In Orsières treffen wir dann wieder auf die Kantonstraße 21, die uns in entspannter Kurvenhatz hinauf zum Pass führt.

Auf der vollkommen überbauten Passhöhe liegen das berühmte Hospiz sowie die wohl bekannteste Hundezucht der Welt. Hier werden die Originale gezüchtet, die mit dem braun-weißen Fell und dem berühmten Schnapsfässchen um den Hals. Bekannt, ja legendär wurde die Rasse der Bernhardiner vor allem durch ihren unfehlbaren Ortssinn, die gute Nase sowie ihre Wetterfestigkeit und Ausdauer. Prädestiniert für die Nutzung als Lawinenhund soll allein der Stammvater aller Bernhardiner, Lawinenhund Barry, weit

über 40 Menschenleben gerettet haben. Doch all das war einmal. Heutzutage ist der Bernhardiner für die Lawinenrettung schlichtweg zu schwer, zu behäbig geworden. Dennoch müssen Sie auf einen Welpen dieses idealen Familienhundes bis zu fünf Jahre warten. Die legendäre Bernhardinerzucht der Augustinermönche können Sie gegen einen geringen Obolus sofort besichtigen. Erwarten Sie aber bitte kein Kuscheltierparadies. Die Hundezucht ist durchaus kommerziell aus- und eingerichtet.

Nach den Gebäuden öffnet sich der Blick auf einen herrlich frischen Bergsee sowie, ganz in der Ferne, die Grenzstation nach Italien. Auf ordentlicher Piste geht es anschließend hinunter in das angrenzende Aostatal, nach gut 15 Kilometern erreichen wir die Baumgrenze und queren zahlreiche kleine italienische Bergdörfer, in denen das Leben wohl noch nie übermäßig brummte.

Touren rund um den Pass

Länge: 315 km
Zeitaufwand: 6–7 Std.
Schwierigkeit: mittelschwer

Über 300 Kilometer lang ist dieser Tourenvorschlag, eventuell teilen Sie auch ihn auf zwei Hälften auf. Oder verabschieden Sie sich möglichst früh am Morgen vom schönen Walliser Städtchen Martigny Richtung Süden. Wir erklimmen erst einmal den Großen Sankt Bernhard – vielleicht sogar über den durchaus anspruchsvollen Serpentinenhang hinauf nach Champex – und schauen uns auf der Passhöhe ausgiebig um. Anschließend rollen wir genüsslich hinab ins Aostatal. Im Hauptort Aosta wenden wir uns nach Westen und setzen im Ort Pré-Saint-Didier den Blinker links, hinauf zum Kleinen Sankt Bernhard, dem Colle del Pi-

Der Lac de Champex mit seinem beschaulichen Dorf belohnt uns für den mutigen Aufstieg über die Route de Champex.

colo San Bernardo (2188 m). Eher unscheinbar und mit Ruinen alter Zollstationen versehen, empfängt er uns zu einem kurzen Boxenstopp, bevor es kurven- und kehrenreich hinunter nach Bourg-Saint-Maurice geht. Dort wenden wir uns nach rechts und gönnen uns gleich drei eher unbekannte Seealpenpässe am Stück: den Cormet de Roselend (1967 m), den Col de Méraillet (1605 m) sowie den Col des Saisies (1633 m), der uns schließlich retour zum gewaltigen Montblanc-Massiv im Norden führt. Chamonix direkt zu Füßen des Montblanc lohnt auf jeden Fall einen ausgiebigen Einkehrschwung, bevor wir über den unscheinbaren Col des Montets (1461 m) sowie den Col de la Forclaz (1527 m) wieder unseren Ausgangspunkt Martigny erreichen. Vor allem entlang der Ostrampe des Forclaz liegen einige Parkbuchten, die es erlauben, das Bike abzustellen und den Blick auf Martigny zu genießen. Es lohnt sich.

Information

Alle Hard Facts zum Pass

Basisorte: Martigny und Aosta
Anzahl der Kehren: 38, über Champex 67
Streckenlänge: 94 km
Schwierigkeitsgrad: leicht, über Champex anspruchsvoll
Straßenzustand: gut
Mautpflicht: keine
Offizielle Wintersperre: Passhöhe November bis Mai
Schönste Reisezeit: Juni bis September

Einkehr- und Übernachtungstipps rund um den Großen Sankt Bernhard

Übernachtungstipp in Martigny: Stadthotel Forclaz-Touring, Rue du Léman 15, Martigny, Tel. 0041/(0)27-722 27 01, www.hotelforclaztouring.ch

Boxenstopp in Bourg-Saint-Maurice: Restaurant La Petite Auberge, 162 Chemin Reverset, Bourg-Saint-Maurice

Einkehrtipp in Chamonix: Restaurant Le Caveau, 13 Rue Doc Paccard, 1, Chamonix

Weiterführende Internetadressen

www.barryswiss.ch
alles über den berühmtesten Hund der Welt

www.valais.ch
Mit allen Infos über das Wallis

www.lovevda.it
Offizielle Tourismusseite des Aostatales

www.martigny.com
Alles über die Stadt am Fuß des Großen Sankt Bernhard

Schauen erlaubt, anfassen nicht: Bernhardiner auf der Passhöhe

11 Simplonpass/Passo del Sempione

Dieser 2005 Meter hohe Alpenübergang wird »Kaiserstraße« genannt, in Anlehnung an Napoleon Bonaparte, dessen Truppen hier schicksalhaft aktiv waren. Der Simplonpass führt vom Rhonetal in den nördlichsten Zipfel des Piemonts. Seine Trassenführung ist so konzipiert, dass die Straße auch im Winter passierbar bleibt. Er zählt heute zu den sehr gut ausgebauten Schweizer Alpenpässen, und auch die italienische Seite ist gut unterhalten. Die Passhöhe und die berühmte Gondoschlucht liegen dabei nicht etwa an der Grenze zu Italien, sondern im Wallis.

Im Überblick

Name: Simplonpass / Passo del Sempione
Land: Schweiz, Italien
Region: Wallis, Piemont
Höchster Punkt: 2005 m
Jahr der Fertigstellung: 1805

Die Geschichte der Passstraße

Der Simplonpass ist eine wichtige Nord-Süd-Verbindung in den Alpen und führt von Domodossola (I) nach Brig (CH). Bekannter ist der Simplon-Eisenbahntunnel (19,8 km), eine beeindruckende Ingenieursleistung von 1906, in dessen Bauverlauf allerdings 67 Arbeiter bei Unfällen ums Leben kamen. Die Pläne lieferte schon 1875 Louis Favre, der geniale Erbauer des Gotthardtunnels aus Genf. Dieser Tunnel wurde in den Jahren 1898–1906 gebaut.

Archäologische Funde belegen, dass bereits weit vorher in der Bronze-, Eisen- und später Römerzeit der Simplonpass schon begangen wurde. Einen einst von Römerhand angelegten Saumweg soll es 195 v. Chr. schon gegeben haben. Im 13. Jahrhundert waren es die Bischöfe von Sitten, die den Handelsweg unterhielten und ausbesserten. Mitte des 17. Jahrhunderts, vor Napoleon Bonaparte, wurde der Pass erstmals auf Geheiß von Kaspar Jodok von Stockalper ausgebaut und als wichtiger Handelsweg genutzt. Von 1800–1805 arbeiteten bis zu

5000 Arbeiter im Auftrag von Napoleon Bonaparte daran, diese für Truppen und Kanonen taugliche, acht Meter breite Straße über den Pass zu bauen. Seit dieser Zeit war der Simplon auch zivil für Postkutschen befahrbar, weswegen man nun von einer ersten befestigten Straße sprechen kann.

Auf der Passhöhe befindet sich auch das Simplon-Hospiz, das trotz Napoleons Abneigung gegenüber solchen Einrichtungen in seinem Auftrag seit 1801 gebaut und erst 1831 von den Augustiner-Chorherren vollendet wurde. Es konnte damals bis zu 130 Personen aufnehmen. Eine Ursache der langen Bauzeit könnten die heftigen Kämpfe zwischen

Franzosen und Österreichern in den Jahren 1813/14 gewesen sein. In derselben Zeit wurde auf der Passhöhe eine größere Kaserne angelegt, die 1831 fertiggestellt wurde und den französischen Truppen Unterkunft bot.

In den 1950er-Jahren nahm die Schweiz die Passstraße als A9 ins Nationalstraßennetz auf. In den 1970er- und 1980er-Jah-

Radtour de Suisse 1956 (o.) | Breit asphaltierte Europaroute über den Simplon (u.li.) |Tunnelstrecke in den 1920er-Jahren (u.Mi.) | Das Hospiz am Simplon (u.re.) | Rechte Seite: Eishacker-Buam beim Winterdienst: 1950er-Jahre

Route des Grandes Alpes und Route Napoleon

Durch die Region Provence-Alpes-Côte d'Azur führen zwei große Themenstraßen, die von den Seealpen bis ans Mittelmeer leiten. Die Route des Grandes Alpes reicht vom Genfer See (Thonon-les-Bains) bis nach Menton an der französischen Riviera. Die Route Napoleon führt von Grenoble nach Cannes (Golfe Juan). Weil die »Große Alpenstraße« gebirgiger und höher verläuft, wird sie als »Sommerroute« (Route d'Eté) bezeichnet, die Route Napoleon hingegen ist besser als »Winterroute« (Route d'Hiver oder Route du Soleil) geeignet, weil sie wegen ihrer Lage meist schneefrei bleibt. Die Route des Grandes Alpes überquert 17 Alpenpässe, von denen sechs über 2000 Metern liegen. Sie ist von Juni bis i. d. R. Mitte Oktober befahrbar.

Die Route Napoleon

1814 nach Elba verbannt, trachtete Napoleon Bonaparte nach einer Rückkehr in die französische Politik. Ein Jahr später ging er, von seinen Getreuen begleitet, am 1. März im Golf von Juan bei Cannes an Land, um sich seinen Kaisertitel zurückzuholen. Napoleon wählte den Weg nach Lyon über die Alpen, um den Widerständlern in den royalistischen Städten auszuweichen. Die nach diesem Ereignis benannte »Route Napoleon« folgt heute der 335 Kilometer langen Strecke, die der Kaiser mit seinen Truppen in seinem Schicksalsjahr 1815 in einem Gewaltmarsch in nur sechs Tagen zurücklegte.

Als touristische Straße wurde sie 1932 eingeweiht und ist heute mit dem Verlauf der Nationalstraße N85 identisch. Sie kreuzt den Regionalpark Verdon bei Castellane, durchquert dann bis Digne-les-Bains die Haute-Provence und verläuft nach Gap parallel zum Nationalpark Écrins. Die wichtigsten Etappen: Cannes, Grasse, Saint-Vallier-de-Thiey, Escragnolles, Séranon, Le Logis du Pin, Castellane, Dignes-les-Bains, Sisteron, Gap, Grenoble.

Bei Escragnolles gibt es übrigens noch ein Stück der »Route Napoleon autentiques« zu sehen.

ren wurde die Streckenführung begradigt, und es kam zum Bau von zahlreichen Brükken, z. B. der 678 Meter langen Ganterbrücke (Ganterbrigga, 1980 fertiggestellt und größte Brücke der Schweiz) und von Galerien, die den Pass wintersicher machten. Kurios ist, dass einige Pfeiler auf der Südseite der Brücke wegen entstehender Hangbewegungen regelmäßig verschoben werden müssen. Durch Modernisierungsarbeiten an der Passrampe wurden leider auch Teile der ursprünglichen Trasse in weiten Teilen zerstört. Heute gilt der Simplon als der am besten ausgebaute Passübergang der Schweiz und hat sich zu einer Transitstrecke auch für den Schwerlastverkehr entwickelt.

Die Schweizer Gondoschlucht um ca. 1920-1930 (li.) | Grenzabfertigung am Simplonpass (re.)

Im Januar 2005 wurde auf dem Pass ein Denkmal zum 200. Jahrestag der Route Napoleon (s. u.) eingeweiht. Ein Blickfang ist auch der acht Meter hohe, steinerne Adler, der von Friedrich Baumann im Zweiten Weltkrieg entworfen und von Soldaten der 11. Schweizer Gebirgsbrigade dort 1944 aus Bruchsteinmauerwerk errichtet wurde. Nach Süden blickend steht er dort als Symbol der Wachsamkeit.

Die Passstraße heute

Grenzen haben in Europa doch noch ihre Bedeutung, schießt es mir durch den Kopf, als es die gut ausgebaute Simplon-Nordrampe hinaufgeht. Der Simplon heißt ab Italien ganz selbstverständlich Sempione, und ich brauche etwas Zeit, die allgegenwärtigen Schilder mit dem Pass in Verbindung zu bringen. Die Schweizer Passrampe ist aufgeräumt und überall, wo es gefährlich werden könnte, mit ordentlichen Galerien versehen. Ganz anders die italienische Seite: An der Via Sempione im Divedrotal gesellt sich ein Bach und später die Simplon-Eisenbahnlinie, deren Tunnelbau ab 1896 viele Menschenleben kostete, an unsere Seite. Die Passhöhe mit dem markanten Granitadler liegt komplett in der Schweiz, nach Gondo (855 m) und Italien geht es schon wieder hinunter. Die Scheitelregion bietet dann ein Alpenpanorama vom Feinsten mit Blick u. a. auf Hübsch- und Schilthorn. Vom Simplon-Hospiz aus lohnt sich auch ein kurzer Abstecher zum Rotelsee. Bis zur italienischen Grenze werden 19 Straßentunnel und zahlreiche Galerien durchfahren.

Der Simplon Granit Adler wacht auf der Passhöhe und wurde am 10. September 1944 durch die Gebirgsbrigade 11 errichtet.

Im Verlauf der Gondoschlucht ist die Straße quasi ganzjährig überdacht, nicht ohne Grund, denn im Oktober 2000 kam hier eine Mure nieder, die das Dorf und seine Bewohner arg in Mitleidenschaft zog. Heute lebt das kleine wieder aufgebaute Dorf vom Handel mit Tabak und Benzin. Geschichtlich könnte man Gondo fast eine Goldgräberstadt nennen, denn schon die Römer wurden hier auf der Suche nach Gold und Erz fündig. Die Straße weiter hinab folgt nun der Grenzübergang nach Italien, wo sich das Valle Divedro zusehends aufweitet.

In Varzo fühlt man sich sofort auf der Sonnenseite der Alpen und spürt förmlich die südliche Lebensfreude. Die Cafés und Restaurants sind voll mit Menschen, die der Sonne und dem »Dolce Vita« frönen. So ist die Südseite des Passes länger zu befahren, beste Reisezeit sind die Sommerwochenenden außerhalb der Ferienzeit.

Aktuelle Ereignisse

Ein Motorradtreffen (samt priesterlichem Segen) veranstaltet der örtliche Motorradclub MC Simplon alljährlich am ersten Sonntag im Mai. Stolze 3500 Motorräder wurden schon auf der Passhöhe gezählt. Den ehrwürdigen Club gibt es bereits seit April 1926, damit gehört er zu den ältesten Motorradclubs der Schweiz. Erste Treffen fanden Mitte der 1980er-Jahre statt. Aus dieser Initiative wurde schnell ein zweitägiges Motorradtreffen mit Musikgruppen, Bars und Kantinen, das in einem großen Festzelt am Simplon-Hospiz stattfand. Parallel zum Fest wurden am Sonntag sämtliche Motorräder

1940er-Jahre: In der Gondoschlucht begegnen sich Schlitten und Automobil.

Die Passhöhe wurde bis zum Hospiz zuasphaltiert und bietet viel Platz für das alljährliche Motorradtreffen.

bei einer heiligen Messe für die beginnende Saison gesegnet.

Von Brig kommend bietet die Nordrampe noch mindestens zwei Schmankerl: Bei Ried biegt die alte Simplontrasse ab, hier fährt man also noch historischer auf schmalerer Strecke und mündet auf der Straße nach Rosswald, einer kleinen Chaletsiedlung mit Panorama und Seilbahnstation ein. So bleibt man auch von dem bisweilen starken Schwerlastverkehr verschont. Rosswald ist bekannt für seine Ausblicke, daher unbedingt in Ried auf die Ausschilderung »Rosswald-Seilbahn« achten. Der zweite Tipp liegt kurz vor dem Ort Simplon. Bei Eggen geht es hinauf auf 2130 Meter nach Hohlicht. Sehr lohnend sind dort die schönen Blicke auf Fletschhorn und Weißmies. Die Straße

zum Ort hin ist im letzten Stück nicht mehr asphaltiert.

Touren rund um den Pass

Im italienischen Abspann des Passes lohnen Abstecher auf die Alpe di Veglia, die Alpe di Devero oder auch in das Formazzatal. Dort locken der Toce-Wasserfall, leckerer Bettelmatt-Käse oder der hohe Passo San Giacomo am Talende, der eher für Enduristen einen Umweg wert ist. Den 143 Meter hohen Toce-Wasserfall bei La Frua kann man nur zwischen Juni und September in seiner vollen Pracht bewundern. Er wird von den örtlichen Wasserwerken reguliert bzw. zeitweise abgestellt. Eine Rundtour wird trotzdem nicht daraus, doch das Aostatal mit all seinen Nebentälern und den Pässen über den Großen Sankt Bernhard und den Kleinen Sankt Bernhard ist weniger als einen Tagesritt entfernt. Eisenbahnfans werden sich auch die Tunnelportale in Iselle und Brig ansehen.

Information

Alle Hard Facts zum Pass

Basisorte: Brig und Domodossola

Anzahl der Kehren: 8

Streckenlänge: 66 km

Schwierigkeitsgrad: mittelschwer

Straßenzustand: vorzüglich

Mautpflicht: nein

Offizielle Wintersperre: keine

Schönste Reisezeit: Mai bis Ende September

Einkehr- und Übernachtungstipps rund um den Simplonpass

Campingplatz in Cannobio: Camping Pedro, www.campingpedro.com

Direkt am Simplonpass: Hotel Ganterwald, www.ganterwald.ch

Weiterführende Internetadressen

www.simplon.ch
Veranstaltungen, Infos von Simplon Tourismus

www.mc-simplon.jimdo.com
Der Moto-Club Simplon

www.schweizerseiten.ch/info/ simplonpass.htm
Details zur Region auf dem Schweizer Info- und Fotoportal

Das Simplon-Hospiz um 1890

12 Nufenenpass/ Passo della Novena

Der Nufenenpass, die höchste vollständig in der Schweiz liegende Passstraße, führt durch das Val Bedretto. Hier im Tessin spricht man Italienisch. Wer oben am Pass steht, hat einen hervorragenden Blick auf Finsteraarhorn und Lauteraahrhorn. Der absolut höchste Schweizer Alpenpass ist hingegen der Umbrail, der mit 2501 Metern noch 23 Meter höher ist als der Nufenen. Er liegt allerdings zum Teil in Italien.

Die Geschichte der Passstraße

Der Nufenenpass / Passo della Novena ist ein innerschweizerischer Straßenpass und verbindet den Kanton Wallis mit dem Kanton Tessin. Er wurde ab 1964 gebaut und am 5. September 1969 feierlich eingeweiht.

Im Tessin brachte es das *Ferienjournal*, Asconas Hauszeitung, in seiner Ausgabe vom 25. Juli 1970 auf den Punkt: Etwa 400 Arbeiter waren zeitweise auf beiden Seiten des Scheitelpunktes an der Arbeit. Der Bund leistete eine 75-prozentige Subvention der Baukosten für die Straße, die die Verbindung zwischen Airolo und Ulrichen von 65 auf 36 Kilometer schrumpfen ließ und außerdem die prächtigsten Alpenpanoramen in der Schweiz erschloss, die man auf vier Rädern erreichen kann. Eine ununterbrochene Gipfelkette von Dreitausendern begleitet einen auf der Tessiner Seite bis zur Passhöhe, die hier Steigungsmaxima von 13 Prozent aufweist. Weit schweift der Blick über malerische Bergseelein hinunter ins Aeginental, das auch heute noch in seiner ganzen unangetasteten Wildheit zu Füßen des Betrachters liegt.

Auf der Tessiner Seite wurde damals ein besonders haltbarer Betonbelag aufgetragen. Der Kanton Tessin verzichtete auf den subventionierten Asphalt und übernahm die Mehrkosten, um die späteren Kosten des Straßenunterhalts zu reduzieren. Die Walliser dagegen zogen die Asphaltlösung vor. Die Straße wurde fast durchgehend 5,2 Meter breit angelegt und muss selbstverständlich behutsam und sorgfältig befahren werden, denn an Wendeplatten und scharfen Serpentinenkurven besteht kein Mangel.

In beiden Tälern, zu Füßen des Passes, setzt man große Hoffnungen auf die neue Straße, denn einträgliche Industrie gibt es in diesen Hochtälern nicht. In dieser Hoffnung auf einen bescheidenen Aufschwung haben die betroffenen Berggemeinden auch Opfer erbracht: Streu- und Bergland wurde für den Straßenbau unentgeltlich zur Verfügung gestellt, Kiesausbeutungsrechte ohne Entschädigung erteilt und Beiträge an die Signalisation der Abzweigungen

Passhöhe und Hospiz, aufgenommen am 6. September 1979 (o.) | Die Kehren der Nufenen-Rampen wurden zum Teil in langlebigen Beton angelegt. (u.li.) | Passhöhe mit Schweizer SB Restaurant (u.re.) | Rechte Seite: Feierliche Übergabe der vollendeten Passstraße am 5. September 1969

von der Furka- beziehungsweise. der Gott-hardstraße entrichtet.

Die Nufenenstraße ist für die Schweiz ohne Zweifel der bedeutendste Alpenstra-ßenbau seit der Eröffnung der Sustenstraße

Frisch angelegte, meisterliche Passrampe mit ausgeglichenen Steigerungen – 100% made in Switzerland

in den 1940er-Jahren. Sie erfüllt einen alten Wunsch der beiden Talschaften, der übri-gens im vergangenen Jahrhundert beinahe durch eine Bahnverbindung erfüllt worden wäre. Projekte für eine Tunnelverbindung zwischen Brig und Airolo lagen bereits vor und waren konzessioniert. Der einsetzende Bau des Gotthardtunnels verhinderte dann aber die Konkretisierung dieser Pläne. Immer

wieder kreisten auch Überlegungen zu einer wintersicheren Verbindung, die wurde je-doch – weil zu teuer – nie realisiert. Die heu-tige Passstraße bleibt nur etwa während vier Monaten im Jahr geöffnet.

Es ist sehr wahrscheinlich, dass auch Rö-mer und Kelten den Nufenenpass als Saum-pfad benutzt haben.

Die Passstraße heute

Die Ostrampe (Tessin) durch das Val Be-dretto von Airolo zum Nufenen ist unter Radfahrern berüchtigt wegen des meist vor-herrschenden Gegenwindes vom Pass. Au-ßerdem wurden hier teilweise noch die ori-ginalen Betonplatten als Belag verbaut, die natürlich in regelmäßigen Abständen Stoß-fugen haben. Das ausgesprochene Trogtal hat seine Formgebung den Eiszeiten zu ver-danken, auch die Nebentäler erscheinen ex-trem von den Eismassen geformt. Störend wirken auch die Hochspannungsleitungen, die man hier neben der Straße zum Pass hin-aufleitet. Vor Lawinen wissen sich einige Schweizer Gemeinden zu schützen, so hat zum Beispiel der Kirchturm von Villa berg-seits einen Schutzkeil bis unters Dach vor-gebaut. Von der Gotthardstraße, aus der vor-letzten aufgestelzten Kehre vor dem Tun-neleingang, hat man noch mal einen sehr speziellen Blick auf das Bedrettotal und die Nufenen-Ostrampe.

Auf der ebenen Passhöhe trifft man auf ei-nen kleinen See und ein Schnellrestaurant. Hier treffen sich am Wochenende einige Mo-torradfahrer. Die Passhöhe bietet einen der besten Blicke in die vergletscherten Berner Alpen. Nördlich liegen die Blasigletscher und das Mittagshorn. Gegen Südwesten schaut man auf das Blinnenhorn und den imposanten Griesgletscher. An dessen Fuß

Der höchste Schweizer: Die Nufenen-Straße bietet ein besonderes Pass-vergnügen und einzigartige Ausblicke.

liegt der gestaute Griessee, zu dem eine zwei Kilometer lange Stichstraße in der vorletzten Kehre vor dem Pass führt. In der Nähe entspringt auch der Fluss Tessin (Ticino).

Die Westrampe

Von Ulrichen geht es relativ schnell hinauf zum Pass, während die längere Passrampe im Tessin durch das entvölkerte Bedrettotal nur allmählich abwärts verläuft. In zwei Serpentinengruppen erfolgt der Aufstieg, ab Ulrichen folgt man der Nufenenstraße und durchfährt vier Spitzkehren. Der zweite Anstieg im waldfreien Gelände ist steiler und braucht gleich zehn Serpentinen, erreicht die Passhöhe aber relativ schnell. In jedem Fall machte dieser jüngste Schweizer Alpenpass großartige Rundfahrten zwischen Gotthard, Furka und dem Nufenen mit Querungen durch die Kantone Tessin, Wallis und Uri überhaupt erst möglich.

Die beste Zeit für eine Tour über den Pass liegt in den Monaten Juli oder September/Oktober.

Touren rund um den Pass

Wer aus Italien kommt, könnte vom Endpunkt des italienischen Formazzatals, dem Passo di San Giacomo, einen Blick auf das Bedrettotal werfen. Die Strecke ist allerdings schwierig und nur Offroadbegeisterten zu empfehlen. Eine Verbindung ins Bedrettotal gibt es hingegen nicht, hinunter führt nur ein alter Saumweg.

Ein Vorschlag für eine längere innerschweizerische Tour lautet deshalb wie folgt: Innertkirchen – Grimselpass – Gletsch – Ulrichen – Nufenenpass – Airolo – Gotthardpass (Tremola) – Andermatt – Schöllenen – Göschenen – Wassen – Sustenpass – Innertkirchen (ca. 250 km).

13 Grimselpass

Er zählt zu den Top Ten der Schweizer Pässe und ist ein fahrerischer Traum für Anfänger wie für alte Hasen, sein malerisch liegendes Hospiz war wohl schon einmal Schauplatz eines Verbrechens – nur drei gute Gründe, warum der Grimselpass ohne jeden Zweifel auf Bikers Lebensroadbook gehört.

Im Überblick

Name: Grimselpass
Land: Schweiz
Region: Berner Oberland
Höchster Punkt: 2164 m
Jahr der Fertigstellung: 1894

Die Geschichte der Passstraße

Beim Grimselpass streiten sich Historiker heftig darüber, ob auf ihm bereits die Römer unterwegs waren, ob sie ihn als Übergang nutzten und zumindest einen einfach befestigten Pfad bauen ließen. Eine uralte Sage erzählt davon, eindeutiges Spurenmaterial hat man bis heute nicht gefunden. Ja, der Grimsel taucht sogar vergleichsweise spät in den Geschichtsbüchern auf. Urkundlich erwähnt wird der Pass erstmals 1351 in einem Bundesbrief, ab 1370 soll sogar ein sehr einfaches Einraumhospiz etwas unterhalb der Passhöhe existiert haben. Im Jahr 1397 schlossen sich die nahe liegenden Landschaften Pomat, Goms und Hasli mit den Städten Thun und Bern zusammen, um »für freien und sicheren Handel« einen Saumpfad über den Grimselpass anzulegen und dauerhaft zu unterhalten.

Der Warentransport über den Grimsel blühte vor allem im 15. und 16. Jahrhundert auf, 1557 wurde deshalb ein neues und größeres Hospiz gebaut. Als in den umliegenden Tälern Pest- und Viehseuchen auf-

traten, kam es aus Sicherheitsgründen immer wieder zur Sperrung des Passes. Er versank mehr und mehr in der Bedeutungslosigkeit. Reste dieses mittelalterlichen Saumpfades sind allerdings noch zahlreich zu entdecken, da die im 19. Jahrhundert gebaute Passstraße auf weiter Strecke komplett neu trassiert wurde. Erste Pläne für die Grimselroute entstanden bereits im Zusammenhang mit der nahe liegenden Furka-Passstraße, die von Anfang an mit der Grimselroute kombiniert werden sollte. Wieder einmal war es vor allem auch das Militär, das diese Route einforderte. Eröffnet wurde die Grimsel-Passstraße allerdings erst 1894, kam

es doch im Verlauf der Planungen immer wieder zu Streitereien zwischen den Militärs und den Straßen planenden Bauingenieuren. 1892 entschied der Schweizer Bundesrat allerdings zugunsten der zivilen Planungen, 1914 war er einer der ersten Pässe, die auch für den motorisierten Verkehr freigegeben waren.

Die Grimselpassstraße mit Rhonegletscher und Furkapass im Juli 1956 (o.) | Historische Postkutsche in Brig (u.li.) | Die Nordrampe ist heute gut ausgebaut, in weiten Kehren geht es hinauf in die Berner Alpen.

Ein See voller Leichen? Hunderte Soldaten ertranken im Mittelalter hier im Totensee und gaben ihm seinen martialischen Namen.

Für Reisende ein gefährliches Pflaster

Nach Ende des Ersten Weltkriegs nahm der Reiseverkehr deutlich zu, ja sogar Busse kämpften sich über die damals nicht ungefährliche Rampe hinunter nach Gletsch. »Zwanzig Minuten oder nur zwanzig Sekunden« dauerte dieser Abstieg je nach Fertigkeit

des Busfahrers – so lautete ein beliebter Witz unter den Reisenden dieser Tage.

Die bereits entlang der Passhöhe bestehenden Wasserkraftwerke wurden in der Folge zu einem gewaltigen Kraftwerksverbund erweitert, der die Schmelzwasser der umliegenden Gletscher durch ein unsichtbares, aber nicht minder gewaltiges Stollen- und Kavernensystem von insgesamt 30 Kilometern Länge dirigierte. Heute zählt der Kraftwerksverbund mit gut 1,2 Milliarden Kilowattstunden Jahresleistung zu den größten Europas. Und war es anfänglich auch deutlich mehr Strom, als im gesamten Umland benötigt wurde, hat sich dies nach Ende des Zweiten Weltkriegs rasch geändert.

Im Zuge dieses gewaltigen Energiegewinnungsprojektes wurde auch die Passstraße zwischen 1920 und 1950 weiter ausgebaut und modernisiert.

Recht beschaulich ging es zu am Grimselpass im Mittelalter – Zumindest nach einem Gemälde von Joseph Anton Koch.

Und was war nun mit dem Verbrechen am Hospiz? Deutlich unterhalb der Passhöhe stand ab 1597 dieses Grimsel-Hospiz, eine recht geräumige Schutzunterkunft für Säumer, Viehhirten und Wanderer. Fast 500 Jahre existierte es in einzigartiger Lage irgendwie so vor sich hin, bis Mitte des 19. Jahrhunderts ein gewisser Peter Zybach das Anwesen übernahm und es zu einem der besten Hotels der Schweiz ausbaute. Allerdings wurde um 1852 sein Pachtvertrag im Hinblick auf den sich ausweitenden Kraftwerks- und Staudammbau nicht mehr verlängert. Darüber stinksauer zündete er eines Nachts sein (versichertes) Luxushotel kurzerhand an. Allerdings ahnte er damals nicht, dass er sehr rasch in das Visier der ermittelnden Polizei und Versicherungsdetektive geriet, die ihn schließlich der vorsätzlichen Brandstiftung überführten und einer Verurteilung zuführten.

Die Passstraße heute

Heutzutage beherbergt das restaurierte und imposante Grimsel-Hospiz erneut ein Hotelrestaurant und ist nicht nur an heißen Sommertagen ein beliebter Bikertreff abseits des Auspuffdröhnens auf der Passhöhe. Ganz besonders beliebt ist auch der Sonnenuntergang auf der Restaurantterrasse oder dem angrenzenden Parkplatz. Dessen Randmauer ragt nämlich weit in den mächtigen Grimselsee hinein und bietet ein einmaliges Panorama bis weit hinüber zum ewigen Eis der Viertausender der Berner Alpen.

Vor allem die Nordrampe des Grimselpasses ist durchweg anfängertauglich und gibt uns viele Gelegenheiten zu – beinahe – unbeschwerter Kurvenhatz. Beinahe, weil auch auf der weiträumig trassierten Piste das generelle Schweizer Limit von gerade einmal 80 km/h unbedingt beachtet werden sollte.

Denn die Schweizer Blitzanlagen fotografieren uns beidseitig, also von vorne und hinten, und Verstöße können drakonische Strafen nach sich ziehen.

Die eigentliche Passhöhe liegt direkt auf der europäischen Wasserscheide Nordsee/Mittelmeer. Oberhalb der Baumgrenze erfasst unser weitschweifender Blick alsbald die ersten herrlich gelegenen Stauseen. Auf der Passhöhe selbst befindet sich auch der ultimative nimmermüde Bikertreff der gesamten Region, hier kann man rund um den Totensee auf den Sonnenterrassen der Gasthäuser grenzenlose Benzingespräche führen und neueste Technik bestaunen. Mit einer Portion Grusel, denn die kämpferischen Walliser trieben im Mittelalter Hunderte feindlicher Soldaten in den Totensee und ließen sie ertrinken. Kippte deshalb vor einigen Jahren das Wasser des Sees und tötete den gesamten Fischbestand?

Auf der Südseite schwingt die Passstraße in sechs gleichmäßigen Serpentinen hinunter nach Gletsch und bietet dort die Alternativen Wallis – bitte Blinker rechts – oder Furkapass. Zehnmal war der Grimsel übrigens schon wesentlicher Bestandteil der Tour de Suisse, der legendären Schweizer Radrundfahrt. Nicht zuletzt deswegen müssen wir uns die Passstraße auch ab und an mit Kohorten von Rennradlern teilen ... geht aber problemlos.

Touren rund um den Pass

Länge: 180 km
Zeitaufwand: 4–5 Std.
Schwierigkeit: mittelschwer
Der Südabschnitt dieser Rundfahrt wird Ihnen eventuell bekannt vorkommen – am Furkapass (Nr. 14) hatte ich die Tremola, die geniale Gotthardsüdrampe, aufgenommen. Allerdings in Fahrtrichtung bergauf, diesmal geht es bergab, das ist etwas leichter.

In Innertkirchen starten wir mit dem Warm-up namens Sustenpass (2264 m), einer der jüngsten Passquerungen der Alpen, die sicherlich auch in einem der nächsten Bände dieser Buchreihe ihre Würdigung finden wird. In Wassen wenden wir uns rechts nach Andermatt, lassen den Furkapass allerdings rechts liegen und folgen den Wegweisern hinauf zum Gotthardpass. Dort oben entscheiden Sie bitte selbst, ob Sie die Tremola bergab wählen oder die neue Gotthardpiste rechter Hand. In Airolo wenden wir uns nach Westen und erobern den Nufenenpass (2478 m) auf dem Weg nach Ulrichen. Via Gletsch und den Grimselpass erreichen wir dann nach 180 Kilometern Tagwerk und 110 Kehren unseren Startpunkt.

Feinsten Naturstrom produzieren die Gefällestrecken zwischen den Seen am Grimselpass, feinsten Kurvenspaß die Pisten.

Information

Alle Hard Facts zum Pass

Basisorte: Innertkirchen und Ulrichen

Anzahl der Kehren: 28

Streckenlänge: 44 km

Schwierigkeitsgrad: mittelschwer

Straßenzustand: gut

Mautpflicht: keine

Offizielle Wintersperre: November bis Mai

Schönste Reisezeit: Mai bis Oktober

Einkehr- und Übernachtungstipps rund um den Grimselpass

Übernachtungstipp in Innertkirchen: Hotel Engstlenalp, Tel. 0041/(0)33- 975 11 61, www.engstlenalp.ch

Boxenstopp in Andermatt: Gasthaus Zum schwarzen Bären, www.baeren-andermatt.ch

Einkehrtipp in Ulrichen: Restaurant Astoria, Furkastrasse 57, www.astoria-obergoms.ch

Weiterführende Internetadressen

www.grimselwelt.ch
Alles über das legendäre Grimsel-Hospiz

www.berneroberland.ch
Das Tourismusportal des Berner Oberlandes

www.valais.ch
Das Reiseportal des Wallis

www.grimselpass.ch
Die Website des historischen Passhotels Grimselblick

Die Grimsel-Passhöhe ist nicht nur an Wochenenden fest in Bikerhand.

14 Furkapass

Auch er gehört ohne Zweifel zu den Top Ten der Schweizer Pässe – und das nicht erst, seitdem er einer der actionreichsten Drehorte eines James-Bond-Filmes war: der Furkapass an der Grenze der Schweizer Kantone Uri und Wallis. Seine Landschaft ist hochalpin, seine Kehren sind gut ausgebaut, seine Kombinationsmöglichkeiten vielfältig und seine Geschichte ist spannend bis zum heutigen Tag. Seine Daseinsberechtigung in diesem Buch ist damit ebenso frei von Zweifeln.

Im Überblick

Name: Furkapass
Land: Schweiz
Region: Uri und Wallis
Höchster Punkt: 2429 m
Jahr der Fertigstellung: 1866

Die Geschichte der Passstraße

Bereits die reisefreudigen Römer nutzen den Furkapass als Alpenquerung. Unter ihrem ersten Kaiser Augustus, dem Neffen und Haupterben von Julius Cäsar, wurden um die Zeitenwende das Vallis (Wallis) mit Rätien zu einer römischen Provinz zusammengelegt. Der historische Saumpfad über den Furka bekam dadurch eine zentrale Bedeutung, das »Verkehrsaufkommen« muss damals innerhalb weniger Jahre erheblich zugenommen haben. Reste eines römischen Wachturms soll es heute noch im Hospental geben.

Zwar konnte der Furka niemals die Bedeutung des westlich anschließenden Grimsel- oder gar des östlich liegenden Gotthardpasses erreichen, doch allein die Tatsache, dass zwischen Grimsel und Furka nur noch wenig Höhenmeter zu bewältigen waren, brachte auch dem Furkapass ordentlich »Verkehr«.

Aber erst um das Jahr 1820 herum reiften Pläne, den schmalen Saumpfad zu einer befestigten Straße auszubauen. Pläne, die allerdings aus Mangel an Geld immer wieder hinten angestellt wurden. Bis das Schweizer Militär sich massiv bei der Regierung beschwerte und endlich eine solide befestigte Heerstraße über den Furkapass verlangte. Nachdem dem Militär die politische Entscheidung für eine Passstraße allerdings zu schleppend verlief, begann man kurzerhand selbst, alte Saumwege auszubauen und zu befestigen. Parallel dazu liefen die Planungen für eine echte Passstraße auf Hochtouren. Drei Meter Breite sollte sie bekommen und durchgängig zwölf Prozent Steigung aufweisen. Vor allem Letzteres hätte zwar dem Militär kaum Probleme bereitet, einer touristischen Nutzung zu damaliger Zeit aber entgegengestanden, da die Steigung als auf Dauer zu groß angesehen wurde. Man einigte sich schließlich auf eine Breite von bis zu vier Metern sowie durchschnittliche Steigung von acht Prozent.

Das Hotel Rhonegletscher am Furkapass, heute und 1947 (o.). | Die Furkapassstraße mit Rhonegletscher im Juli 1969 (u.li.). | Ein Motorradfahrer transportiert am Nationalfeiertag 1941 eine Ruetli-Fackel über den Furkapass (u.re.). | Heute schnaufen die Loks der Furka-Oberalp-Bahnlinie wieder (rechte Seite).

Bild aus besseren Tagen: Einst reichte der gewaltige Gletscher am Furka bis hinab ins Tal. Seine Schmelzwasser füllen auch heute noch die Rhone.

Das Militär war die treibende Kraft

Zwischen 1863 und 1866 erfolgte dann der endgültige und groß angelegte Ausbau der Passstraße, initiiert und mitfinanziert durch die Kantone Uri und Wallis. Der Schweizer Bund übernahm aufgrund der militärischen Bedeutung der Strecke allerdings zwei Drittel der Kosten. Ab 1867 befuhren neben Militärfahrzeugen vor allem Postkutschen den Furkapass, sie wurden erst 1920 nach und nach durch Postautos ersetzt. Vor allem die herrlich alpine Landschaft des Furka führte dazu, dass die Passstraße auch von Reisenden rasch angenommen und genutzt wurde.

Parallel zur Fahrstraße wurde 1911 mit dem Bau der Furka-Oberalp-Bahn begonnen, einer technisch höchst anspruchsvollen Zahnraddampfbahn, die auf der Furka-Bergstrecke von Disentis über den Oberalp- und Furkapass bis nach Brig im Wallis fuhr. Anstiege mit bis zu elf Prozent Steigung mussten bewältigt werden. Der Bau der

Bahnstrecke geriet zwar 1915 aufgrund des zwischenzeitlichen Ausbruchs des Ersten Weltkrieges zunächst ins Stocken, wurde aber ab 1924 wieder aufgenommen. 1925 war feierliche Streckeneröffnung, ab 1926 gab es fahrplanmäßigen Betrieb.

Sieben Monate Winter

Aufgrund der fast siebenmonatigen Winterpause und den anschließend äußerst kostspieligen Frei- und Aufräumarbeiten kam der Bahnbetrieb allerdings rasch in finanzielle Not. Nicht zuletzt auch, da die teilweise parallel verlaufende Passstraße zwischen 1937 und 1955 sowie 1960 bis 1963 umfangreich modernisiert wurde und für den Tourismus immer attraktiver wurde.

Um die Bahnstrecke wintersicher zu machen und in ihrer Bedeutung aufzuwerten, begann man 1973 mit dem Bau des Furka-Basistunnels. Zum Winter 1981 wurde der Bahnbetrieb über den Pass komplett eingestellt, seit Sommer 1982 fahren die Züge durch den mit gut 300 Millionen Franken teuersten Schmalspurtunnel der Welt. Den eigentlich geplanten kompletten Rückbau der Bahnstrecke über den Pass konnten die Eisenbahnfreunde des Vereins »Furka-Bergstrecke« sowie die 1985 gegründete »Dampfbahn Furka-Bergstrecke AG« allerdings erfolgreich verhindern. Finanziert durch Spenden und den Verkauf von »Liebhaberaktien«, wurde die Restauration der gesamten Strecke sowie einiger Dampfloks durchgeführt. 1992 wurden erste Teilabschnitte wieder eröffnet, 1993 und 2001 folgte die Verlängerung bis Gletsch, im Anschluss sogar bis Oberwald. Heute ist eine Fahrt mit der schnaubenden Dampflok hinauf zum Furka-Scheiteltunnel ein Erlebnis für alle Technikbegeisterten.

Die Passstraße heute

Heute gehört die Fahrt über den Furkapass zu den Pflichtbestandteilen jedes Biker-Lebensroadbooks, ja, ein Besuch des Wallis OHNE Furkapass ist eigentlich undenkbar. Denn die in weiten Teilen auch anfängertaugliche Strecke empfiehlt sich bereits auf der Anreise und lässt sich herrlich mit Grimsel, Gotthard und anderen Königen der Alpen kombinieren.

Heftig streiten mag man sich darüber, ob die westliche Rampe des Passes nun im Örtchen Gletsch oder etwas bergab bereits in Ulrichen im Wallis ihren Anfang hat. Ich habe Ulrichen bei allen Hard Facts zugrunde gelegt und den Fahrspaß damit um viele Kurven vergrößert. Die Passstraße folgt auf ihrer Westseite konsequent der ehemaligen Furka-Oberalp-Zahnradbahn, deren historische Dampfloks sich heute wieder an Som-

Hochalpin ist das Gelände am Furka – bereits ab September ist im Gipfelbereich mit erstem Schnee und Eiseskälte zu rechnen.

mertagen mit mächtig viel Ruß den Berg hinaufquälen. Achtung: Im Mittelteil der Passstrecke quert die vorfahrtsberechtigte Dampflok die Straße, was immer wieder zu spontanen Verkehrsstaus führt.

Das Bergdorf Gletsch selbst besteht im Grunde nur aus einem alten Bahnhof und dem Hotel »Glacier du Rhone«, kaum etwas erinnert noch daran, dass hier früher viele britische Aristokraten Erholung und Sommerfrische suchten. Denn auf dieser Seite des Furkapasses gab es ein weltberühmtes Naturspektakel zu sehen: den gewaltigen Rhonegletscher, der bis vor die Haustüren von Gletsch reichte. Heutzutage ist er nahezu gänzlich verschwunden und nur im oberen Abschnitt des Passes noch in seinen Resten zu entdecken.

1985 wollte der Kanton Wallis das gesamte Tal von Gletsch fluten und einen gewaltigen Speichersee zur Stromerzeugung erbauen lassen. Die Pläne scheiterten allerdings am heftigen Widerstand der Bevölkerung der umliegenden Kantone.

Auf gut ausgebauter Piste geht es von Gletsch aus am Südhang des Tales bergan. Nach einigen Kehren und Kurven erreichen wir das historische »Hotel Belvedere«. 1882 bewusst am Rand des Gletschers erbaut, begeistert es heute immer noch mit seiner einzigartigen Aussichtslage. Und nur hier kommt man den Resten des Gletschers im Mopedsattel nochmals richtig nahe. Auf der ansonsten unscheinbaren Passhöhe angekommen, liegt der Kanton Uri in seiner ganzen Pracht vor unserem schweifenden Blick. Nach dem Pass wird die Straße deutlich schmäler und verlangt eine ruhige Gashand. Zu einem letzten echten Kurventanz bittet die Strecke dann kurz vor dem Örtchen Realp, bevor sie in Andermatt gemütlich auspendelt.

Und was war nun mit James Bond? Jawohl, der Furkapass war auch schon einmal ein zentraler Schauplatz eines James-Bond-Filmes. 1964 wurden hier oben zahlreiche Filmszenen des Filmes »Goldfinger« mit Gert Fröbe und Sean Connery gedreht. Weitere Szenen entstanden auch im Basisort Andermatt – schauen Sie den Film nach Ihrem Besuch des Furkapasses einmal ganz genau wieder an.

Touren rund um den Pass

Länge: 125 km
Zeitaufwand: 3–4 Std.
Schwierigkeit: mittelschwer bzw. anspruchsvoll

Diese Rundtour hat es in sich, ohne Zweifel, sie ist für Anfänger wie erfahrene Biker gleichermaßen eine Herausforderung. Von Andermatt geht es zunächst über Hospental hinauf zum Furkapass, über Gletsch (vielleicht kombiniert mit einem raschen Abstecher hinauf zur nahe liegenden Grimsel-Passhöhe) sodann hinab ins malerische Oberwallis. In Ulrichen setzen wir den Blinker links und erklimmen den Nufenenpass (2478 m), dessen unscheinbare Passhöhe ein sehr beliebter Bikertreff des Wallis ist. Wir huschen hinab nach Airolo, wählen einen stärkenden Boxenstopp, bevor es zum fahrerischen Höhepunkt des Tages geht: dem Aufstieg zum legendären Gotthardpass. Für Fahranfänger empfehlen wir die gut ausgebaute Rampe am westlichen Talrand, alte Hasen hingegen wählen sicherlich die berüchtigte Tremola, die historische Gotthardrampe auf wahrlich historischem Kopfsteinpflaster, garniert mit 34 steilen Kehren auf zwölf Kilometern Länge. Bitte nicht bei Regen oder Nässe, denn dann verwandelt sich die Tremola in eine üble Rutschbahn.

Information

Alle Hard Facts zum Pass

Basisorte: Andermatt und Ulrichen bzw. Innertkirchen

Anzahl der Kehren: 27 nach Ulrichen, 41 nach Innertkirchen

Streckenlänge: 45 km bzw. 65 nach Innertkirchen

Schwierigkeitsgrad: leicht

Straßenzustand: gut

Mautpflicht: keine

Offizielle Wintersperre: Mitte Oktober bis Mitte Mai

Schönste Reisezeit: Juni bis Oktober

Einkehr- und Übernachtungstipps rund um den Furkapass

Übernachtungstipp in Andermatt: Hotel Sonne, Gotthardstr. 76, Tel. 0041/(0)41-887 12 26, www.hotelsonneandermatt.ch

Boxenstopp in Airolo: Ristorante Forni, Via della Stazione 19, www.forni.ch

Einkehrtipp in Ulrichen: Restaurant Astoria, Furkastrasse 57, www.astoria-obergoms.ch

Weiterführende Internetadressen

www.furka-bergstrecke.ch
Alle Infos und Fahrpläne zur historischen Bahnstrecke

www.valais.ch
Das Tourismusportal des Wallis

www.ticino.ch
Die Tourismus-Website des Tessins

www.airolo.ch
Alle Infos über die Stadt am Südfuß des Gotthard

Der Stier des Kantons Uri begrüßt uns auf der Passhöhe.

15 Gotthardpass/ Passo del San Gottardo

Er ist die Legende der Schweizer Alpen – nicht nur verkehrstechnisch, sondern vor allem auch geschichtlich. Ein Buch über historische Pässe ohne den Gotthard wäre sträflich unvollständig – auch aus fahrerischer Sicht.

Im Überblick

Name: Gotthardpass / Passo del San Gottardo
Land: Schweiz
Region: Uri und Tessin
Höchster Punkt: 2106 m
Jahr der Fertigstellung: 1830

Die Geschichte der Passstraße

Die Geschichte des Gotthardpasses gehört zu den spannendsten aller hier versammelten Pässe. Und sie beginnt, zumindest »urkundlich«, wieder einmal mit den Römern. »Adula Mons« hieß die Alpenquerung in jenen Tagen, und gleichwohl die reisefreudigen Römer den Pass kannten, nutzten sie ihn nur äußerst selten. Viel beliebter waren zu dieser Zeit die Saumpfade über den Furka- und Oberalppass sowie über den Brenner. Der Grund dafür war die gefürchtete Schöllenenschlucht im Norden der Passrampe zwischen Göschenen und Andermatt. Sie galt lange Zeit als unbezwingbar. Das änderte sich, als um 1220 eine erste, 60 Meter lange Holzbrücke über eine Engstelle der Schlucht gebaut wurde – eine technische Meisterleistung. Twärren- oder auch Teufelsbrücke wurde sie genannt und verlangte von denjenigen, die sie begehen wollten, großen Mut.

Dennoch legte sie gewissermaßen den Grundstein für den Aufstieg des Gotthard, dessen Saumweg im 13. Jahrhundert bereits mit Granitplatten gepflastert wurde, um ihn für Fuhrwerke nutzbar zu machen. Bis zu 12 000 Menschen zogen alljährlich über den Pass, schildern alte Berichte, wenngleich unzählige Engstellen dazu führten, dass sich die Warenkarawanen immer wieder aufstauten.

Wenige Jahre später waren die Gotthardzölle bereits eine Haupteinnahmequelle der Habsburger Verwaltung in Luzern, und so wundert es nicht, dass vor allem die Habsburger den Ausbau des Gotthardsaumweges kräftig vorantrieben. Im Jahr 1500 erzählen Chroniken, dass über 170 Tonnen Waren von 10 000 Säumern und 9000 Tieren über den Pass geschafft wurden. Und das sogar im Winter, wenn die Räder der Karren einfach gegen Kufen getauscht wurden. Rund 30 Stunden dauerte die Querung des Gotthard damals, durchaus eine rekordverdächtige Zeit.

Die Tremola heute und gestern (o. und u.re.) – fahrerisch ein echter Leckerbissen, heute vor allem für geübte Biker | Reisende auf der Passhöhe am Hospiz 1959 (u. Mi.) | Stau am Gotthard gab es vor allem in den Anfängen, hier im Juli 1969 (rechte Seite).

Bergan oder bergab – die Tremola ist nichts für Fahranfänger. Und bei Nässe auch kein Vergnügen für »alte Hasen«.

Mönche durften Schuhe tragen – ausnahmsweise

Um 1430 begannen Mönche, auf karolingischen Mauerresten das erste Gotthardhospiz zu errichten. Denn nicht nur die Säumer, auch zahlreiche Pilger auf ihrem Weg nach Rom suchten Unterkunft und Verpflegung. Ab 1685 wurde das Hospiz von Kapuzinermönchen geführt, die wegen des

Der russische General Alexander Suworow befreite Norditalien von den Franzosen und zog über den Gotthard nach Hause.

extremen Wetters sogar die Sondergenehmigung bekamen, Schuhe tragen zu dürfen. Damals erhielt jeder Reisende – auch ein mittelloser – ein Stück Brot und Käse sowie einen Becher Wein. Ebenso standen einfache Nachtlager bereit.

1818 beschlossen die Kantone Uri und Tessin, neben dem mit Granitplatten ausgelegten, bis zu fünf Meter breiten Saumweg eine erste befestigte Fahrstraße über den Gotthard zu bauen, finanziert über die drastische Erhöhung des Wegezolls. 1826 waren die Bauarbeiten abgeschlossen – allerdings so mangelhaft ausgeführt, dass in der Folge viele Trassenabschnitte, ja sogar Brücken einstürzten. Nahezu die gesamte Strecke musste nochmals neu gebaut werden und wurde 1830 freigegeben. Im Juli 1902 fuhr dann erstmals ein Auto über den Gotthard, ein acht PS starker Phaeton aus den Adler-Fahrradwerken in Frankfurt.

Bereits 1886 hatte das Schweizer Militär damit begonnen, Festungen und Sperren am Gotthard zu errichten. In den darauffolgenden Kriegen wird der Gotthard zu einer der wichtigsten Alpenfestungen der Schweiz ausgebaut, um die sich bis heute unzählige Geheimnisse ranken. Vor allem im Zweiten Weltkrieg waren sie von großer Bedeutung für den Widerstand der Schweiz gegen deutsche Besatzer. Von kilometerlangen Gängen im Fels, von Bunkern, Kanonenständen, ja ganzen unterirdischen Hospitälern ist bis heute die Rede. Und so manche Ruine, so manche Tür im Fels ist auch heute noch zu entdecken. Ja, es wird sogar berichtet, dass der Gotthard derart durchlöchert ist, dass man in Ernstfeld am Urner See in den Fels fahren könnte und erst bei Bodio im Tessin wieder ans Tageslicht gelange.

Die Passstraße heute

Die von 1872 bis 1897 gebaute Gotthardbahn von Immensee nach Chiasso durch den 15 Kilometer langen Basistunnel konnte ab 1924 auch Autos »huckepack« mitnehmen, was zwar zu einer ersten deutlichen Entlastung der Passstraße führte, in der Folge aber nicht ausreichte. 1953 begann man mit dem Bau der neuen Gotthardstraße, erst 1977 war die Piste fertiggestellt. Mit der feierlichen Eröffnung des Gotthardscheiteltunnels 1980 verlor sie allerdings rasch an Bedeutung. Dass heutzutage ein Großteil des Durchgangsverkehrs durch jenen Gotthardtunnel läuft, hat allerdings die Attraktivität des Passes speziell für Motorradfahrer erheblich erhöht.

Gleich hinter Andermatts Vorort Hospental zweigt die Passstraße gen Süden ab, verwöhnt unseren Gleichgewichtssinn zunächst mit einigen Kurven und Kehren, um dann im oberen Drittel in eine beinahe schnurgerade Kantonsstraße überzugehen. Wer bereits hier ein Stück Gotthardgeschichte erleben möchte, der achte auf den kopfsteingepflasterten Abzweig rechter Hand kurz vor der Passhöhe. Bereits dieser Abzweig, der uns nah an den idyllischen Stausee Lago di Lucendro heranführt, ist historischer Boden.

Die Gotthardpasshöhe direkt am Hospiz zieren neben dem Lago della Piazza das Denkmal General Suworows, der Norditalien immerhin von den Franzosen befreite und über den Gotthard heimwärts zog, sowie einige Einkehrmöglichkeiten und Andenkenläden. Auf dem großen Parkplatz treffen sich nahezu jeden Sommertag Biker aus der umliegenden Region.

Im Nebengebäude des Hospizes ist das Museo Nazionale del San Gottardo untergebracht, in dem die spannende Geschichte des Passes erzählt wird.

Und jetzt bitte – STOPP! Bevor Sie nun gen Süden auf die neue Gotthardstraße einbiegen, werfen Sie bitte einen Blick auf das vor Ihnen liegende Gelände. Dort am östlichen Felshang liegt nämlich eines der geschichtlichen und fahrerischen Highlights des Gotthard – die legendäre Tremola, die historische Gotthardsüdrampe, die man auch heute noch befahren kann. Eine in 2011 zwar restaurierte Kopfsteinpflasterpiste, deren Mauern und Steine unzählige Geschichten von Freud und Leid zu erzählen hätten … wenn Steine denn reden könnten. Mein Tipp: Fahranfänger sollten hier die neue Gotthardstraße wählen, alte Hasen im Mopedsattel gönnen sich hingegen mit ruhiger Gashand und korrekt eingestelltem Federbein die Tremola hinunter nach Airolo. Es ist historischer Boden im wahrsten Sinne des Wortes, der bei Nässe allerdings ganz schön rutschig werden kann.

Touren rund um den Pass

Länge: 175 km
Zeitaufwand: 4 Std.
Schwierigkeit: mittelschwer

Drei namhafte Pässe und ein tiefer Blick hinein ins Bikerparadies Tessin – das ist unser Tourenvorschlag am Gotthardpass. Und auch hier gilt wieder: Wenn Sie ihn im Uhrzeigersinn fahren, kann sein Schwierigkeitsgrad abschnittsweise sogar anspruchsvolles Niveau erreichen. Entgegen dem Uhrzeigersinn wird es deutlich leichter. Diese Beschreibung folgt der leichteren Variante. Beginnen wir in Disentis und genehmigen uns zum Frühstück den einfach zu fahrenden Oberalppass (2044 m) hinüber nach Andermatt. Direkt auf der bewirtschafteten Höhe des Oberalppasses treffen sich übrigens gerne auch Graubündner Biker ganz spontan am Wochenende, um von dort aus zu gemeinsamen Touren aufzubrechen. Benzingespräche und Tipps gibt's hier sozusagen gratis.

In Andermatt geht es links ab Richtung Gotthard – Achtung: nicht die Tunnelzufahrt wählen – und in weiten, gut ausgebauten Kurven hinauf zum Pass. Am Gotthardhospiz lohnt ein Boxenstopp zu jeder Jahres- und Tageszeit, bevor wir wahlweise via neuer Straße oder historischer Tremola hinunter nach Airolo zu einem Tessiner Mittagsgenuss schwingen. Durch das idyllische Valle Leventina geht es über Faido und Bodio hinab nach Biasca, dort setzen wir den Blinker erneut links und nehmen den Lukmanierpass (1915 m) in Angriff. Fahrerisch recht einfach, erwarten uns gleich nach der Passhöhe der imposante Lai da Sontga Maria, ein tiefblauer Speichersee, an dessen Uferlinie Pausenplätze der ganz besonderen Qualität liegen. retour nach Disentis ist es nur noch ein Katzensprung.

Information

Alle Hard Facts zum Pass

Basisorte: Andermatt und Airolo

Anzahl der Kehren: 9 auf neuer Straße, 35 via Tremola

Streckenlänge: 27 bzw. 25 km via Tremola

Schwierigkeitsgrad: leicht bzw. mittelschwer

Straßenzustand: tadellos bzw. »historisch«

Mautpflicht: keine

Offizielle Wintersperre: Mitte November bis Mitte Mai

Schönste Reisezeit: Juni bis September

Einkehr- und Übernachtungstipps rund um den Gotthardpass

Übernachtungstipp in Disentis: Hotel Alpsu, Via Alpsu 4, Tel. 0041/(0)81-947 51 17, www.hotelalpsu.ch

Boxenstopp in Airolo: Ristorante Forni, Via della Stazione 19, www.forni.ch

Einkehrtipp in Biasca: Ristorante Stazione Grill, Via Bellinzona 28, www.ristorante-pizzeria-grill.ch

Weiterführende Internetadressen

www.hls-dhs-dss.ch
Das Historische Lexikon der Schweiz

www.gotthardbahn.ch
Alle Infos über die Gotthardbahn

www.airolo.ch
Das Tourismusportal Airolos

www.andermatt.ch
Alles Wichtige über Andermatt

Säumer-Kolonne am Gotthard-Pass (historisches Gemälde)

16 Klausenpass

Das historische Klausenpass-Hotel ist eine der wohl meist fotografierten Pass-ansichten der Alpen. Und das, obwohl das Hotel deutlich unterhalb der eigentlichen Passhöhe liegt. Macht aber nichts, denn der Bikertreff am Hotel ist legendär, ist Pflicht und Kür zugleich. Und die Geschichte des Klausenrennens würzt unseren Besuch zusätzlich.

Die Geschichte der Passstraße

Ein gewaltiger »Klus«, ein Felsenkessel auf der Ostseite der Passhöhe soll dem Klausenpass einstmals seinen Namen gegeben haben. Im Mittelalter gehörte er zu den Pässen mit ausschließlich regionaler Bedeutung, die großen Warenströme wurden über den süd-westlich liegenden und nur wenig höheren Gotthardpass geleitet. Über den Klausen zog man zu den Festen der Region oder zur Jagd in den Bergen. Ja, selbst die Poststrecken in den angrenzenden Kantonen endeten jeweils an der Rampe hinauf zum Pass.

Mitte des 19. Jahrhunderts hatten Glarner Politiker die Idee einer befestigten Straße über den Pass, 1864 wurde der Bau der Strecke offiziell in Auftrag gegeben, die Prüfung und Festlegung einer möglichen Trassenführung begann. Drei Jahre später lag das Projekt bau-fertig in den Schubladen der Politiker, doch die hatten zu dieser Zeit nur das Thema »Ei-senbahn« in ihren Köpfen und bewilligten zunächst keine Gelder für die Klausenpass-strecke. Und das obwohl auch das Schwei-zer Militär für den Bau der Straße interve-nierte. Erst der Bau der gewaltigen Gott-hardfestungen (siehe Pass Nr. 15) und der daraus resultierenden Notwendigkeit militä-risch nutzbarer Zubringerstrecken gab den Plänen für die Klausenpassstraße neuen Auf-trieb. 1893 begann man mit dem Bau der durch das Militär nachhaltig veränderten Trasse, rasch war allerdings abzusehen, dass weder Kostenplan noch Fertigstellungster-min realistisch waren, geschweige denn ein-gehalten werden konnten. Ja, damals schon!

Im August 1899 war die Klausenpass-straße fertiggestellt und durchgängig be-fahrbar, offiziell eröffnet wurde sie allerdings erst im Juni 1900. Mit über vier Millionen Franken doppelt so teuer wie geplant, aber im Vergleich zu anderen Schweizer Passstra-ßen beinahe ein Schnäppchen. Wenige Ta-ge nach der offiziellen Eröffnung ging eine

Sechs Jahrzehnte liegen zwischen den Klausenpass-Bildern von damals und heute. | Der Start des Klausenrennens (undatiertes Bild, u.li.). Die Postautos der Jubiläumsfahrt im Juni 1950 (u.re.). | Und die Westrampe heute (rechte Seite.)

Wahre Materialschlachten und körperliche Schwerstarbeit brachte das legendäre Klausenpassrennen mit sich.

Heute zählen die Pisten des Passes zu den schönsten alpinen Strecken der gesamten Schweiz – vor allem für uns Biker.

Postkutschenlinie über den Klausen in Betrieb, die Strecke selbst wurde ansonsten allerdings nur für das Militär sowie schwere Holzfuhrwerke freigegeben. Erst 1910 wurden Automobile auch hier offiziell zugelassen und 1922 bereits über 2000 Autos auf der Passstrecke gezählt. Einer der Gründe war sicherlich, dass die Klausenpassstrasse eine der niedrigsten Alpenquerungen der gesamten Schweiz ist.

Geburtsstunde eines Bergrennens

Das Jahr 1922 war auch die Geburtsstunde des wohl legendärsten Bergrennens der Alpen: des Klausenrennens. Vor allem die für damalige Verhältnisse atemberaubende und abenteuerliche, gut 22 Kilometer lange Trasse des Klausen – sie war anfänglich nur recht grob geschottert! – reizte Rennfahrer aus aller Welt dazu, sich in Geschwindigkeit und auch Geschicklichkeit zu messen. Ganz zu schweigen von den Materialschlachten, die dieser Straßenbelag provozierte. Bis 1934 trafen sich hier am Klausen berühmte Rennfahrer wie Rudolf Caracciola, Hans Stuck oder Tazio Nuvolari, der es sowohl im Automobil als auch auf dem Motorrad zu Ruhm und Ehre brachte.

Zwei Weltkriege und zahlreiche Rezessionen zerstörten beinahe den Mythos des Klausenrennens, wenn nicht eine Schar unermüdlicher Rennsportfans dafür gesorgt hätten dass am 25. Juli 1993 das Klausenrennen seine spektakuläre Wiedergeburt erleben durfte. Mit über 400 historischen Rennwägen und Motorrädern. Bereits 1998 wurde das Klausenrennen auch zu einem touristischen Highlight der gesamten Region, über 25 000 Zuschauer säumten die Strecke und sahen zu, wie Rudolf Caracciolas einstige Rekordzeit unterboten wurde.

13 Minuten und 49 Sekunden benötigte der Engländer Julian Majzub mit seinem Bugatti 35 B für die 22 Kilometer lange Bergstrecke. Acht Zylinder, 2262 ccm Hubraum und (damals) sagenhafte 130 PS halfen ihm dabei, gut zwei Minuten schneller zu sein als Caracciola in Bestform. Und gute vier Minuten schneller als die besten Motorradfahrer zu seiner Zeit.

Inzwischen gehören die alle vier bis 6 Jahre im Spätsommer stattfindenden Klausenrennen-Memorials zu den historischen und touristischen Höhepunkten der gesamten Region. Zugelassen sind neben Sport- und Rennwagen auch historische Motorräder und Gespanne, die allesamt eine Bedingung erfüllen müssen: Ihr Baujahr muss vor 1939 liegen.

Die Passstraße heute

Der Klausenpass heute ist die südlich gelegene Alternative zum Pragelpass oder auch die nördliche zur verkehrsreichen Kantonsstraße 19 von Chur nach Andermatt. Gleich hinter den letzten Häusern von Schwanden nahe Glarus beginnt im Grunde der Kurventanz. Westlich des Weilers Linthal geht es dann in die Schräglage, die ersten acht recht anspruchsvollen Spitzkehren müssen gemeistert werden. Mit ruhiger Gashand und ein wenig alpiner Erfahrung im Mopedsattel allerdings kein Problem. Denn selbst an den Wochenenden hält sich der Ausflugsverkehr rund um den Klausenpass erfreulich in Grenzen.

Eine zweite Portion Kehren erwartet uns dann kurz vor der recht unscheinbaren Passhöhe. Ein Parkplatz, ein Kiosk und eine Kapelle – das war's dann auch schon in Sachen Infrastruktur. Genießen Sie dennoch die grandiosen Ausblicke auf die umliegenden

Schweizer Alpen, sie sind das eigentliche Highlight der Passhöhe.

Westlich, gut einen Kilometer unterhalb der Passhöhe, empfängt uns dann das imposante Hotel-Restaurant Klausenpasshöhe, der Bikertreff der gesamten Region. Hier gilt es unbedingt, den Seitenständer auszuklappen, ja vielleicht sogar auf der Sonnenterrasse des Hotel-Restaurants den Einkehrschwung zu zelebrieren. Eine Stärkung kann Biker im Gebirge eigentlich immer gebrauchen.

Richtung Altdorf schwingt die als Kantonsstraße 17 ausgeschilderte Piste durch einige Weiler, bis sich das tief eingeschnittene Tal dann zum Urner See hin – einem Zipfel des berühmten Vierwaldstättersees – öffnet. Apropos: Hier sind wir einem anderen Schweizer Nationalheiligtum ganz nahe – dem legendären Wilhelm Tell. In Bürglen kurz vor Altdorf lädt das Tellmuseum zu einem Ausflug tief in Schweizer Geschichte ein, und am Westufer des Urner Sees liegt jene Tellsplatte, auf der Wilhelm Tell mit einem kühnen Sprung aus dem Boot dem Landvogt Gessler und damit seinem sicheren Tod entkam.

Wenige Kilometer weiter taucht am gegenüberliegenden Ufer dann jene geheimnisvolle Rütli-Wiese auf, auf der sich in einer mondlosen Nacht auf den 1. August 1291 die Abgesandten von Schwyz, Uri und Unterwalden trafen, um an Eides statt zu schwören, ihr Land von der Herrschaft der Habsburger Landvogte zu befreien. Friedrich Schiller ersetzte einen der Abgesandten aus dramaturgischen Gründen durch Wilhelm Tell und ließ ihn das feierliche Bündnis schwören, das seitdem als der Beginn der Schweizer Eidgenossenschaft gilt. Ja, seit 1994 ist der 1. August sogar der höchste Schweizer Nationalfeiertag.

Touren rund um den Pass
Länge: 150 km
Zeitaufwand: 4 Std.
Schwierigkeit: mittelschwer

Diese Rundtour besitzt zwei Schwierigkeitsgrade: Im Uhrzeigersinn ist sie als durchaus mittelschwer zu betrachten, entgegen dem Uhrzeigersinn als deutlich leichter. Die Gründe dafür liegen in der Westrampe des Pragelpasses, die bergan deutlich anspruchsvoller ist als bergab. Diese Beschreibung folgt der schwierigeren Variante.

Wir starten zunächst in der Kantonshauptstadt Glarus und gönnen uns als Warm-up den Klausenpass. In Altdorf wenden wir uns gen Norden und folgen dem malerischen Urner See bis hinauf ins Städtchen Schwyz, einer der Schweizer Urzellen. Die Stadt gab einstmals dem umliegenden Kanton ihren Namen – und der seinerseits im Laufe der Jahrhunderte dem gesamten Land.

Im historischen Zentrum von Schwyz sollten Sie sich kurz stärken, denn der anschließende Ritt über den Pragelpass (1548 m) verlangt volle Konzentration und eine ordentliche Portion Motorraderfahrung. Das liebliche Muotathal bildet die Westrampe des Passes, dessen Schwierigkeit nicht so sehr in den Kehren, sondern vielmehr in der stellenweise äußerst schmalen und steil emporsteigenden Piste besteht. Da treiben sogar entgegenkommende Motorräder unseren Blutdruck auf Maximalwert. Oben am herrlich aussichtsreichen Pass inmitten eines weitläufigen Plateaus können wir dann ausgiebig verschnaufen, bevor uns die Piste Richtung Nordosten zum malerischen Klöntaler See – einstmals kein Stausee, sondern vollkommen natürlich aus einem Felssturz entstanden – bergab führt. Im Städtchen Glarus endet dann diese tagesfüllende Runde.

Information

Alle Hard Facts zum Pass
Basisorte: Schwanden und Altdorf
Anzahl der Kehren: 33
Streckenlänge: 58 km
Schwierigkeitsgrad: mittelschwer
Straßenzustand: gut
Mautpflicht: keine
Offizielle Wintersperre: November bis Mai
Schönste Reisezeit: Juni bis Oktober

Einkehr- und Übernachtungstipps rund um den Klausenpass
Übernachtungstipp in Glarus: Hotel Glarnerhof, Bahnhofstr. 2, Tel. 0041/(0)55-645 75 75, www.glarnerhof.ch
Boxenstopp in Schwyz: Café-Restaurant Kreuz & Quer, Hauptplatz 7
Einkehrtipp in Altdorf: Ristorante Pizzeria da Sergio, Flüelerstr. 104, www.da-sergio.ch

Weiterführende Internetadressen
www.klausenrennen.com
Die ganze Geschichte des legendären Bergrennens

www.ur.ch
Die Homepage des Kantons Uri mit touristischen Infos

www.gemeinde.glarus.ch
Die Website der Stadt Glarus

www.tellmuseum.ch
Das Museum zum Schweizer Nationalhelden

Bilderbuchstrecken wie diese finden sich am Klausenpass zuhauf.

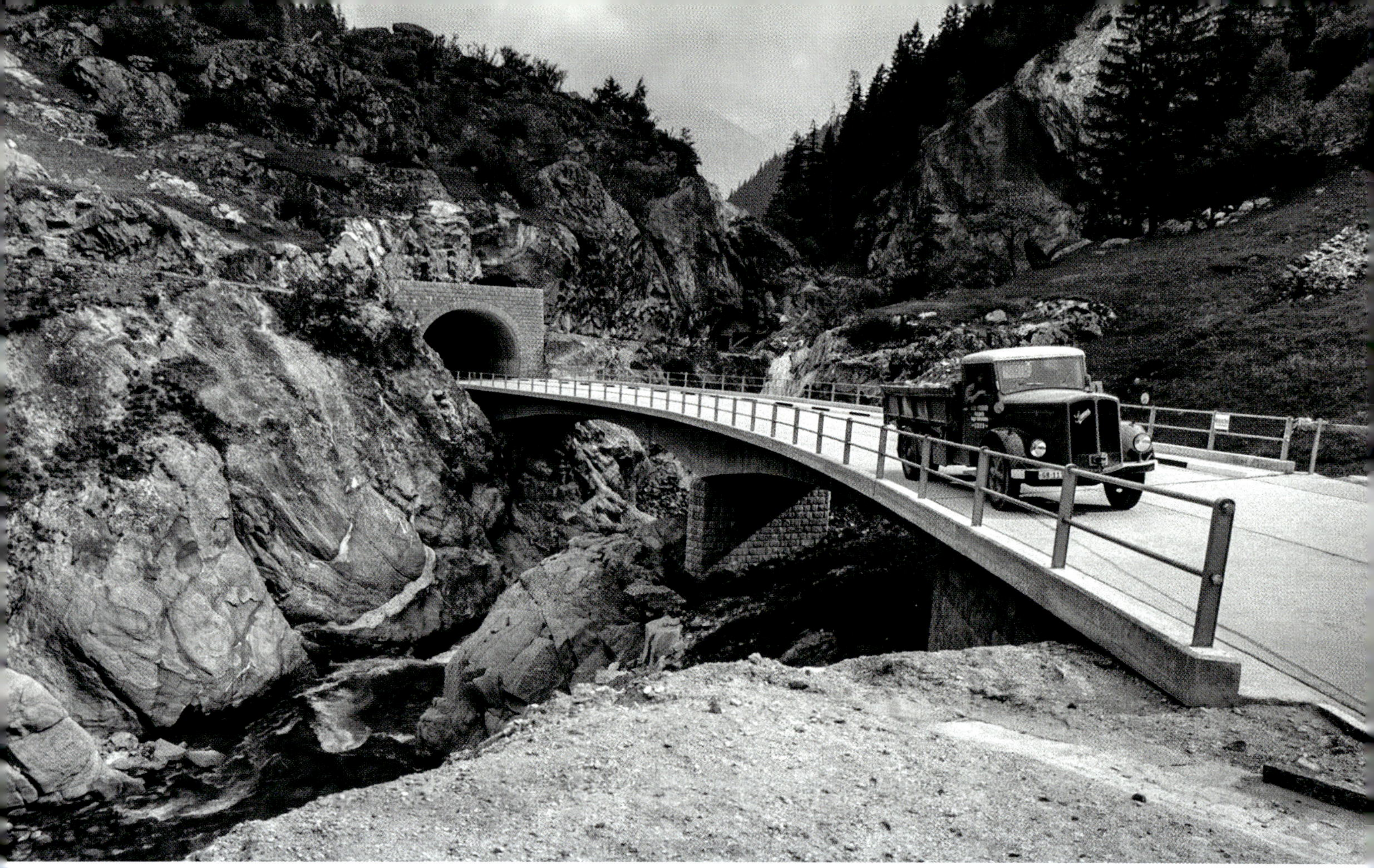

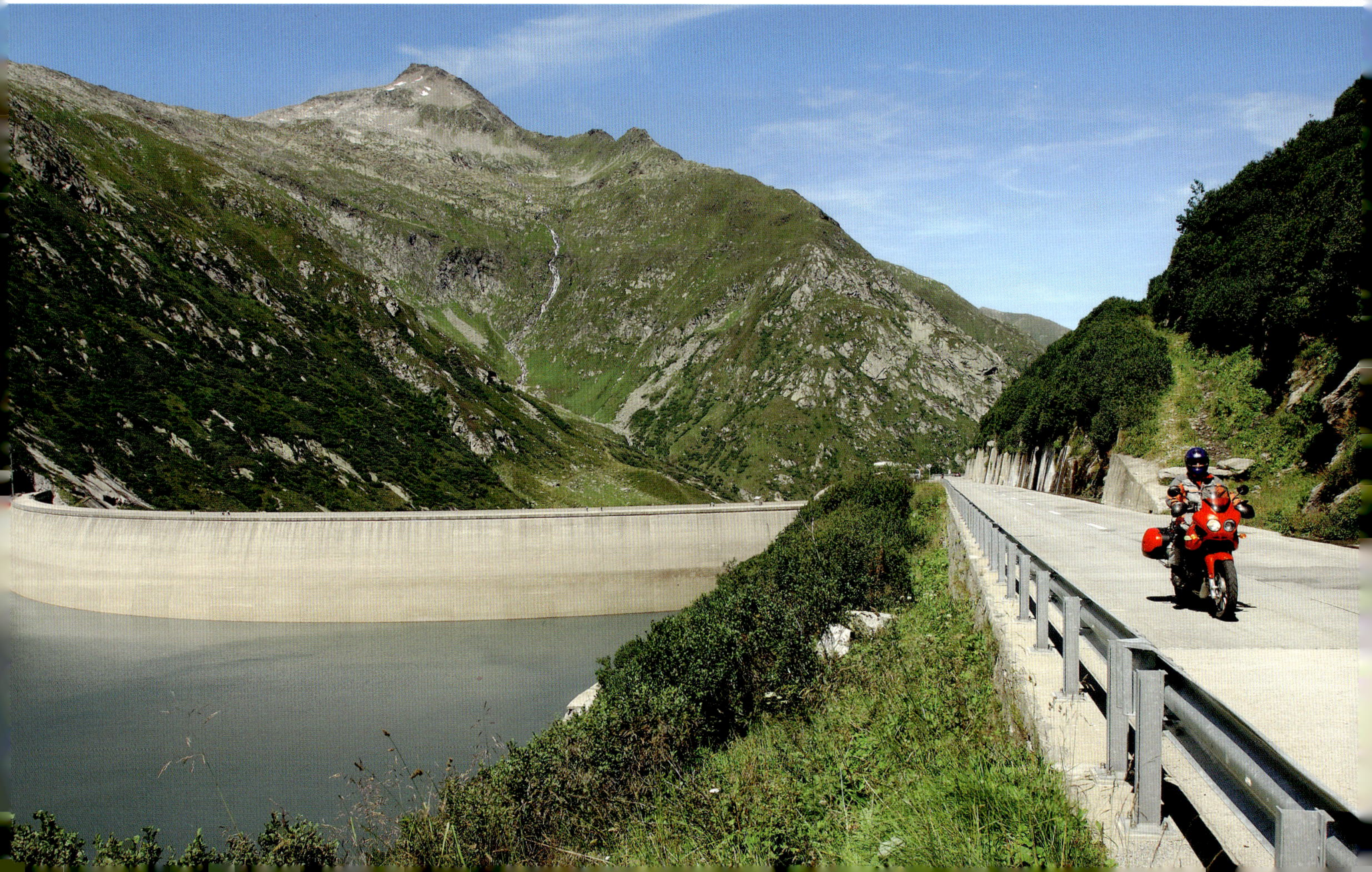

17 Lukmanierpass/ Passo del Lucomagno

Er ist neben dem San Bernardino das einzige ganzjährig geöffnete Tor ins sonnen-verwöhnte Tessin, dem alleinigen Schweizer Kanton auf der Alpensüdseite. Er ist bekannt für seine Geschichte, beliebt für seine Landschaften und auch für Fahr-anfänger mehr Genuss denn Stress. Und selbst für alte Hasen im Sattel hält er so manche Überraschung parat.

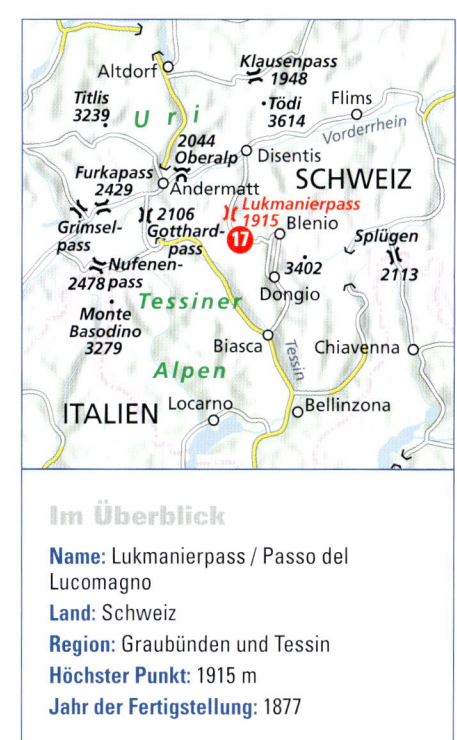

Im Überblick

Name: Lukmanierpass / Passo del Lucomagno
Land: Schweiz
Region: Graubünden und Tessin
Höchster Punkt: 1915 m
Jahr der Fertigstellung: 1877

Die Geschichte der Passstraße

Ein römischer Münzschatz am Südfuß des Passes bei Blenio überzeugte vor einigen Jahren auch die letzten Zweifler von der Tatsache, dass der Lukmanier bereits zu Beginn unserer Zeitrechnung ein bekannter und genutzter Alpenübergang war. Als Anfang des 8. Jahrhunderts das Kloster Disentis gegründet wurde und die nördliche »Basisstation« für die Passquerung bildete, erlebte der Lukmanier seine erste Blütezeit. Ja, zu Zeiten der Staufer im 12. und 13. Jahrhundert galt er sogar als wichtigste Nord-Süd-Verbindung der Schweiz – auch begründet in seiner klimatisch gut kalkulierbaren Höhe von unter 2000 Metern. Nur der Malojapass ganz im Osten der Schweiz war noch 100 Höhenmeter niedriger. Auch zur Sicherung des Passes wurden die Festungsanlagen von Disentis und Bellinzona in dieser Zeit deutlich ausgebaut.

Mit der wachsenden Bedeutung von Gotthard im Westen und Splügenpass im Osten sank allerdings der Stern des Lukmaniers, da die Konkurrenz trotz ihrer größeren Höhe die Säumer und Transporteure mit einer einfacheren, direkteren Trassenführung lockte. Da half es auch wenig, dass das Kloster Disentis 1374 etwas unterhalb der Passhöhe – direkt im heutigen Stausee Lai da Sontga Maria – ein einfaches Hospiz samt Kapelle errichtete. Ein großer Raum mit Herdstelle diente Mensch und Tier gemeinsam als Schutz, so bewirkte die Körperwärme der erschöpften Lastesel und Pferde, dass umso weniger geheizt werden musste. 1964 mussten die Reste beider Gebäude dem Stausee weichen und wurden entlang der Passstraße rekonstruiert und wieder aufgebaut. Einzig rätselhaft blieb bis heute der Fund von 35 sehr wertvollen Messern, die im Hauptraum des Hospizes vergraben waren. Geschah hier einstmals ein Verbrechen?

Das Tor zum Süden Europas: Ein Saurer-Lastwagen befährt die Passstrasse bei Curaglia im Juni 1980 (o.) – eine Triumph Tiger im Juli 2010 (u.). | Die Passstraße mündet damals wie heute im herrlichen Bellinzona (rechte Seite).

Kaiser und Könige zogen über den Pass

Gleichwohl nicht nur Säumer, sondern auch gekrönte Häupter über den Lukmanier zogen – und von dessen vergleichsweise einfacher Begehbarkeit schwärmten – war Kaiser Sigismund von Luxemburg der letzte hochrangige Adlige, der 1431 den Pass überquerte. Einer der Gründe für die einsetzende Bedeutungslosigkeit des Passes war vermutlich auch, dass die Fuhrleute auf der rege genutzten Strecke Bodensee–Lukmanier–Bellinzona bis zu zehn Zollämter zu passieren und entsprechende Zölle zu entrichten hatten. Das ging ordentlich ins Geld.

1872 wurde vonseiten Graubündens und 1877 aus Richtung des Tessin je eine Fahrstraße eröffnet, die sich auf der Passhöhe des Lukmanier verbanden. Doch auch sie konnte nicht verhindern, dass der Pass durch die Gotthardbahn sowie Mitte des 20. Jahrhunderts auch durch den Ausbau der Gotthardautobahn sowie des Gotthardtunnels in der Bedeutungslosigkeit versank. Ja, die umliegenden Kantone weigerten sich seit dem Winter 1980 sogar, die für den Winterdienst am Lukmanier alljährlich veranschlagten 700 000 Schweizer Franken aufzubringen. Nur einer Initiative der Stadt Disentis sowie der umliegenden Bergbahngesellschaften ist es letztendlich zu verdanken, dass der Lukmanier heutzutage wieder ganzjährig geöffnet und – zumindest für Fahrzeuge mit Winterausrüstung – auch befahrbar ist.

Die Passstraße heute

Heutzutage begeistert der Lukmanier nicht nur mit einer vergleichsweise gut ausgebauten, modernen Passstraße, sondern vor allem auch mit der Tatsache, dass es eine erfreulich wenig frequentierte Alternative zum Gotthard im Westen respektive dem San Bernardino im Osten darstellt. Selbst zur sommerlichen Hauptreisezeit wird das Leben rund um die Passhöhe des Lukmaniers wohl niemals überlaut brummen, weshalb der Pass trotz fehlender echter fahrerischer Herausforderungen vor allem auch bei Tessiner Bikern sehr beliebt ist.

Sechs fahrerisch nicht allzu anspruchsvolle Kehren führen uns von Disentis aus hinauf zur Passhöhe, deren »natürlicher« Schatz vor allem der malerische Stausee ist, der uns kurz vor dem Scheitelpunkt rechter Hand empfängt. Drei Kilometer lang und mit bis zu 68 Millionen Kubikmeter Alpenwasser gefüllt, besitzt er vor allem an seiner Ostuferseite einige herrliche und bequem erreichbare Pausenplätze, die sich für einen aussichtsreichen Picknick-Boxenstopp inmitten hochalpiner Umgebung anbieten. Wer kein Pausenbrot eingepackt hat, kann sich im Gasthaus auf der Passhöhe stärken. Gemeinsam mit der erwähnten Kapelle sowie einem großen Parkplatz war das allerdings schon alles, was der Lukmanier an Infrastruktur heute zu bieten hat.

Der eigentliche fahrerische Reiz des Passes liegt vor allem in seiner Südrampe, die uns mit herrlichen Ausblicken auf das Bleniotal, das selbst ernannte »Herz des Tessins« begeistert. Und auch wenn wir oben am Lukmanier auf unserer Fahrt noch den einen oder anderen Gruß des Winters vorfinden sollten, gleich hinter der Passhöhe beginnt auf jeden Fall der Süden Europas. Schwungvoll und kurvenreich geht es hinunter Richtung Biasca, einige schön gelegene Parkplätze entlang der Strecke bieten dann die Möglichkeit, überflüssige Fleece-

Auch Radrennveranstaltungen führten schon über den Lukmanier, hier die 6. Etappe der Tour de Suisse im Juni 1951.

pullis in den Seitenkoffern zu versenken … oder uns eine überraschend satte Zusatzportion Spitzkehren zu gönnen. Dazu biegen erfahrene Biker noch vor dem Ort Marzano von der Kantonsstraße 416 rechts ab und folgen einer schmalen Landstraße hinauf nach Ponto Valentino, Prugiasco und Leontica, bevor uns dieser Abzweig dann in Dongio wieder auf die im Tal verlaufende Hauptstrecke führt. 21 zusätzliche – und nicht ganz einfach zu fahrende – Spitzkehren können wir dann den Hard Facts des Lukmanierpasses hinzuaddieren. Das ist doch ein guter Grund für diesen Abzweig.

Touren rund um den Pass

Länge: 250 km
Zeitaufwand: 5–6 Std.
Schwierigkeit: mittelschwer

Falls Sie mit kleinem Gepäck reisen, sollten Sie diese Rundtour eventuell aufteilen, denn sie besitzt einige Abstecher, die sich mehr als lohnen. Wir starten in Disentis mit der Eroberung des Lukmanierpasses und wedeln anschließend hinab ins Bleniotal Richtung Biasca. Wahlweise über die bereits geschilderte Bergroute über Leontica, Fahranfänger haben mit der im Tal verlaufenden Hauptroute sicherlich deutlich weniger Stress. In Biasca geht es weiter Richtung Bellinzona sowie nach einem empfehlenswerten Stadtbummel hinauf zum San Bernardino Pass auf 2066 Meter. Achtung: Auf der Rampe nicht versehentlich in den Scheiteltunnel abzweigen, die Beschilderung ist nicht ganz eindeutig.

Dessen Passhöhe zieren ein Hospiz sowie ein idyllisch liegender See – gute Gründe, den Seitenständer kurz auszuklappen. Über die Passhöhe geht es dann hinab in das Tal des Hinterrheins, im Dorf Splügen lockt die Nordrampe zum gleichnamigen Pass, der al

Die Passhöhe ist eher Marke »unscheinbar« – der landschaftliche Schatz des Lukmaniers liegt wenige Meter weiter nördlich.

lerdings nur für erfahrene Biker zu empfehlen ist. Kurz vor Andeer lockt uns alle dann die Piste hinauf nach Avers-Juf, dem höchsten ganzjährig bewohnten Dorf der Alpen. Zweigen Sie hier unbedingt ab und erkunden Sie die Sackgasse bis zu ihrem ultimativen Schluss auf 2126 Metern Höhe. 30 Menschen aus sechs Walserfamilien leben hier in einzigartiger Umgebung. Und falls Sie mögen, dort oben im Gasthof »Edelweiss« gibt es auch einfache Zimmer für die Übernachtung.

Thusis empfiehlt uns wenige Kilometer weiter einen Blick in die legendäre Viamala-Schlucht und bei Domat / Ems erreichen wir das Tal des Vorderrhein, der uns nach mindestens 250 Kilometern Tagestour – ohne Abstecher – wieder retour nach Disentis begleitet.

Information

Alle Hard Facts zum Pass
Basisorte: Disentis und Biasca
Anzahl der Kehren: 11
Streckenlänge: 62 km
Schwierigkeitsgrad: leicht
Straßenzustand: gut
Mautpflicht: keine
Offizielle Wintersperre: keine
Schönste Reisezeit: Mai bis Oktober

Einkehr- und Übernachtungstipps rund um den Lukmanierpass
Übernachtungstipp in Disentis: Hotel Alpsu, Via Alpsu 4, Tel. 0041/(0)81-947 51 17, www.hotelalpsu.ch

Boxenstopp in Bellinzona: Ristorante La Terrazza da Teo, Via San Gottardo 2

Einkehrtipp in Thusis: Trattoria Bernina, Neudorfstr. 100

Weiterführende Internetadressen
www.graubuenden.ch
Das Urlaubsportal des Kantons

www.ticino.ch
Das offizielle Tourismusportal des Tessins

www.lucomagno.ch
Alle aktuellen Infos zur Passstraße

www.lukmanierpass.ch
Das heutige Hospiz stellt sich vor

Avers-Juf – ein Schatz von einem Bergdorf. Unbedingt anschauen!

18 Berninapass/Passo del Bernina

Er gilt als der schönste Pass der Schweiz, wenngleich er fahrerisch, durch Bikers Visier betrachtet, eher einer Autobahn denn einer Herausforderung gleicht. Macht aber nichts, denn sowohl seine hochalpine Landschaft als auch seine Geschichte machen den Bernina zum Pflichtprogramm jedes Bikerlebens.

Im Überblick

Name: Berninapass / Passo del Bernina
Land: Schweiz
Region: Graubünden
Höchster Punkt: 2328 m
Jahr der Fertigstellung: 1865

Die Geschichte der Passstraße

Schon in der Bronzezeit siedelten die Menschen sowohl rund um Sankt Moritz als auch im Veltlin südlich des Passes. Und lange vor den Römern querten Menschen bereits den Bernina unter teils lebensgefährlichen Bedingungen, um Handel zu treiben und sich neu anzusiedeln, stellte der Pass doch die einzige geografisch tatsächlich nutzbare Verbindung zwischen dem Engadin und Veltlin dar. Silbervorkommen sorgten im späten Mittelalter für eine gewisse Goldgräberstimmung rund um den Pass – und auch dafür, dass die bis dahin dicht bewaldeten Hänge des Passes entholzt wurden und ihr heutiges kahles Aussehen erhielten.

Mitte des 15. Jahrhunderts verpflichteten sich die Bewohner von Poschiavo an der Südrampe des Passes, den Saumweg ganzjährig so offen zu halten, dass man ihn nicht nur zu Fuß, sondern auch zu Pferd nutzen konnte. Einerseits, um die zahlreichen Bergwerke am Pass erreichbar zu machen, andererseits aber auch, um den Veltliner Wein und italienisches Korn auf die-

sem Weg in die Schweiz zu exportieren. Retour ging es dann mit Käse und Vieh. Dazu wurden alte römische Trassen mit einer neuen Schicht Pflastersteine versehen, eine durchaus stabile, Jahrhunderte haltende Methode. Einfache Rasthütten entstanden entlang des Weges, und in Poschiavo befindet sich bis heute ein Beinhaus, in dem die sterblichen Überreste all derer gesammelt wurden, die bei der Überquerung gestorben waren.

1842 wurde mit dem Bau der heutigen Fahrstraße begonnen. Ingenieure aus dem Engadiner Ort Zuoz planten die Trasse, 1865 war eine 55 Kilometer lange und gut zweieinhalb Meter breite Fahrstraße fertiggestellt. Ihre Breite war allerdings selbst für damalige Verhältnisse recht eng, und so wur-

de die gesamte Trasse in den darauffolgenden Jahren auf etwas über vier Meter verbreitert. Auf 2308 Metern Höhe. etwas unterhalb des Scheitelpunktes, wurde das Bernina-Hospiz eröffnet, aber erst seit 1965 wird die Passstrecke unter großem technischem Aufwand ganzjährig offen gehalten, gleichwohl dort oben über sechs Monate winterliche Verhältnisse herrschen. Damit ist der Bernina einer der höchsten ganzjährig geöffneten Pässe der Alpen.

Seine Passhöhe heute gewinnt keinen Schönheitspreis (o.), der Blick um 1904 (u.li.) schon eher. | Seine Motorsport-Geschichte ist richtig spannend und sein Basisort Sankt Moritz (rechte Seite) eine echte Perle der Schweiz.

Die Bahn und das Rennen

Zwei Besonderheiten machten den Bernina im Laufe der zurückliegenden Jahrzehnte berühmt: Erstens die Berninabahn, Europas höchste Eisenbahntrasse, bis heute befahren vom weltberühmten Bernina-Express der Rhätischen Bahn, von Chur über Pontresina und St. Moritz über das Bernina-Hospiz ins italienische Tirano. Die zum Teil abenteuerlich angelegte Bahntrasse bietet atemberaubende Ausblicke auf die Eisriesen- und Gletscherwelten der Bernina-Gruppe. Heutzutage ein Renner, stand die 1910 privat erbaute Bahnlinie allerdings mehrmals knapp vor dem Aus, kurz vor dem finanziellen Ruin. Heute zählt sie zu den absoluten Highlights europäischer Eisenbahngeschichte.

Zweitens das Bernina-Bergrennen um den Großen Preis des Bernina. Anlässlich der ersten Internationalen St. Moritzer Automobilwoche 1929 wurde dieses inzwischen legendäre Bergrennen erstmals ausgetragen. Und das in einer Region – Graubünden – in der erst 1925 das Fahren mit einem Automobil überhaupt erlaubt worden war. Die Bergprüfung wurde am Bernina auf einer Distanz von gut 16 Kilometern ausgetragen und von Fahrerlegenden wie Hans Stuck oder

Louis Chiron gewonnen. Zweiter wichtiger Bestandteil des Bernina-Bergrennens war ein Beschleunigungsrennen auf einer eigens von Shell dazu an der Westflanke des Bernina erbauten Straße, dem Kilomètre lancé zwischen Samedan und Punt Muragl. Dieser Straßenabschnitt hat seinen Namen bis heute.

Und gleichwohl die Sankt Moritzer Automobilwochen nur zwei Jahre – 1929 und 1930 – stattfanden und sich im weiteren Verlauf nie gegen die erdrückende internationale Konkurrenz behaupten konnten, ist das Bernina-Bergrennen fest in der Geschichte des Passes verankert. 2008 wurde eine Aktiengesellschaft gegründet, die zum 80. Jahrestag des Bergrennens 2009 ein fulminantes Revival organisieren wollte. Alle Rahmenbedingungen und gesetzlichen Auflagen waren erfüllt, es fehlten nur noch die Sponsoren, als die Wirtschaftskrise auch die Schweiz ergriff. Seitdem ruhen die fertigen Pläne für die Wiedergeburt der Legende in den Schubladen der Verantwortlichen. Allzeit bereit, hervorgeholt zu werden …

Die Passstraße heute

Der Ruf des Berninapasses ist legendär, zählt er doch zu den bekanntesten und berühmtesten Schweizer Pässen. Die Gründe dafür sind sicherlich nicht so sehr in seiner heutzutage im Vergleich fahrerisch zwar abwechslungsreichen, aber nicht besonders anspruchsvollen Streckenführung zu suchen, sondern vielmehr in der mehr als grandiosen Landschaft, in der dieser Pass »spielt«. Biker, denen es nur auf das Fahren ankommt, werden sich vermutlich langweilen. Dem tourenden Entdecker hingegen wird viel geboten: Immer entlang der Westrampe haben wir die gewaltige Berninagruppe mit ihren bis zu 4000 Meter aufragenden, bereits

lebensfeindlichen Gipfelwelten vor dem Visier. Am 18. September 1850 stand übrigens ein Bündner als Erster auf dessen Gipfel, ein Ereignis, von dem die Menschen hier auch heute noch mit Stolz berichten. Eine durchaus verständliche Regung, nachdem sämtliche anderen Gipfel des Landes von Engländern erstbestiegen worden waren.

Von St. Moritz kommend gleicht der Aufstieg zum Berninapass eher einer kurzweiligen Bundesstraßenhatz denn echtem Passfahren. Und da die gut ausgebaute Straße von Anfängern wie alten Hasen nur ein Mindestmaß an Aufmerksamkeit erfordert, genießen Sie doch die Ausblicke in Richtung Berninagipfel. Und mit ein wenig Glück werden Sie dann von den knallroten Zügen des berühmten Bernina-Expresses bergan begleitet, die ein weiteres farbliches Highlight setzen oder Ihren Fotostopp verzieren.

Etwas unterhalb der kahlen und stromverkabelten Passhöhe liegen das Ospizio Bernina mit großem Parkplatz, Bikertreff sowie zwei kleinen Gletscherseen. Vor allem der Blick auf die südlich liegenden Eisriesenwelten ist ein Gedicht. Die eigentliche Scheitelhöhe des Passes liegt jedoch nicht am Hospiz, sondern etwa 300 Meter weiter östlich. Hier steht auch das Passschild für alle obligatorischen »Ich-bin-hier«-Facebook-Postings.

Von hier aus reicht der Blick weit nach Süden in das Val Poschiavo oder auch hinüber zum Forcola di Livigno. Die Südrampe des Berninapasses ist ebenfalls gut ausgebaut und mit erfreulich vielen Serpentinen sowie weit geschwungenen Kurven verziert. Ein besonderes i-Tüpfelchen setzt der Lago di Poschiavo unten im Puschlav-Tal, an dessen Südufer die Rhätische Bahn einen kurzen Zwischenstopp einlegt … falls Sie noch ein paar Fotos machen möchten.

Eine Legende wartet geduldig auf ihr Revival: Das Bernina-Bergrennen hat zweifellos Automobil-Geschichte geschrieben.

Alle Hard Facts zum Pass

Basisorte: Samedan und Tirano bzw. Livigno

Anzahl der Kehren: 10 nach Tirano,
7 nach Livigno

Streckenlänge: 55 km nach Tirano,
43 nach Livigno

Schwierigkeitsgrad: leicht

Straßenzustand: gut

Mautpflicht: keine

Offizielle Wintersperre: keine

Schönste Reisezeit: Mai bis Oktober

Einkehr- und Übernachtungstipps rund um den Berninapass

Übernachtungstipp in Sankt Moritz:
Hotel Laudinella, Via Tegiatscha 17,
www.laudinella.ch

Boxenstopp in Livigno: Restaurant
L'Osteria, Via Freita 1606

Einkehrtipp in Sankt Moritz: Restaurant
Roberto's, Via Tegiatscha 7

Weiterführende Internetadressen

www.rhb.ch
Die Rhätische Bahn stellt sich vor

www.graubuenden.ch
Die Website des Kantons Graubünden

www.engadin-stmoriz.ch
Die Tourismusorganisation des Engadins

www.italia.it
Website der italienischen Tourismusorganisation ENIT

Am Südfuß des Bernina in Tirano schließt übrigens das berühmte Veltlin nahtlos an, eine der bekanntesten Urlaubsregionen Norditaliens. Um genauer zu sein, Tirano liegt direkt auf der Schnittstelle zwischen Oberem und Unterem Veltlin. Nach Osten zeigt es sich als ein enges Tal mit atemberaubend steilen Felswänden, nach Westen verläuft es beinahe ohne Gefälle bis zum Comer See. Und etwas unterhalb der Berninapasshöhe schließt gen Norden das berühmte Tal von Livigno an mit seiner bekannten Freihandelszone, in der wir nicht nur supergünstig volltanken können. Details dazu gibt es im Tourenvorschlag.

Touren rund um den Pass

Länge: 175 km
Zeitaufwand: 3–4 Std.
Schwierigkeit: mittelschwer
Ausgehend von Samedan oder auch dem herrlich mondänen St. Moritz kombiniert diese Tour einige der berühmtesten Graubündner, ja sogar Schweizer Pässe miteinander. Zunächst geht es autobahngleich hinauf zum Berninapass und sodann kurz nach der

Traumhaft schön ist vor allem die Südostflanke des Passes hinab ins Puschlavtal. Hier läuft der Speicherchip jeder Kamera heiß.

Scheitelhöhe links ab zur Grenzstation nach Italien. Der Grenzübertritt ist für Biker in der Regel unproblematisch, und via Forcola di Livigno (2315 m) erreichen wir das italienische Bergdorf Livigno inmitten eines prächtigen Hochtales. Bitte bei Bedarf günstig (zollfrei) volltanken und dem herrlichen Lago di Livigno einen ausgiebigen Rundumblick schenken. Durch den nur einspurig befahrbaren, ampelgeregelten und mautpflichtigen Tunnel Munt la Schera kommen wir wieder auf Schweizer Boden und wedeln über Zernez hinauf zum Flüelapass (2383 m), dessen Geschichte sicherlich im kommenden Band Nr. 2 der historischen Alpenpässe Aufnahme finden wird. Über Davos geht es schließlich hinüber zum fahrerisch nicht minder erlebenswerten Albulapass (2315 m), dessen Südostrampe uns herrliche Ausblicke auf Samedan und das Engadin rund um Sankt Moritz beschert.

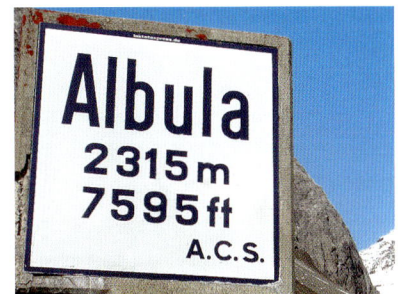

Perfekt kombinierbar:
Bernina und Albula

WILLKOMMEN IN
OBERJOCH
1200 m
HÖCHSTES SKI- & BERGDORF
DEUTSCHLANDS

19 Oberjochpass

Er ist einer der ganz wenigen echten Pässe Süddeutschlands. Doch das allein wäre noch kein Grund, ihn gerade in dieses Buch zu hieven. Da der Oberjochpass aber auch eine spannende Geschichte zu bieten hat – neben purem Fahrgenuss – ist dieser Pass sozusagen der einzige würdige Vertreter Deutschlands in dieser Sammlung an Höhepunkten.

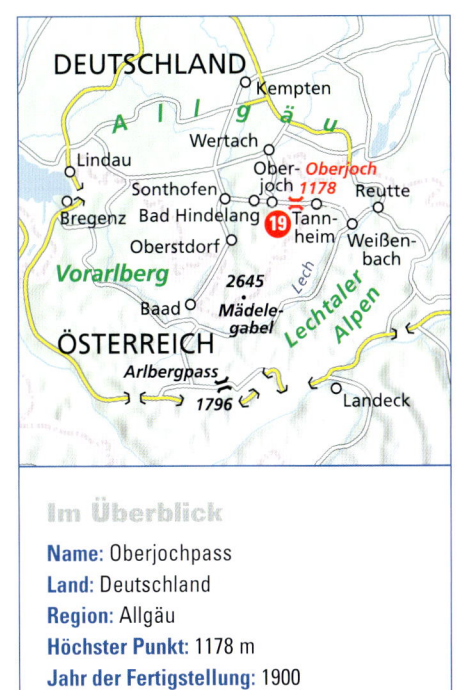

Im Überblick

Name: Oberjochpass
Land: Deutschland
Region: Allgäu
Höchster Punkt: 1178 m
Jahr der Fertigstellung: 1900

Die Geschichte der Passstraße

Via Decia hieß vermutlich die erste über den Oberjochpass verlaufende befestigte Straße und wurde von den Römern erbaut. Irgendwann im 2. Jahrhundert führte der gepflasterte Karrenweg von Zirl bei Innsbruck über Reutte und Oberjoch nach Bregenz am Bodensee, wo er sich mit der Via Claudia Augusta verband, respektive in ihr aufging. Über 300 Jahre lang war er im Originalzustand in Benutzung – einmal mehr ein Beispiel für die grandiose Baukunst der Römer – bis der zunehmende Warenverkehr eine Erneuerung und vor allem auch Verbreiterung notwendig machte.

Zwischen 1540 und 1550 begann man von beiden Seiten eine neue Trasse auf den Oberjochpass zu bauen: Graf Hugo von Montfort ließ von Sonthofen aus bauen, Erzherzog Sigismund von Tirol von Weißenbach am Lech aus. Die erste befahrbare Verbindung zwischen Iller- und Lechtal wies zwar für damalige Verhältnisse starke Steigungen auf, war aber ansonsten nicht schwierig und vor allem klimatisch kalkulierbar. Diese neue Handelsstraße war bald schon

beliebt, das Verkehrsaufkommen stieg rasant an. Vor allem, da der nahe liegende Arlbergpass wegen seiner topografischen Eigenarten recht berüchtigt war.

Bereits 1662 waren am Oberjochpass täglich bis zu 300 Lastpferde mit ihren Säumern unterwegs, bis zu 40 000 Tonnen Waren, vornehmlich Salz, wurden Jahr für Jahr über den Pass gekarrt. Die Einnahmen aus diesem riesigen Warenstrom machten die Anwohner im Tannheimer Tal und auf Sonthofener Seite wohlhabend. Dass dieser Güterverkehr nach Regelung und staatlicher Kontrolle verlangte, war klar, und bereits im Jahr 1603 wurde der Transport über das Joch beinahe metergenau in Vorschriften geregelt. Salzstadel wurden errichtet, also Lagerhäuser, in denen das Salz auch zwischengelagert und weiterverkauft werden durfte. Direkt auf dem Oberjochpass stand ein solcher Stadel, aber auch in Hindelang, wo heute noch ein Salzbrunnen an diese goldenen Zeiten erinnert.

Um 1823 kam der Salzhandel allerdings zum Erliegen, der Pass versank zunächst in der Bedeutungslosigkeit. Ab 1868 reiften Pläne für eine neue Passstraße, aber erst 1894 begannen die Vorbereitungen, 1895 war der erste Spatenstich, 1900 die Eröffnung. Für starkes Verkehrsaufkommen geplant, erhielt sie eine ausreichende Breite sowie ein sehr geringes Gefälle, ja, für 300

Nicht nur Rennfahrer-Legende Rudolf Caracciola (rechte Seite) machte das Oberjoch berühmt, der ADAC sorgt mit dem Jochpass Memorial für heutigen Glanz (u.li.). | Das Oberjoch um 1900 (u.re.)

Höhenmeter Differenz zwischen Oberjoch und Hindelang sollen damals ganze 106 Kehren gebaut worden sein. Ein Traum für Motorradfahrer, wenn diese Trasse noch existieren würde!

Die ersten Bergrennen starten

Bereits 1923 fand am Oberjochpass das erste Bergrennen statt, zunächst auf einer unbefestigten Piste entlang der Südrampe. Und auch hier tauchten sie wieder auf, all

---

Unbedingt abzweigen: Rund um das Oberjoch liegen herrliche Motorradstrecken, vor allem auch im Tannheimer Tal.

die berühmten Namen der Renngeschichte: Rudolf Caracciola und Hans Stuck. Apropos Namen – im Dritten Reich hieß der Oberjochpass dann Adolf-Hitler-Pass, ein Name, der allerdings nach Kriegsende erfreulich rasch wieder geändert wurde. Die Piste selbst war in erbärmlichem Zustand, erst 1952 entschloss man sich, das Joch mit einer neuen Autostraße zu erschließen. Ebenfalls Grund genug, das historische Jochrennen wiederzubeleben. Ab 1954 war es so weit, schon bei den ersten Rennen kamen mehr als 30 000 Besucher aus nah und fern.

Trotz ordentlicher Besucherströme war es wohl schwierig, das einstmals alljährlich

stattfindende Bergrennen regelmäßig zu wiederholen. Zwischen 1980 und 1988 gab es vereinzelte Rennveranstaltungen, 1989 die letzte mit 270 Fahrern aus 13 Nationen und über 20 000 Besuchern. Der Schweizer Fredy Amweg siegte auf einem französischen Martini-Rennwagen mit einem sagenhaften Schnitt von 107 km/h.

Die Passstraße heute

Seit 1999 werden hier am Oberjochpass alljährlich Mitte Oktober die Uhren um Jahrzehnte zurückgedreht, wenn zum inzwischen weithin berühmten Jochpassrennen-Memorial gerufen wird. Mit dieser Oldtimerveranstaltung für Autos, Motorräder und Gespanne wird an alte Zeiten erinnert, in denen die Oberjochpassstraße noch eine echte Herausforderung darstellte.

Dennoch sollten wir auch die heutige Trasse nicht unterschätzen. Vor allem die Südwestrampe von Bad Hindelang hinauf nach Oberjoch darf in Teilbereichen durchaus als fahrerisch anspruchsvoll bezeichnet werden, führt sie doch über neun enge und teilweise unübersichtliche Spitzkehren durch lichten Mischwald hinauf auf Bergeshöhen. Deshalb sind auch besagte, an sich eher unspektakuläre 300 Höhenmeter in diesem Fall nicht zu unterschätzen. Gleich hinter der Ortsgrenze von Bad Hindelang geht es sozusagen ab in die satte, fünf Kilometer andauernde Schräglage. Und das auf einer Straße, auf der nahezu jeden Tag im Jahr reger Verkehr herrscht.

Doch vor allem in der Sommersaison sind wir Motorradfahrer von Freitagnachmittag bis Sonntagabend auf dieser Strecke in der Überzahl und können am großen Parkplatz unterhalb des Luftkurortes Oberjoch mit Blick auf die letzten Applauskurven nahezu

pausenlos die Kurventechnik der Kollegen benoten, neueste Technik und Design bewundern oder auch grenzüberschreitende Benzingespräche führen. Denn der Oberjochpass ist nicht nur bei Allgäuer Bikern sozusagen Pflicht, auch Österreicher und sogar Schweizer Töfffahrer kennen die Strecke und schätzen sie sehr.

Und falls einmal gerade kein Auspuffdröhnen Ihre Aufmerksamkeit erregt, genießen Sie einfach die Ausblicke auf die herrlichen Allgäuer Alpen, die sich gleich im Süden vor unserem Windshield erheben. In Oberjoch selbst versuchen zahlreiche Gaststätten und Restaurants, den Biker vom rechten Weg abzubringen. Und da die weitere Strecke Richtung Wertach im Vergleich zur Südwestrampe vergleichsweise unspektakulär ist, empfehle ich einen Boxenstopp in Oberjoch, vor allem auch in Kombination mit einem herrlichen Sundowner. Ist der Tag hingegen noch recht jung, dann sollten Sie unbedingt weiterfahren, denn das eigentliche Joch liegt ja noch unbezwungen vor uns.

Zweigen Sie dazu direkt im Ort Richtung Tannheimer Tal ab und folgen Sie der B 308 Richtung Südosten. Kurz vor der österreichischen Grenze passieren wir dann den ungekennzeichneten Oberjochpass. Anschließend geht es über Schattwald hinunter nach Tannheim, wo wir nicht nur unser Benzinfass allzeit günstig randvoll füllen können, sondern auch die herrliche Bergwelt des gleichnamigen Tals genießen können.

Touren rund um den Pass

Länge: 245 km
Zeitaufwand: 6 Std.
Schwierigkeit: leicht
Eine genüssliche, 230 Kilometer lange Runde zwischen Allgäu und Vorarlberg erwartet

Der ADAC Nordbayern lädt alljährlich zum Jochpass Memorial ganz speziell auch alle Freunde historischer Motorräder und Gespanne ein.

uns nach dem Aufstieg von Bad Hindelang zum Oberjoch. Durch das Tannheimer Tal geht es nach Weißenbach und dort Richtung Südwesten hinein in das idyllische Lechtal. Über Elbigenalp – und die spannende Geschichte der Geierwally – erreichen wir das Bergdorf Warth mit der Option, linker Hand zum Flexenpass (1773 m) abzustechen. Auf der Tour geht es dann hinauf zum Hochtannbergpass (1676 m) sowie zu einer ausgiebigen Runde durch den herrlichen Bregenzerwald. In Hittisau biegen wir nach rechts ab und erreichen über Balderschwang nicht nur die Grenze zu Deutschland, sondern auch den Riedbergpass (1420 m) inmitten der hoch aufragenden Allgäuer Berge. Bei Fischen lohnt dann noch ein Blick ins angrenzende Kleinwalsertal, bevor wir über Oberstdorf retour nach Bad Hindelang kommen.

Information

Alle Hard Facts zum Pass
Basisorte: Bad Hindelang und Tannheim
Anzahl der Kehren: 9
Streckenlänge: 18 km
Schwierigkeitsgrad: leicht
Straßenzustand: gut
Mautpflicht: keine
Offizielle Wintersperre: keine
Schönste Reisezeit: Mai bis Oktober

Einkehr- und Übernachtungstipps rund um den Oberjochpass
Übernachtungstipp in Bad Hindelang: Hotel Malerwinkl, Heulandweg 2, Tel. 08324/932 00, www.malerwinkl-hindelang.de
Boxenstopp in Weißenbach am Lech: Gasthof Zum goldenen Lamm, Oberbach 14
Einkehrtipp in Au im Bregenzerwald: Restaurant Tannahof, Argenstein 331, www.tannahof.at

Weiterführende Internetadressen
www.jochpass.com
Alle Details zum Jochpass Memorial
www.oberjoch.info
Das Tourismusportal des Ortes Oberjoch
www.badhindelang.de
Die Website des Kurortes Bad Hindelang
www.vorarlberg.travel
Die offizielle Homepage Vorarlbergs

Das Allgäu bietet entspanntes Touren für Entdecker.

20 Stilfser Joch/Passo di Stelvio

Er ist der höchste Gebirgspass in Italien und gleich nach dem Iseran der höchste auf Asphalt befahrbare Pass des gesamten Alpenraumes. Seine Nordostrampe zählt zu den schwersten Passstraßen Europas, ja selbst mit ihrem erst kürzlich aufwendig erneuerten Belag ist sie für Anfänger im Mopedsattel nicht zu empfehlen. Die Geschichte des Stilfser Jochs zählt zu den spannendsten dieses Buches.

Im Überblick

Name: Stilfser Joch / Passo di Stelvio
Land: Italien
Region: Südtirol und Lombardei
Höchster Punkt: 2757 m
Jahr der Fertigstellung: 1826

Die Geschichte der Passstraße

Wormser Steig nannte man das Stilfser Joch im frühen Mittelalter, benannt nach der im Süden liegenden Stadt Bormio, zu deutsch »Worms« (nicht zu verwechseln mit der Nibelungenstadt Worms am Rhein). Archäologische Funde zeigen, dass sogar schon zur Bronzezeit Menschen über den Pass gewandert sein müssen, vermutlich um die heißen Quellen rund um Bormio zu besuchen. Die Römer bauten einen einfachen Steig über das Joch, um rasch die über den nahe liegenden Reschenpass von Süddeutschland nach Norditalien führende Handelsstraße Via Claudia Augusta zu erreichen. Im Dreißigjährigen Krieg (1618–1648) zogen immer wieder vor allem auch mailändische Truppen über das Joch, um Österreichs Erzherzog Leopold beizustehen. Ja, sogar 20 000 Soldaten aus dem fernen Spanien kamen 1634 über das Joch und fielen im Vinschgau ein.

Vor allem auf Betreiben der Stadtoberhäupter von Bormio sollte dann 1795 ein alter Saumpfad über das Joch zu einem einfachen, einspurigen Karrenweg ausgebaut wer-

den. Doch die westlich angrenzenden Engadiner Landesfürsten befürchteten, dass der Warenverkehr zum Reschenpass, der bislang durch ihr Territorium führen musste, über Italien umgeleitet werden könnte und verhinderten das Straßenbauprojekt. 1808 begann man dann in Bayern mit der Planung einer immerhin fast drei Meter breiten Handelsstraße über das Stilfser Joch. Doch erst 1820 startete das österreichische Kaiserreich mit dem Bau der 50 Kilometer langen Straße, 1825 zogen erste Fuhrwerke über die Piste, und nach der Schneeschmelze 1826 war feierliche Eröffnung. Denn damals gehörte die Lombardei zum Kaiserreich, eine Tatsache, die sowohl militärisch als auch wirtschaftlich genügend Argumente lieferte, dieses technisch aufwendige und damit teure Bauvorhaben zu realisieren. Fünf Meter breit war die Straße, maximal zehn Prozent betrug ihre Steigung und alle 500 Meter gab es flache Abschnitte, um vor allem den Pferdefuhrwerken die Möglichkeit zum Verschnaufen zu geben. Besonders im Winter, wenn die Lasten einfach auf Schlitten geladen wurden, war die Überquerung des Jochs ein oftmals lebensgefährliches Unterfangen – für Mensch und Tier.

Beamtenmäßig durchnummerierter Pass

Insgesamt 78 durchnummerierte Spitzkehren besaß die Trassierung damals, 48 davon auf der Ost- und 30 auf der Westrampe.

Wer das Stilfser Joch erobert hat, der sollte sich eine ausgiebige Verschnaufpause gönnen. Das galt auch schon 1948 (u.li.) und 1911 (u.re.) | Heute kann es auf der Passhöhe im Sommer allerdings rappelvoll sein (rechte Seite).

Seltener »Schatz«: Die Südwestrampe
des Stilfser Jochs aus nahezu dem
gleichen Blickwinkel – mit beinahe
100 Jahren Zeitunterschied ...

Daran hat sich bis heute nichts geändert.
Die Passstraße wurde zum Prestigeobjekt des
damals schon weithin bekannten italienischen Bauingenieurs Carlo Donegani, der
sich damit ein architektonisches Denkmal
setzte. Als 1859 das österreichische Kaiserreich die Lombardei an das Königreich Italien abgeben musste, verlor die Handelsstraße über das Joch rapide an Bedeutung.
Als dann wenige Jahre später sogar eine Maut
eingeführt wurde, um die immensen Kosten
der Instandhaltung der Strecke zu finanzie-
ren, da versank die Straße sogar beinahe in
der Vergessenheit.

Tiroler Landeshauptmänner erkannten
allerdings die Bedeutung der Passstraße für
den einsetzenden Fremdenverkehr und ver-
langten immer wieder vehement deren In-
standsetzung. Ab 1897 begann man damit,
die Piste zu verbreitern und lawinensicherer
zu machen. Im Ersten Weltkrieg verlief die
Italienfront direkt über das Stilfser Joch und
führte dazu, dass im gesamten Gebiet der
Krieg zwischen Italien und Österreich-Ungarn heftig tobte. Überreste alter Wehranlagen sind auch heute noch rund um den
Pass zu entdecken.

Erst nach dem Zweiten Weltkrieg begann
man damit, die teilweise arg in Mitleidenschaft gezogene Passstraße wieder aufzu-
bauen, ohne allerdings ihren ursprünglichen

... und dennoch, als ob es gestern ge-
wesen wäre. Die Trasse ist identisch, der
Straßenbelag erneuert und das Thema
Maut »unendlich«.

Charakter sowie ihre Trassierung grundlegend zu verändern. Es gab vor allem entlang der Nordostflanke auch schlichtweg keine bessere Streckenführung, als die aus dem 19. Jahrhundert.

Projekte, die bislang keine Chance hatten

Ab 1950 entwickelten vor allem Südtiroler und deutsche Regionalpolitiker die Idee einer überregionalen Autobahn zwischen Ulm und Mailand, die über den Reschenpass sowie durch einen Tunnel unter dem Stilfser Joch führen sollte. Die Finanzierung der immensen Kosten soll über die eigens gegründete Splügen- und Stilfserjochtunnel AG erfolgen, doch alle aktuellen Kostenschätzungen schrecken wohl jeden verantwortungsvollen Politiker davon ab, das Projekt anzugehen.

Auch ein weiterer Plan, von Ulm über das Stilfser Joch und Bergamo bis nach Mailand eine Bahnstrecke zu errichten – die sogenannte Stelvio-Bahnlinie – wurde bis heute nicht verwirklicht. Auch hierbei soll das Stilfser Joch in einem vermutlich Milliarden verschlingenden Projekt untertunnelt werden. Ob es jemals Realität wird, steht allabendlich in den Sternen über dem Joch.

Die Passstraße heute

Ihre Trassenführung stammt von 1820, ihr aktueller Straßenzustand aus den Jahren 2011 und 2012, ihre Titel als (unter anderem) »schwerste Passstrecke der Alpen« und »world greatest driving road« trägt sie vollkommen zu Recht. Das Stilfser Joch oder besser gesagt dessen Nordostrampe aus dem Vinschgau kommend ist kein Terrain für den Anfänger im Mopedsattel. 48 Kehren wollen hochkonzentriert gemeistert werden, erschwerend kommt nicht nur der zu über-

windende Höhenunterschied von 1900 Metern hinzu, sondern auch, dass vor allem an Sommerwochenenden extremer Verkehr auf der gesamten Piste herrscht. Dann versperren uns überforderte Auto- und Wohnmobilfahrer nahezu durchgängig die Ideallinie.

Nicht erst seit Facebook Pflicht: Das »Ichwar-hier«-Beweisfoto mit Moped und Sozia gehört in Bikers Erinnerungsalbum.

Welch eine Quälerei für Mensch und Tier: Mit Vier- und Sechsspännern ging es einstmals über das Joch hinab nach Bormio.

Touristisch »überversorgt« zeigt sich die heutige Passhöhe des Stelvio – und dennoch ist ein Boxenstopp hier obligatorisch.

Unser Tipp: Fahren Sie das Stilfser Joch möglichst unter der Woche.

Trotz aller Schwierigkeiten müssen auch Anfänger und Wiedereinsteiger nicht auf das obligatorische Gipfelfoto mit Bike und Biker oben auf der Passhöhe verzichten. Unser Tipp dazu: Die gut ausgebaute Rampe von Bormio kommend ist deutlich leichter zu erfahren, aber mit 34 Kehren

keinesfalls langweilig in ihrer Streckenführung. Alternativ können Sie auch über den im Nordwesten liegenden Umbrailpass anreisen, unser Tourentipp erzählt dazu die Details.

Die nahezu komplett überbaute Passhöhe zieren diverse Einkehrmöglichkeiten und Andenkenläden, in denen es auch den begehrten Aufkleber für Koffer oder Windshield gibt. Ein Fußweg führt hinauf zur berühmten Cima Garibaldi, der »Dreisprachenspitze« auf 2843 Metern Höhe, einstmals das Dreiländereck zwischen Italien, Österreich und der Schweiz.

Etwas unterhalb des Jochs Richtung Umbrailpass und Bormio liegt die Albergo Folgore, die immer wieder Ziel von Motorrad- und Oldtimerveranstaltungen ist, wie zum Beispiel dem Motoraduno Stelvio International, einem weithin bekannten dreitägigen Treff nicht nur italienischer Biker – alljährlich Ende Juni nach der Schneeschmelze.

Seitdem das Joch auch ein Etappenziel des berühmten Giro d'Italia ist, gehören neben Bikern vor allem auch Radfahrer aus ganz Europa zur Zielgruppe des Tourismus rund ums Joch. Und einmal jährlich, Ende August, wird das gesamte Joch inklusive Umbrailpass speziell für Radfahrer reserviert und für den gesamten motorisierten Verkehr gesperrt. Das sollten wir bei unserer Tourenplanung berücksichtigen – alle aktuellen Daten dazu finden sich im Internet.

Der ewige Streit

Ein Thema, das Mitte des 19. Jahrhunderts beinahe dazu geführt hätte, die Passstraße komplett aufzugeben, schwelt seit einigen Jahren erneut: die Erhebung einer Maut am Stilfser Joch. 2013 sollte es unmittelbar nach der Winterpause so weit sein, 10 Euro sollte die Tagesmaut für Motorradfahrer kosten. Doch vor allem der Tourismus im Vinschgau läuft dagegen Sturm und hat es zumindest dieses Jahr nochmals geschafft, den happigen Wegezoll zu verhindern. Offizielle Begründung: technische Probleme bei der Installation der Mautautomaten.

Touren rund um den Pass

Länge: 70 bzw. 140 km
Zeitaufwand: 2 bzw. 4 Std.
Schwierigkeit: mittelschwer, ein Abschnitt anspruchsvoll

Eine schnelle Runde, die Italo-Biker dem Vernehmen nach gerne auch mehrmals am Tag absolvieren, führt von Prad am Stilfser Joch hinauf zur Passhöhe, dann über den Umbrailpass (2501 m) hinab ins herrliche Val Müstair sowie über Taufers und Mals retour ins Vinschgau. Übrigens, der immer noch weitgehend unbekannte Umbrailpass ist immerhin der höchste Straßenpass der Schweiz. Länge der Tour: 70 Kilometer. Einen wesentlich ausführlicheren Genuss bietet die Runde über Prad und das Stilfser Joch hinab nach Bormio und weiter über den Passo di Foscagno (2291 m) in die Freihandelszone Livigno. Dort bitte das Benzinfass bei Bedarf supergünstig volltanken und dann über den malerischen Lago di Livigno, den Graubündner Ofenpass (2149 m) und die Nordrampe des Umbrailpasses retour zur Scheitelhöhe des Stelvio. Mit ruhiger Gashand und voller Konzentration geht es anschließend hinab in den Vinschgau.

Der Umbrailpass lässt sich mit dem Stilfser Joch kombinieren – sogar mehrmals täglich, wenn Sie flott unterwegs sind.

Information

Alle Hard Facts zum Pass

Basisorte: Prato allo Stelvio und Bormio bzw. Santa Maria im Val Müstair

Anzahl der Kehren: 78 nach Bormio, 83 über Umbrail nach Santa Maria

Streckenlänge: 55 bzw. 41 km

Schwierigkeitsgrad: mittelschwer bis sehr anspruchsvoll

Straßenzustand: gut

Mautpflicht: vermutlich ab 2014

Offizielle Wintersperre: Anfang November bis Anfang Juni

Schönste Reisezeit: ab Freigabe im Juni bis Mitte Juli sowie September und Oktober

Einkehr- und Übernachtungstipps rund um das Stilfser Joch

Übernachtungstipp in Mals im Vinschgau: Hotel Tyrol, Fröhlichgasse 4, www.hotel-tyrol.it

Boxenstopp in Bormio: Ristorante al Filò, Via Dante 6, www.ristorantealfilo.it

Einkehrtipp in Livigno: Restaurant L'Osteria, Via Freita 1606

Weiterführende Internetadressen

www.stelviopark.it
Die Website über den Nationalpark Stilfser Joch

www.suedtirol.info
Die Südtiroler Tourismus Website

www.enit.it und www.italia.it
Tourismusseiten auch zur Lombardei

www.livigno.eu
Offizielle Tourismusseite der Freihandelszone Livigno

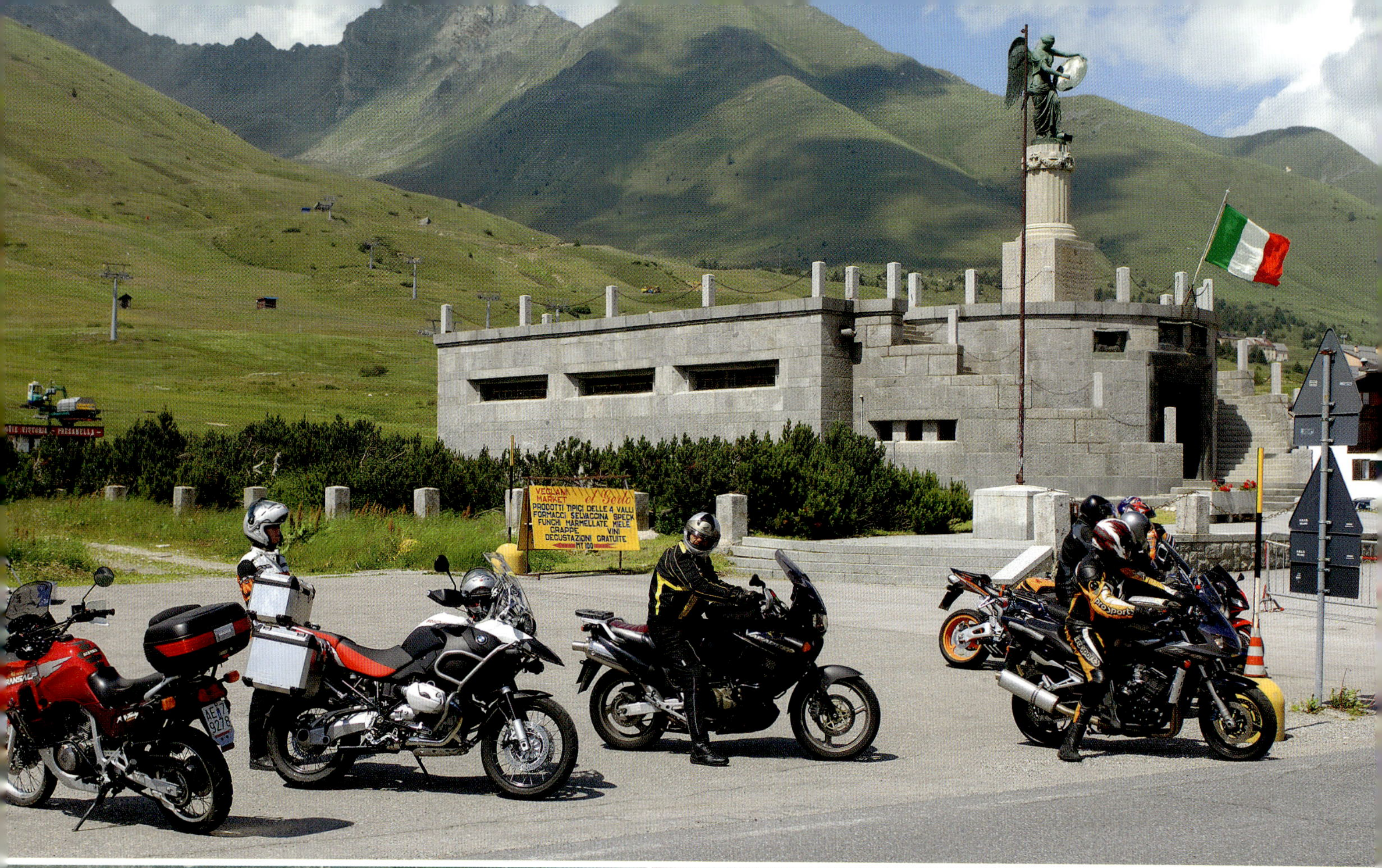

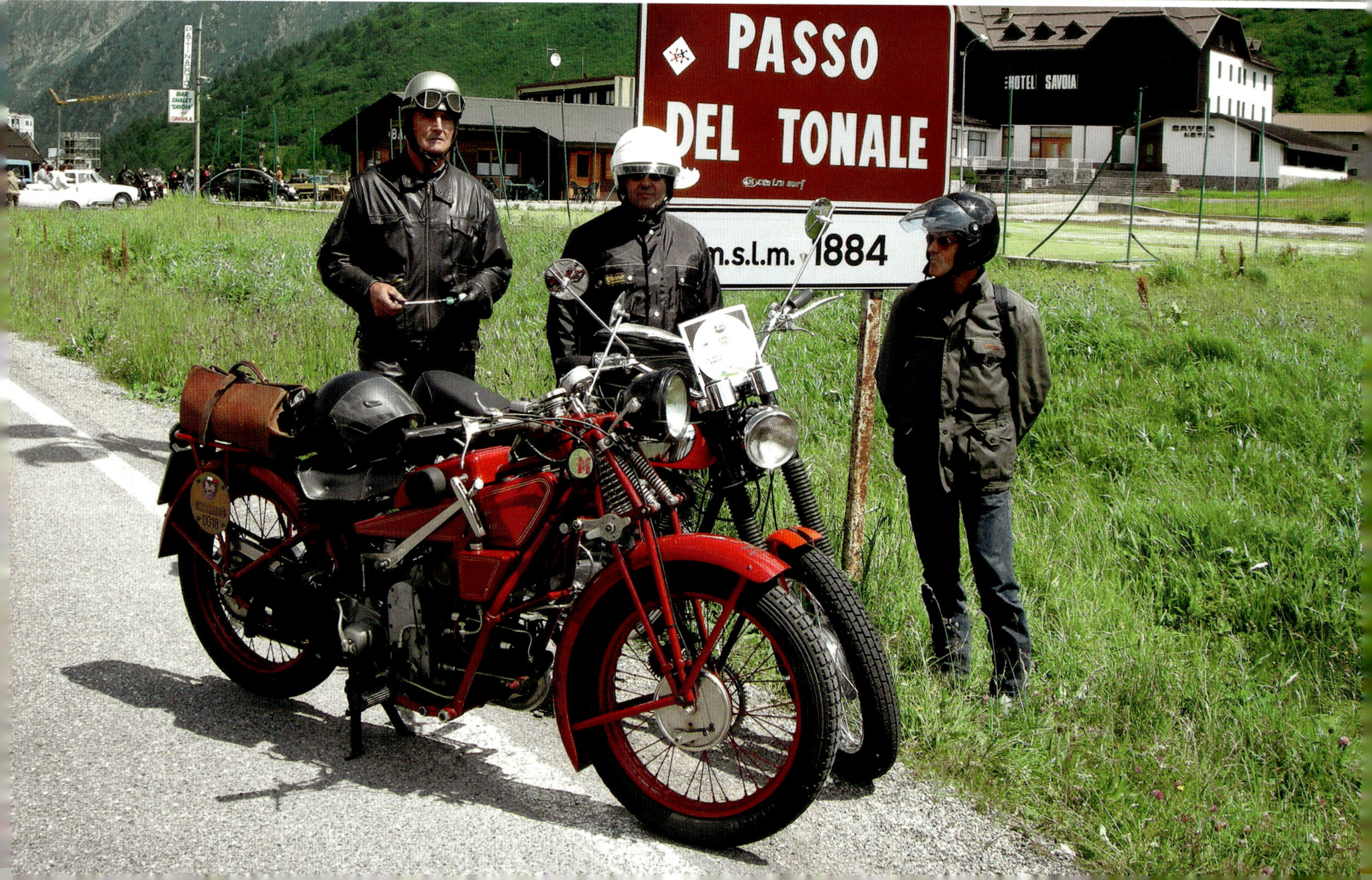
PASSO
DEL TONALE
m.s.l.m. 1884
HOTEL SAVOIA

21 Passo del Tonale

Sein Gipfelplateau »ziert« ein martialisches Monument, seine Geschichte treibt auch heute noch vielen deutschstämmigen Südtirolern die Zornesröte ins Gesicht, denn seine Vergangenheit ist nicht unbedingt rühmlich zu nennen. Dafür kann der Pass selbst allerdings nichts, die Menschen waren es, wie so oft, die seinen Ruf belasten.

Die Geschichte der Passstraße

Seine strategisch bedeutende Lage hat schon im frühen Mittelalter dafür gesorgt, dass der Tonalepass – einst an der hart umkämpften Grenze zwischen Österreich und Italien gelegen – im Grunde in den letzten Jahrhunderten niemals so richtig zur Ruhe kam. Bereits 1166 nahm der Stauferkaiser Friedrich I., besser bekannt als Barbarossa, den Tonale auf dem Weg in seinen vierten Italienfeldzug. Er wäre zwar lieber über Verona und die berüchtigte Veroneser Klause gezogen, doch die hatte man kurzerhand gesperrt.

In den kommenden Jahrhunderten querten dann weniger Feldherren, dafür umso mehr Säumer und Transporteure den vergleichsweise einfach zu überschreitenden Pass, ja, er spielte im Handel zwischen Nord- und Südeuropa im späten Mittelalter sogar eine recht bedeutende Rolle.

Etwas oberhalb der heutigen Passhöhe steht auf gut 1970 Metern ein kleines Hospiz mit Kapelle, das an diese Zeiten erinnert. Erneut war es das Militär, das im 19. Jahrhundert Pläne zur Befestigung und zum Ausbau des historischen Saumweges über den Tonalepass vorantrieb. Von 1854 bis 1856 baute man über den Saumpfad eine Fahrstraße, die in der Folge gemeinsam mit dem 1887 befestigten Passo della Mendola (Mendelpass, 1363 m) sowie dem 1938 fertig ausgebauten Passo delle Palade (1512 m) im Nordosten ein Netz wichtiger Handelswege bildete. Eine weitere Aufwertung erfuhr die Passstraße, als die Pläne für eine direkte Bahnlinie zwischen Tirano im Westen, Passo Aprica und Tonale sowie dem Malè im Trient mangels Finanzierungsmöglichkeiten eingestampft wurden.

Der Pass geriet zwischen die Fronten

Als Österreich im Sardinischen Krieg 1859 die Lombardei an Italien verlor, wurde der Tonalepass Teil der Grenze zwischen Italien und dem (noch) österreichischen Tirol und in der Folge im Ersten Weltkrieg heftig umkämpfte Front zwischen Italien und Österreich. Ruinen und Sperrwerke sind vor allem beim Aufstieg von Osten aus dem Val di Sole noch allerorten zu entdecken, insbesondere die gewaltige Sperre Tonale, die eine Eroberung (Süd-)Tirols durch Italien verhindern sollte. Vergeblich, wie wir heute wissen. Mit dem Ende des für Österreich-Ungarn verlorenen Ersten Weltkrieges ging ganz Südtirol an Italien, dessen neue Nordgrenze nun bis zum Brenner reichte. Wogegen gleichwohl die Südtiroler in Scharen Sturm liefen. Doch spätestens mit der Machtergreifung Mussolinis begann die Italienisierungsphase in Südtirol, die zum Teil mit äußerst brutalen Methoden durchgezogen wurde. Als sich Österreich im Zweiten Weltkrieg dem Deutschen Reich anschloss, hofften viele Südtiroler darauf, im Verlauf des Krieges wieder »heim ins Reich« geholt zu werden. Dass Diktator Hitler den Brenner als »unantastbare Grenze zu Italien« bezeichnete, muss ein Faustschlag in ihr Gesicht gewe-

Er spaltet bis heute die Gemüter: Oldtimer-Veranstaltungen »lieben« den Tonale (u.), das Kriegsdenkmal auf der Passhöhe schmerzt viele Südtiroler (o.). | Und der Gavia (rechte Seite) ist die perfekte Kombi.

Erinnert an Zeiten, die niemals wieder-
kehren sollten: Das Kriegsdenkmal
auf der Tonale Passhöhe verschweigt die
Unterdrückung Südtirols.

sen sein. Vor allem das martialische Monu-
mento Ossario auf der Tonale-Passhöhe wird
bis heute von vielen deutschstämmigen Südtirolern als wohl ewig währendes Zeichen
ihrer Unterdrückung angesehen und ist entsprechend verhasst.

Die Passstraße heute

Und der Tonale selbst, seine Passstraße, seine Landschaften? Die natürliche Alpenquerung zwischen Ortler- im Norden und
Adamellogruppe im Süden hat all diese Geschichten, den Zank und die Streitereien
erwartungsgemäß in stoischer Gelassenheit
ertragen. Heute trennt der Pass das lom-
bardische Valcamonica im Westen vom Val
di Sole im Trentino im Osten. Er liegt auf
der direkten Verkehrsverbindung zwischen

Sondrio und Trento beziehungsweise Bol-
zano und ist demzufolge recht verkehrs-
reich. Geografisch betrachtet liegt der Pass
zudem auf der Wasserscheide zwischen Po
und Etsch.

Die aufgrund der verkehrstechnischen
Anforderungen als landesweite Verbindungsstraße gut ausgebaute Strecke führt
von Edolo aus über Serpentinen und Kurven meistens durch dichten Wald bis hinauf zur bereits erwähnten Passhöhe. Einige

Hotels, Gasthöfe und Cafés laden uns zum Bleiben oder zumindest zur Einkehr ein, so manche von ihnen haben allerdings nur im Winter Saison, denn der Passo del Tonale ist ein in Norditalien durchaus beliebtes Skigebiet.

Von der Passhöhe hinab in das malerische Val di Sole können wir dem Bike »die Zügel lang geben«, die Strecke befindet sich in einem sehr guten Zustand. Zeit genug, um in den Kurven die herrlichen Ausblicke auf den Presanella-Gletscher zu genießen. Das Val di Sole selbst liegt auf der Sonnenseite der Zentralalpen und zeigt die unterschiedlichsten Landschaftsbilder. Von den bekannten Thermalquellen von Peio und Rabbi mit ihren Trinkkuren und therapeutischen Bädern reicht die Spannweite der touristischen Möglichkeiten bis zu den sportlichsten Aktivitäten in den Bergen der Ortler-, Cevedale- und Adamello-Gruppe sowie den Brenta-Dolomiten. Klimatisch von der Sonne verwöhnt, zeigt sich das Land im Frühling als ein einziger großer Garten, die Motorradsaison beginnt bereits im März, ab Mai setzt die Apfelblüte einen schönen optischen Akzent, und im Sommer kann es in den Tälern rund um den Tonalepass sogar richtig heiß werden. Der Herbst begeistert hier mit beständigen Schönwetterlagen und einer erlebenswerten Motorradsaison bis in den November hinein.

Touren rund um den Pass

Länge: 265 km
Zeitaufwand: 6 Std.
Schwierigkeit: mittelschwer bis anspruchsvoll
265 Kilometer Länge, vier Pässe, davon zwei richtig schwere, kombiniert mit den schönsten Alpengipfeln der nördlichen Lombardei: Diese Runde ist ein Genuss für erfahrene

Biker, dagegen allerdings Stress pur für Anfänger. Letztere sollten sich eine der zahlreichen Alternativen auswählen, die uns der Blick in eine hoch auflösende Karte bietet. Zum Beispiel das Zwischenziel Meran zu einem Halbtages-Sightseeingprogramm ausbauen und dann auf gleichem Weg retour wedeln.

Der Tonalepass ist sozusagen die Aufwärmübung des Tages, über Dimaro und den idyllischen Lago di Santa Giustina geht es sodann hinauf zum Passo della Mendola (1363 m) und wieder hinab in den prächtigen Vinschgau nach Meran. Über Naturns erreichen wir die Nordrampe des Stilfser Jochs (2758 m), 48 bereits beschriebene und schwere Kehren gilt es mit voller Konzentration zu erfahren. Oben auf der Passhöhe schnaufen wir kurz durch, wedeln dann hinab nach Bormio und von dort südöstlich hinauf zum Passo Gavia (2618 m), unserer letzten fahrerischen Herausforderung dieses prall gefüllten Tourentages. Die Nordrampe des Gavia ist ein fahrerischer Leckerbissen. Schwierig wird es erst nach Passieren des Rifugio Bonetta, der bewirtschafteten Passhütte – und dem wohl berühmtesten Bikertreff der Lombardei. Denn der Abstieg hinab nach Ponte di Legno besitzt nicht nur herausfordernde Kehren, sondern auch ein gut zehn Kilometer langes Teilstück, das den Begriff »lenkerbreit« neu definiert. Hier wird jeder entgegenkommende Fiat Cinquecento zu einem Rangierproblem. Dafür können Sie am Abend Ihrem Lebensroadbook vier Pässe und sage und schreibe 131 echte Spitzkehren hinzufügen.

Übrigens: Diese Runde lässt sich sehr leicht mit den Tourenvorschlägen des Stilfser Jochs kombinieren. Schauen Sie einmal auf die Kartenskizzen.

Information

Alle Hard Facts zum Pass

Basisorte: Edolo und Dimaro
Anzahl der Kehren: 10
Streckenlänge: 57 km
Schwierigkeitsgrad: leicht
Straßenzustand: gut
Mautpflicht: keine
Offizielle Wintersperre: keine
Schönste Reisezeit: Mai und Juli sowie September und Oktober

Einkehr- und Übernachtungstipps rund um den Passo del Tonale

Übernachtungstipp in Ponte di Legno: Hotel Pineta, Piazzale Europa 31, Tel. 0039/0364-912 59

Boxenstopp in Naturno: Restaurant Kreuzwirt, Hauptstraße 47, www.kreuzwirt.net

Einkehrtipp in Bormio: Ristorante al Filò, Via Dante 6, www.ristorantealfilo.it

Weiterführende Internetadressen

www.suedtirol.info
Die Tourismus-Website über Südtirol
www.italia.it
Das Tourismusportal Italiens
www.visittrentino.it
Das Reiseportal zum Trentino

Leicht zu übersehen: das Passschild des Tonale am Ostrand der Anhöhe

22 Passo del Tremalzo

Der Passo del Tremalzo liegt eingebettet zwischen Garda- und Ledrosee an der Grenze zwischen Lombardei und Trentino. Ihn kann man mit Fug und Recht einen Klassiker nennen. Unter Oldie-Offroadern seit den 1980er-Jahren ein Begriff, wurde seine Südostrampe 1997 für Motorräder gesperrt – Autos durften weiterhin fahren. Doch heute ist die Lage wieder einmal anders: Zum legalen Befahren wird eine Sondergenehmigung fällig, die aber ohne Probleme vor Ort erhältlich ist. Voraussetzung sind zwei Übernachtungen in einem Hotel der Gemeinde Tremosine.

Im Überblick

Name: Passo del Tremalzo
Land: Italien
Region: Trentino/Lombardei
Höchster Punkt: 1863 m
Jahr der Fertigstellung: 1915–1918

Die Geschichte der Passstraße

Wie viele andere Pässe dieser Art wurde die Tremalzostraße als Versorgungsweg für militärische Einrichtungen und Stellungen im Gebirgskrieg (1915–1918) während des Ersten Weltkriegs angelegt. Die Strecke musste eine ausgeglichene Steigung haben, damit auf ihr auch schwer bewaffnete Fahrzeuge fahren konnten. So bekam die Tremalzostraße einen steinernen Untergrund und führt über einige Zwischenpässe durch schmale Natursteintunnel hinunter ins Valle di Bondo und nach Tremosine. Die Trasse ist auch heute noch in einem vergleichsweise guten Zustand. Abenteuerlich ist ihre Streckenführung, zum einen, weil sie einspurig ist, zum anderen, weil sie im oberen Teil durch sehr steiles Gelände und enge Natursteintunnel verläuft. Gerade im höchstgelegensten Tunnel traten immer wieder Probleme mit dem losen Untergrund und einer maroden Decke auf.

Wir machen einen Zeitsprung in die 1990er-Jahre: Am Gardasee nahm das Motorradaufkommen (auch das der deutschsprachigen Motorradfahrer) ständig zu. Man

fuhr nach Italien, weil dort kaum etwas gesperrt war und man den Italienern das Durchgreifen nicht zutraute. Damals dominierten hier japanische Enduros. Wassergekühlte KTMs waren noch in der Minderheit und der Wochenendabstecher aus dem Münchner Raum wurde zur Pflicht. Das brachte Probleme mit sich.

So wurde 1997 die Südostrampe des Tremalzo in einem einmaligen Handstreich gesperrt. Weitere Strecken und auch das Pasubio-Gebiet bei Rovereto waren davon ebenfalls betroffen. Das Besondere der Sperrung von damals war, dass sie lediglich Motorradfahrer betraf. Autos und die Mountainbiker konnten weiterfahren. Image und Kaufkraft von Bikern hatten noch kein Gewicht, und so entschied sich die kommunale Politik zugunsten anderer gegen diese Klientel. Die Regelung erzielte Wirkung, und es wurde im Wortsinn still um die Enduropisten an »Deutschlands beliebtestem See«, dem Lago di Garda.

Der Pass und das Rifugio Garda sind öfters Austragungsorte von regionalen Treffen. Oldtimer, Radler und andere Gruppen fühlen sich hier aber genauso wohl wir Motorradfahrer. Regelmäßige Motorradtermine sind uns nicht bekannt.

Die Passstraße heute

Spektakulär ist seine Trassenführung besonders zwischen dem Tremalzo und dem

---

In den 1980er-Jahren war der Tremalzo ein Muss für Enduristen. Auch heute noch geschottert, schlängelt sich das Sträßchen durch Naturstein-Tunnel. Rechte Seite: Abzweig am Lago di Garda: Was gibt es Schöneres als eine Abkühlung nach dem Enduro-Abenteuer?

Passo Nota, wo die Straße schmal an einer Wand und durch Natursteintunnel führt. Dort geht es, ähnlich wie im endgültig gesperrten Pasubio-Gebiet auf der anderen Seite der Autobahn, immer an der Wand lang. Wer den schottrigen Aufstieg geschafft hat, kann sich auf der Passhöhe oder später am Ledro- oder Gardasee von Cappuccino, Eis und »la Dolce Vita« verwöhnen lassen.

Im Sommer ist auch die Schotterrampe des Passes bisweilen stark vom lautlosen

Ob diese Italiener auch eine »Sondergenehmigung« haben? Wir glauben es nicht.

Verkehr frequentiert. Mountainbiker lassen sich per Shuttle hinauffahren oder kommen hier zum Alpencross her, Wanderer laufen mit Kind und Kegel durch die engen Natursteintunnel. Der Tremalzo ist eine Attraktion für alle Gardasee-Anrainer und Urlauber im Bereich Tremosine und Limone. Unterschiedliche Höhenangaben kommen zustande, weil nach der 1665 Meter hoch gelegenen Passhöhe die Schotterstraße noch bis auf 1863 Meter ansteigt und danach erst zu Tal führt. Auf der Südostrampe gibt es dabei auf acht Kilometern eine Dauersteigung von bis zu 14 Prozent, was etwas Kondition und Motorraderfahrung voraussetzt.

Vom Gardasee kommend ist Tremosine der Ausgangsort. Von hier reist man auf einer neu asphaltierten Piste durch das Bondotal zum Talschluss an. Dort beginnt der Aufstieg zum Passo Nota (1208 m), wo der Asphalt endet. Eine weitere Anstiegsphase ist die zum Passo Gattini (1637 m), ein anspruchsvolles Stück Militärstraße, auf dem mehrere enge Tunnel passiert werden. Man fährt nun permanent entlang der Grenze zwischen Lombardei und Trentino. Im Rifugio Garda trifft man des Öfteren Motorradfahrer oder Radler, die genüsslich Spaghetti essen. Die Tremalzostraße ist übrigens nicht die einzige ehemalige Schotterpiste in der Gegend, weiter

südlich gibt es noch andere Auffahrten zum Tremalzo, die ebenfalls in den 1990er-Jahren gesperrt wurden.

Die berühmte Südostrampe des Tremalzo ist dennoch wieder für (fast) jedermann zu befahren. Der Haken an der Sache: Heute bedarf es einer offiziellen Genehmigung – und die wird nur für Hotelgäste, die in der Gemeinde von Tremosine am Gardasee verweilen, ausgestellt. Die zuständige Comune di Tremosine erteilt in Zusammenarbeit mit der ortsansässigen Gastronomie und dem Tourismusbüro Pro Loco das begehrte Papier. Dass es dabei freilich nicht um Naturschutz, sondern um Tourismusförderung geht, liegt auf der Hand. Trotzdem trägt diese Praxis dazu bei, dass es auf der alten Militärstraße nicht mehr über Gebühr voll ist, wie einst, als Wanderer und Motorisierte ständig aneinandergerieten. Auf unserer Fahrt mit der Ténéré 660 über die alte Militärstraße haben wir kaum andere Motorradfahrer gesehen und wenn, dann Italiener, die nicht gerade danach aussahen, als hätten sie eine Genehmigung dabei.

Mit dem Papier in der Tasche kann man die Fahrt vom Passo dell'Ampola zwischen Storo (Lago d'Idro) und Tiarno di Sopra in Richtung Tremalzo ruhig angehen. Auf der asphaltierten Nordwestrampe kommen die Reifen ganz fix auf Temperatur. Topkurven bis zum Scheitelpunkt des Passes sind garantiert. Doch dann wechselt das Terrain abrupt.

Nahe dem Passo di Tremalzo, am »Rifugio/Hotel Garda« beginnt die Piste über die in den Gebirgskriegen 1915–18 entstandene Militärstraße. Das Rifugio bietet die letzte Möglichkeit, warmes Essen zu sich zu nehmen, dann lassen wir unter Protest eines rastagelockten Münchner Radlers die Barriere des Verbotsschilderwaldes hinter uns – wir

haben eine Sondergenehmigung! Ebenfalls am Rifugio, gleich hinter einem grünen Wiesengrat, zweigt noch eine weitere Abfahrt ab, die ebenfalls 1997 gesperrt wurde, und schlängelt sich ins Tal.

Aufregender und kühner angelegt ist in jedem Fall die Trasse über den Passo Nota. Vom Rifugio Garda aus geht es auf moderatem Schotter sogar noch ein paar Kehren bergauf. Zuerst muss der noch ordentliche, mit gemauertem Portal versehene Scheiteltunnel zwischen Monte Tremalzo und dem Corno della Marogna passiert werden. Dann fällt die Piste in sieben Serpentinen aus 1800 Metern Meereshöhe wieder ab, wird ausgesetzter und schwieriger zu fahren. Eingestaubte Full-Suspension-Biker kommen uns völlig außer Atem mit hochroten Köpfen entgegen. Dann eröffnen sich die ersten berühmten Blicke auf

Hotel Stella d'Oro: Hier gibt es die begehrte Tremalzo-Genehmigung.

Mit der Ténéré auf den Tremalzo in den 1980er-Jahren ...

Die Tremalzo-Offroad-Rampe neigt sich zum Gardasee. Ihre Wurzeln sind militärisch.

Die Befahrung der Südostrampe funktioniert derzeit nur für Gäste der Gemeinde Tremosine, eine Genehmigung ist obligatorisch.

den entfernten Gardasee, und die gewagt in den Fels gehauene Tremalzo-Südostrampe beginnt. Sie erinnert an die Pasubio-Piste zum Rifugio Papa, die in einem meist nebligen Abschnitt in eine senkrecht abfallende Felswand aus Stein getrieben wurde.

Der Tremalzo wäre nicht in Italien, wenn einem nicht irgendwann ein Crosser oder aber ein Rollerfahrer in Badelatschen entgegenkommen würde! Mountainbiker sind in der Überzahl, aber es kommt auch zu Begegnungen mit wandernden Familien oder einem deutschen BMW-Coupé-Fahrer. Einfach ist die Strecke wirklich nicht zu befahren, besonders wenn man keine ordentlichen Enduroreifen montiert hat oder das Motorrad zu schwer beladen ist.

Nach der Serpentinengruppe folgt wieder ein Tunnel, dann eine weitere Serpentinengruppe (sechs Kehren) die bis auf 1500 Meter herunterführt. Vom Passo Gattini (1637 m) geht es nun stetig weiter talwärts, Ausblicke auf den restlichen Verlauf der Tremalzostraße tun sich auf. Dabei bewegt man sich permanent entlang der Grenze zwischen Lombardei und Trentino. An der Einmündung am Passo Nota (1208 m) treffen wir wieder auf Asphalt – und eine Veranstaltung der Alpini im Rifugio Nota. Der restliche Weg führt immer noch in ausgedehnten Serpentinen, dann gerade am Fluss entlang, und immer der Via Tremalzo durch das Val di Bondo folgend, hinunter nach Vesio und Tremosine. In Pieve di Tremosine rollt man direkt am Hotel »Stella d'Oro« vorbei. Dessen Inhaberin hatte uns die begehrte Sondergenehmigung verschafft.

Als beste Reisezeit empfehlen wir den Frühling und die Zeit ab Ende August, wenn der Gardasee-Trubel nachlässt. Wer

Halbzeit: am Passo di Nota wird es noch einmal steiler.

Glück hat, kann sogar Anfang November noch schöne Tage am Tremalzo verbringen.

Touren rund um den Pass

Als Kombinationsmöglichkeiten bieten sich an, die Tour bis zum Idrosee auszuweiten, auf der östlichen Gardaseeseite die Monte-Baldo-Höhenstraße zu erkunden oder im Westen von Édolo und Breno aus zum verträumten Passo Croce Domini hinaufzufahren. Vorbei an Obstgärten schlängelt sich eine aussichtsreiche, teils einspurige Straße hinauf, bis sie nach vielen harmonischen Kurvengruppen den Pass erreicht. Oben am Rifugio zweigt an einer Dreierkreuzung die gut zu fahrende Schotterpiste zum Hochpunkt Giogo della Bala (Tre-Valli-Höhenstraße) ab.

Ab dem Rifugio Croce Domini wechselt der Straßenbelag zu einer gut befahrbaren Piste und steigt gemächlich an. Wenig später beginnt eine Kammfahrt mit zahlreichen Verzweigungen bis zum Gio-go della Bala (2129 m), einem Schmankerl für Enduristen. Am Goletto delle Crocette biegt die Piste in südöstliche Richtung ab und neigt sich zum Giogo del Maniva. Am Dosso di Galli sind noch die großen Parabolantennen der ehemaligen Troposcatter-Anlage der NATO zu erkennen. Wir kehren in Sichtweite des neuen Maniva-Tunnels in das Rifugio am Passo Maniva ein. Am neuen Tunnel beginnt die asphaltierte und ebenso lohnenswerte Dosso-Alto-Höhenstraße, die aussichtsreich und abenteuerlich nach Anfo am Lago d'Idro führt. Straßenfahrern ist natürlich immer die SS 45 bis Gardesana Occidentale ans Herz zu legen. Eng und mit vielen Tunneln versehen schmiegt sie sich an die Konturen des Gardasees, an dessen Westufer sie an steilen Felsstürzen und Zypressenhainen entlangführt.

Besonders die Offroad-Tourenvorschläge bedürfen einiger Erfahrung. Lassen sie sich von den Kilometerangaben im Routenplaner oder auf der Karte nicht täuschen und planen Sie großzügig Zeit ein.

Information

Alle Hard Facts zum Pass

Basisorte: Tiarno di Sopra und Tremosine

Anzahl der Kehren: 64

Streckenlänge: 30 km

Schwierigkeitsgrad: Südostrampe (offroad) sehr anspruchsvoll, Nordrampe mittelschwer

Straßenzustand: Südostrampe unbefestigte Militärpiste, variiert je nach Wetter, Nordrampe gut ausgebaut, oben enger

Mautpflicht: keine

Reglementierung: Genehmigung (Permesso di transito in deroga ad Ordinanza Sindacale no 19 del 07. Agosto 1997) erforderlich. Autos dürfen bis zum Passo Nota auch ohne Genehmigung fahren (Stand 2012), Comune di Tremosine, www.comunetremosine.it

Offizielle Wintersperre: keine, aber bei winterlicher Witterung nicht zu empfehlen

Schönste Reisezeit: Außerhalb der italienischen und deutschen Sommerferien

Einkehr- und Übernachtungstipps rund um den Passo del Tremalzo

Vergibt die Tremalzo-Genehmigung: Hotel Stella d'Oro, Via Cavalieri di Vittorio Veneto 1, 25010 Pieve di Tremosine (BS), Tel. 0039/0365-91 87 03, www.stelladoro.org

Hoch über dem Gardasee: Hotel Rosalpina, Roberto Toniatti, Pregasina di Riva del Garda 106, www.hotelrosalpina.it

Direkt an der Passstraße: Rifugio Garibaldi, www.rifugiogaribaldi.com und Rifugio Garda, Tel. 0039/0464-59 81 05

Weiterführende Internetadresse

www.infotremosine.org
Touristinfo von Tremosine

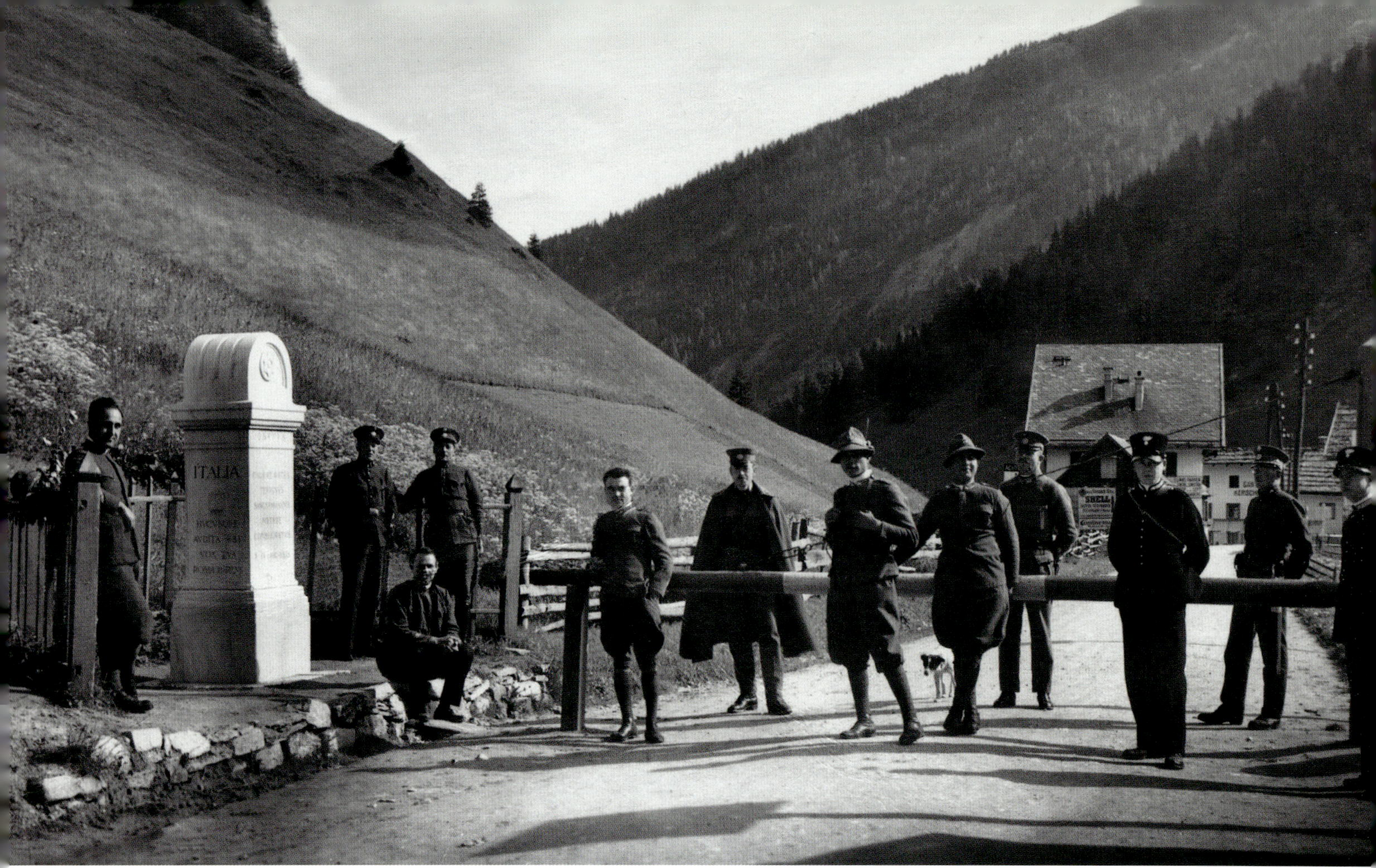
ITALIA

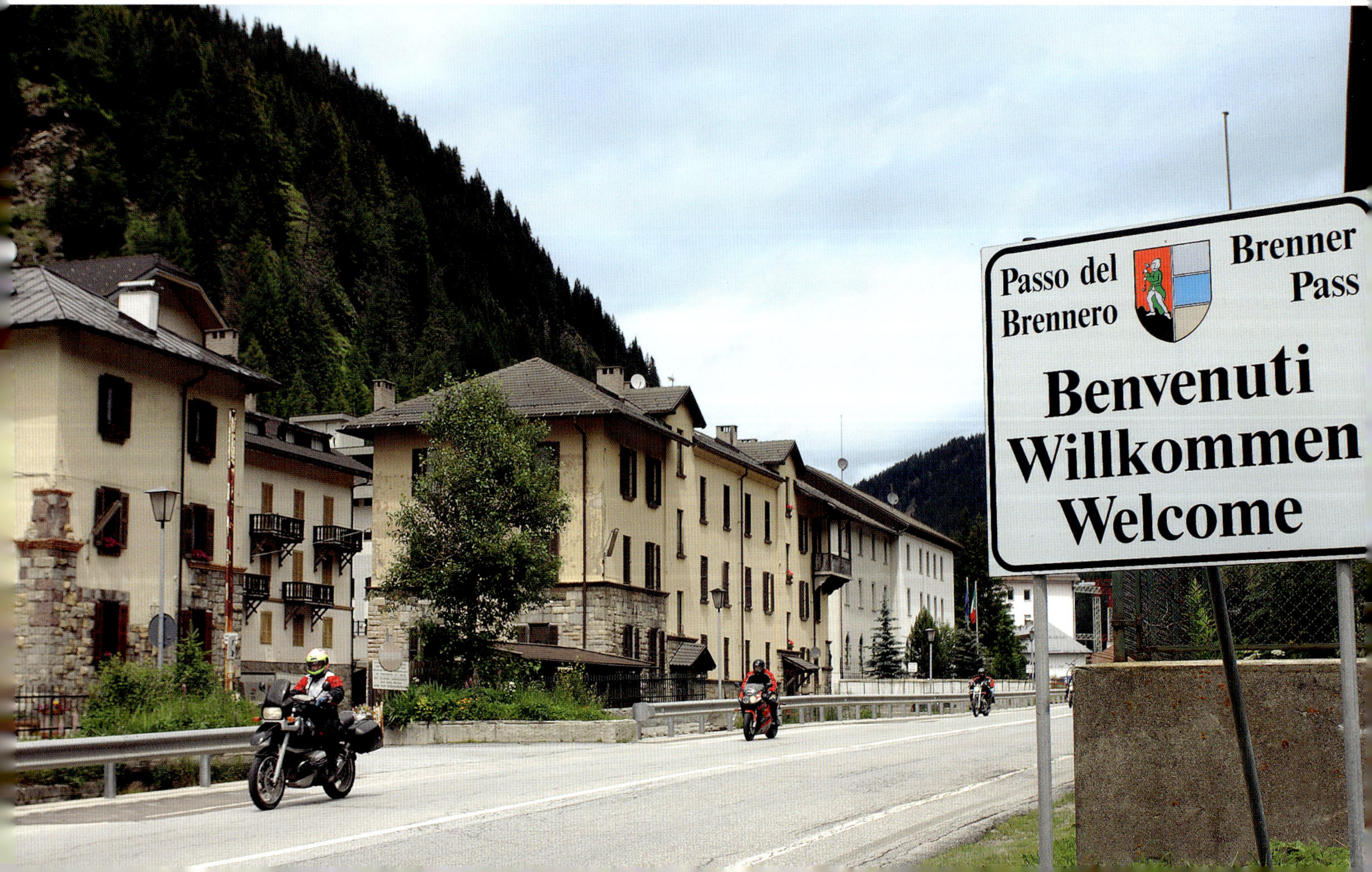
Passo del
Brennero
Brenner
Pass
Benvenuti
Willkommen
Welcome

23 Brenner/Passo del Brennero

Er ist der wohl bekannteste Pass der Alpen, seit über 2500 Jahren ziehen nachweislich Händler, Säumer, Abenteurer, Schmuggler und Reisende über den niedrigsten Pass der Ostalpen. Sein heutiges Gesicht ist geprägt von knallbunten vermeintlichen Schnäppchen in Leder, Textil und Alkohol, und nur dem, der genauer hinschaut, offenbart sich ein Pass mit einer langen, spannenden Geschichte.

Im Überblick

Name: Brenner / Passo del Brennero
Land: Österreich, Italien
Region: Tirol, Südtirol
Höchster Punkt: 1370 m
Jahr der Fertigstellung: 1844

Die Geschichte der Passstraße

Sie beginnt noch weit vor der Entdeckung der Heilquellen rund um die ansonsten eher unscheinbare Passhöhe des Brenners. Bereits der überaus erkundungsfreudige Steinzeitmensch zog über die topografisch so bequeme Passroute nach Süden, wie zahlreiche Funde belegen. 500 Jahre vor unserer Zeitrechnung transportierten die Etrusker Alltagswaren sowie Schmuckerzeugnisse über den Brenner nach Norden, um sie dort zu tauschen. Ja, sie begannen sogar, sich entlang des Saumpfades anzusiedeln und das Land urbar zu machen.

Als die Römer die etruskische Kultur zerstörten, erkannten auch sie recht schnell den geografischen Vorteil des Brenners und bauten den Saumpfad im 2. Jahrhundert n. Chr. zu einer wichtigen Handelsstraße zwischen Verona und Augsburg aus. Via Raetia nannten sie die Straße, die es in der Folge allerdings den Alemannen erleichterten, über den Brenner kommend, in Italien einzufallen.

Bis weit ins Mittelalter war die Römerstraße die wichtigste Route über den Pass und wurde dementsprechend militärisch gesichert. Selbst das heute wunderschöne Verona war im Grunde »nur« eine Sicherungsbastion des Brenners. Im Jahr 1338 wird dann das Heilbad am Brenner erstmals urkundlich erwähnt. Das Thermalwasser des Brennerbades stammt bis heute aus einer Tiefe von mehr als 1000 Metern und nimmt auf dem Weg an die Oberfläche seine wichtigen heilsamen Eigenschaften an. Es besitzt eine nahezu konstante Temperatur von 22 °C, ei-

ne seltene Mischung aus Kalzium, Magnesium, Natrium, Kalium, Sulfaten, Kohlensäure und Spurenelementen sowie signifikanten Mengen an Brom und Jod. Und trotz widriger äußerer Umstände – die Quellen wurden immer wieder von Lawinen und Muren ver-

1936 posieren italienische und österreichische Grenzbeamte am Schlagbaum (o.). | Den Brenner kennt heute jeder – ob Gebirgsjäger, Biker oder Autofahrer. | Autokolonne mit Ehrengästen auf der Brenner-Autobahn am am 22.12.1968 (rechte Seite)

schüttet – gaben sich im Laufe der Jahrhunderte eine Vielzahl berühmter Persönlichkeiten als Kurgäste die Klinke in die Hand. Herzog Sigmund von Tirol mit Eleonore von Schottland, große Komponisten wie Richard Strauss und Franz Lehár oder der Dramaturg Hendrik Ibsen stehen auf der überlieferten Gästeliste.

Der Reise-Boom nach dem 2. Weltkrieg hätte dem Brenner beinahe den Verkehrs-Kollaps beschert. Die Brennerautobahn war seine »Rettung«.

Eine Passstraße zu Ehren der Kaiserin

Ab 1522 wurde eine Postkutschenlinie über den Brenner eingerichtet, ab 1777 ließ Kaiserin Maria Theresia von Österreich die Trasse weitgehend ausbauen, und im September 1786 zog kein Geringerer als Johann Wolfgang von Goethe auf seiner berühmten Italienreise über den Brenner. Einhundert Jahre später wurde die erste Eisenbahnlinie über den Pass fertiggestellt, nach immerhin 40 Jahren Planungs- und Bauphase. Heute spielt die ab 1989 modernisierte Linie vor allem im Güterverkehr eine bedeutende Rolle.

Zwischen 1840 und 1845 wurde die Brennerstraße in weiten Teilen neu trassiert und gebaut und mit einer damals problemlos zu bewältigenden Steigung von maximal fünf Prozent versehen. Als der Pass ab 1919 nach der endgültigen Abtretung Südtirols an Italien zur Grenze zwischen Österreich und Italien wurde, begann man vor allem auf italienischer Seite damit, vorhandene Festungsanlagen wie die berühmte Franzensfeste instand zu setzen und um weitere Sperren zu ergänzen. Eine Vielzahl an Militärstraßen wurde in die umliegenden Berge vorangetrieben und befestigt, ihre Reste sind allerorten noch zu entdecken.

Nach dem Ende des Zweiten Weltkrieges begann der touristische Aufstieg des Brenners, das Verkehrsaufkommen nahm dramatisch zu, jeder wollte in das sonnenverwöhnte Norditalien reisen. 1957 begann man deshalb mit dem Bau der Europabrücke, die sozusagen den Grundstein der Brennerautobahn legte. Im November 1963 wurde die Autobahn als eine der ersten Gebirgsautobahnen der Welt feierlich für den Verkehr freigegeben, 1974 dann auch das letzte noch fehlende Teilstück auf Südtiroler Seite zwischen Klausen und Brixen.

Die Passstraße heute

Die Brennerautobahn hat für Motorradfahrer aus mindestens zwei Gründen wohl kaum eine Bedeutung: zum einen wegen ihrer Mautpflicht, zum zweiten aufgrund der Tatsache, dass uns das Befahren der parallel verlaufenden alten Brennerstraße ein erheblich größeres Vergnügen bereitet. Und das, gleichwohl der Verkehr auf der kurvenreichen Piste vor allem zur Sommerreisezeit erheblich sein kann.

Und noch ein Argument spricht für die alte Piste: Die Landschaften rechts und links des Passes zählten einstmals zu den beliebtesten Sommerfrischen des europäischen Adels, Richard Strauss, Franz Lehár und Henrik Ibsen machten hier oft und ausgiebig Urlaub. All das ist durch den Bau der Brennerautobahn irgendwann und irgendwie in Vergessenheit geraten. Die Täler und Orte entlang der Strecke gerieten ins Abseits, fielen dem unstillbaren Vorwärtsdrang des Reisenden zum Opfer.

Auch wir Motorradfahrer müssen uns in diesem Punkt an die eigene Nase fassen. Wann haben Sie zuletzt einen Blick in die idyllischen Täler rechts und links des Passes geworfen? Dabei sind gerade diese Täler das eigentliche Highlight der gesamten Strecke. Mein Tourenvorschlag rechts gibt Ihnen dazu alle wichtigen Anhaltspunkte.

Die Brennerpasshöhe bietet neben der Möglichkeit, auf österreichischer Seite das Benzinfass nochmals vergleichsweise günstig randvoll zu füllen, auch die Chance, die eingesparten Euros in unglaubliche Massen an Trödel und Tand zu investieren, die dort von Andenkenläden und fliegenden Händlern angeboten werden. Das alte Dorf Brenner auf italienischer Seite des Passes kämpft hingegen seit Jahrzehnten um eine neue Zu-

Information

Alle Hard Facts zum Pass

Basisorte: Innsbruck und Sterzing/Vipiteno

Anzahl der Kehren: 5

Streckenlänge: 55 km

Schwierigkeitsgrad: leicht

Straßenzustand: gut

Mautpflicht: keine

Offizielle Wintersperre: keine

Schönste Reisezeit: Mai bis Oktober

Einkehr- und Übernachtungstipps rund um den Brennerpass

Übernachtungstipp in Innsbruck: Hotel Römerhof, Römerstraße 62, Innsbruck-Igls, www.bestwestern.at

Boxenstopp in Sterzing: Restaurant Pizzeria Thuinerwaldele, Thuins 68, www.thuinerwaldele.it

Einkehrtipp in Sölden: Restaurant Culinaria, Plattestraße 24, www.culinaria-soelden.at

Weiterführende Internetadressen

www.wipptal.at
Die Tourismusregion der schönsten Brennertäler

www.termedibrennero.it
Die Geschichte des Brennerbades

www.innsbruck.at
Alle Infos zur Tiroler Landeshauptstadt

www.sterzing.com
Der Tourismusverein Sterzings präsentiert sich hier.

kunft im Tourismus und versucht, mit Renovierung der historischen Bausubstanz neuen Glanz zu schaffen. Ein rascher Erfolg sei ihm vergönnt.

Die Täler entlang der Brennerstraße sind das Highlight des Passes.

Touren rund um den Pass

Länge: 450 km
Zeitaufwand: 8–9 Std.
Schwierigkeit: mittelschwer

450 km lang ist dieser Tourenvorschlag – diese Tour sollten Sie auf jeden Fall auf zwei Tage aufteilen. Oder auf ein langes Wochenende, denn allein unser Start- und Zielort Innsbruck lohnt eine richtig ausgiebige Erkundung. Natürlich wählen wir die Alte Brennerstraße nach Süden und zweigen zunächst möglichst in jedes (!) rechts und links liegende Tal ab. Gönnen Sie sich Stubai-, Navis-, Schmirn-, Gschnitz-, Ridnaun-, Pfitschertal und all die anderen Täler unbedingt bis zum jeweiligen Talschluss und mit genügend Zeit im Tankrucksack. Es lohnt sich, versprochen.

In Sterzing wählen wir dann den Aufstieg zum Jaufenpass (2100 m), dem beliebtesten Bikertreff der gesamten Region. Motorradfahrer treffen sich hier übrigens nicht nur auf der unscheinbaren, aber bewirtschafteten Passhöhe, sondern auch etwas unterhalb beim »Gasthof Jaufenhaus« mit großem Parkplatz und Kapelle, mitten in einer prächtigen Applauskurve. Die Westrampe des Jaufenpasses führt uns dann hinab ins Passeiertal nach Sankt Leonhard, einem bildhübschen Südtiroler Bergdorf, an dessen westlichem Ortsausgang der Anstieg hinauf zum legendären Timmelsjoch (2474 m) beginnt. Im schönen Ötztal pendelt die Mautstraße dann aus, und via Kühtai geht es ganz gemütlich retour in die Stadt mit dem Goldenen Dachl.

Im Oberbergtal

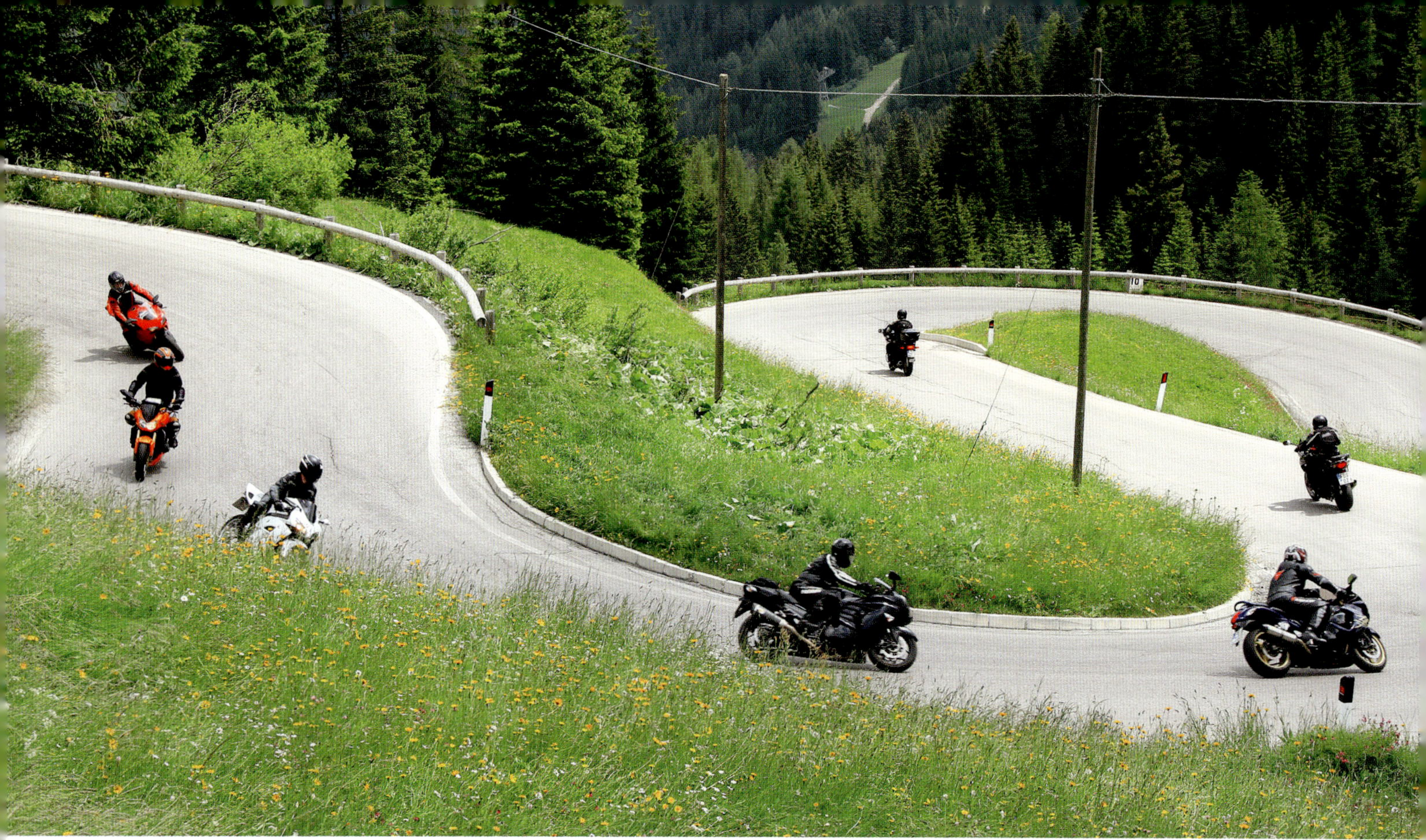
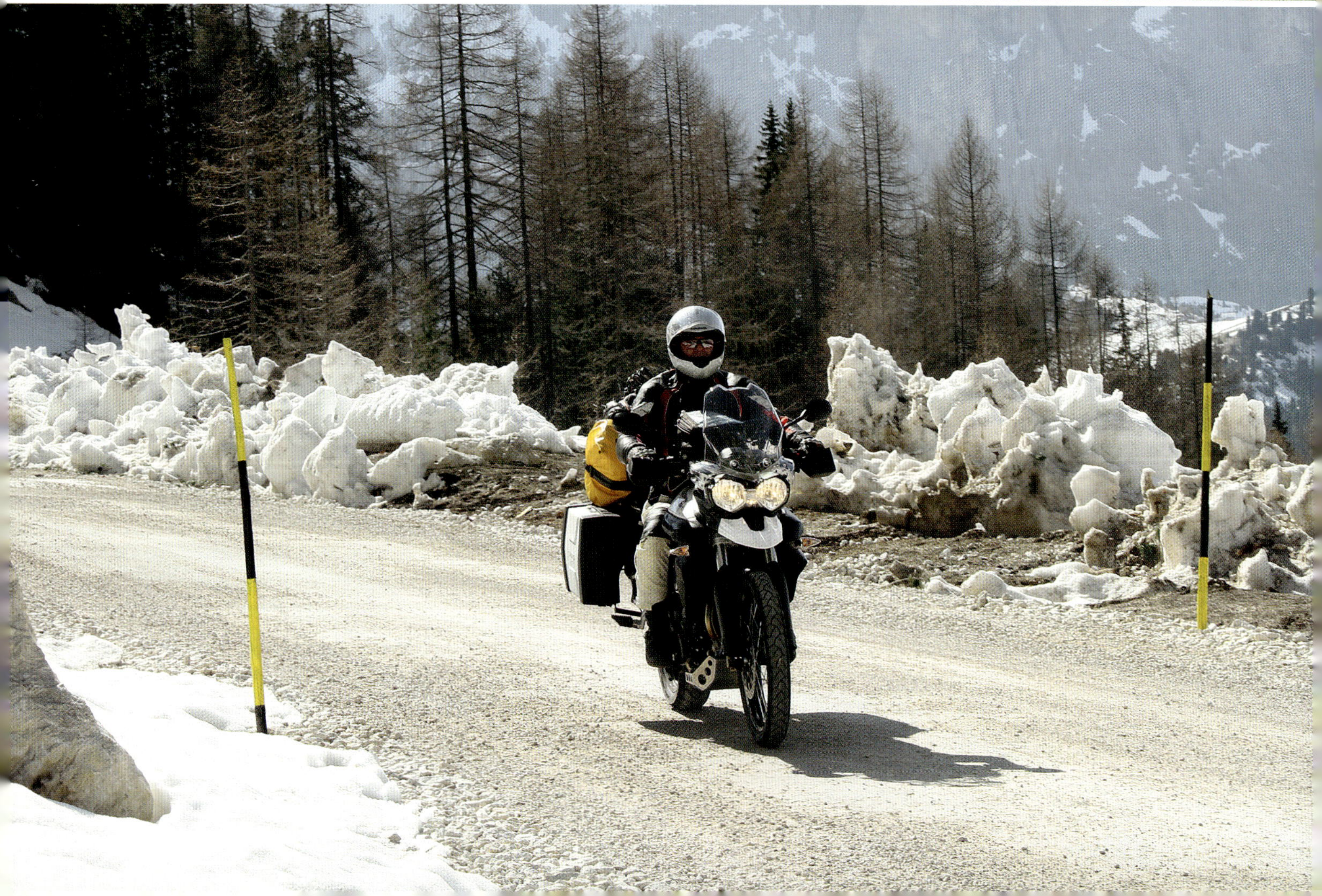

24 Passo Pordoi/Pordoijoch

Die Kurven nach Arabba herunterzugleiten gehört sicherlich zu den größten Genüssen einer Dolomitenrundfahrt. Besonders schön ist das zur Zeit der Laubfärbung im Oktober. Zur Hochsaison sollte man die Sellarunde eher meiden. Dann versuchen sich auch Busse an den insgesamt 58 Serpentinen der Ost- und der Westrampe. Dann wird es selbst auf der gut ausgebauten Strecke recht eng.

Die Geschichte der Passstraße

Die Passstraße von 1905 nimmt ihren Anfang mit dem Bau der Großen Dolomitenstraße. Der weitere Ausbau der ersten Alpenferienstraße wurde zwar durch den Ersten Weltkrieg unterbrochen. Weil man dem Alpenkrieg aber größte Bedeutung zumaß, wurden gerade in dieser Zeit viele der heute bekannten Dolomitenstraßen errichtet und erweitert.

Der Bau der Passstraße dauerte vier Jahre, zwei Hotels längs der Strecke wurden damals ebenfalls errichtet – das Hotel Pordoi und das Hotel Savoia, in denen es bei Cappuccino und Brioche noch originale Jugendstilfresken zu sehen gibt. Die während des Zweiten Weltkriegs von deutschen Luftnachrichtentruppen der Wehrmacht sowie von italienischen Wachmannschaften besetzten Hotels wurden in den 1960er-Jahren wiedereröffnet, weitere Unterkünfte, Restaurationsbetriebe und Souvenirgeschäfte kamen hinzu. Unweit vom Pass trifft man auch hier auf eine Gedächtnisstätte mit Soldatenfriedhof, die an die 8582 österreichischen und deutschen Gefallenen des Ersten Weltkriegs und 847 Gefallenen des Zweiten Weltkriegs erinnert.

Die Große Dolomitenstraße

Die Ferienstraße führt von Bozen über Canazei und Cortina nach Toblach und bringt es auf 142 Kilometer Länge. Sie wurde in den Jahren 1900 bis 1909 gebaut, um das Gebirge der Allgemeinheit zugänglich zu machen. Von echtem Tourismus konnte noch keine Rede sein, die Straße wurde damals von Pferdegespannen und ersten Bussen genutzt. Der Individualverkehr war erst rudimentär entwickelt. Am 13. September 1909 wurde die Straße, nachdem die Lücke am Falzàregopass geschlossen war, auf kompletter Länge der Öffentlichkeit übergeben. Als Auftraggeber gelten Dr. Theodor Christomannos und Albert Wachtler, beide Obmänner der Sektionen Meran und Bozen des Deutschen und Österreichischen Alpenvereins (DuÖAV).

Auf der Passhöhe angelangt, genießt man Richtung Osten ein ausgedehntes Dolomitenpanorama, besonders auf die Cinque Torri. Kommt man über die Südwestrampe von Arabba hinaufgefahren, passiert man zwischen dem Pordoi und dem Falzàrego die Grenze zwischen dem Veneto und Trentino-Alto Adige. Wer bisher immer dachte, die Dolomiten seien nur in Südtirol, hat sich getäuscht. Hier trifft man zur Saison und besonders auch zur empfehlenswerten Nachsaison von September bis Oktober sehr viele Motorradfahrer, die die oft beschriebene Traumlandschaft noch einmal richtig genießen. Wir befinden uns in Ladinien, demzufolge wird hier auch Ladinisch – ein rätoromanischer Dialekt – gesprochen. Viele

Die Pordoi-Kaffeemühle hinunter nach Arabba (o.) und winterliche Impressionen auf der Sellaronda | Rechte Seite: Diese Herren versuchten sich 1949 am Pordoijoch.

Unweit der Passhöhe: Panoramablicke auf die Gipfel der Seiser Alm

Ladinier würden wohl ganz gerne ausschließlich zum reicheren Südtirol gehören, dazu gab es auch schon eine Volksabstimmung. Was daraus wird, steht in den Sternen. Der Name des nahen Col di Lana erlangte tragische Berühmtheit, war der 2462 Meter hohe Berg im Ersten Weltkrieg Schauplatz von Gefechten, die insgesamt 19 000 Opfer forderten. Heute gilt der Berg zwischen Pordoijoch und Passo di Falzàrego als Mahnmal des Krieges in den Dolomiten. Auf dem »Blutberg« liegen viele Gebeine der

Auch die MV Brutale fühlt sich in den Kurvengeschlängel des Pordoi in ihrem Element.

Gefallenen. Neben Marmolata und anderen Bergen versuchten hier die jeweils gegnerischen Truppen, die befestigten Hügelkuppen mittels langer Tunnel zu unterminieren. Schrecklicher Höhepunkt der Kämpfe war die Gipfelsprengung des Col di Lana am 18. April 1916.

Die Passstraße heute

Der Autozug hatte uns in Bozen entlassen, den anderen Bikern sieht man es an: ohne viel Gepäck geht es auf die Sellaronda. Der Pordoi, der höchste Pass in der Sellaronda und fahrerisch einer der einfacheren, ist schnell erreicht. Einfach, weil die Serpentinen noch nicht so eng sind, das Kurvenschwingen bleibt sehr harmonisch, genau richtig zur Einstimmung.

Die 28 Kehren der Westrampe – nur über das Sellajoch kommt man näher an den Headlinern der berühmten Seiser Alm vorbei, aber auch die Anfahrt von Canazei lässt atemberaubende Blicke auf die markanten Bergspitzen von Langkofel und Plattkofel zu. Sellastock und Rosengarten fliegen vorbei, nur worauf soll man sich eigentlich konzentrieren? Auf die Kurven mit makellosem Asphalt, die frische Bergluft oder das atemberaubende Panorama? »Genießen« sollte die Devise sein, wenn man zur richtigen Zeit auf der Sellaronda unterwegs ist. Zur falschen Zeit kann auch bedeuten: Reisebusse, Radfahrer, Langsamfahrer.

Aber auch dann sollte man die eine oder andere Pause einlegen, zum Beispiel in der Pecol Gran Bar am Gipfel. Oder vorher schon im 1905 erbauten Hotel »Pordoi« und besser noch eine Kehre tiefer auf der Westseite hinunter in der Bar »Ristoro Lezuo« (Kehre 32), wo es ruhiger zugeht. Am Pass,

Schon fast am Sellajoch: Lang- und Plattkofel der Seiser Alm im Hintergrund

Information

Alle Hard Facts zum Pass

Basisorte: Canazei und Arabba

Anzahl der Kehren: 63

Streckenlänge: 17,5 km

Schwierigkeitsgrad: mittelschwer bis anspruchsvoll

Straßenzustand: durchweg gut

Mautpflicht: keine (aber seit 2007 im Gespräch)

Offizielle Wintersperre: in der Regel keine, es wird nach Bedarf geräumt

Schönste Reisezeit: April bis November

Einkehr- und Übernachtungstipps rund um den Passo Pordoi

Auf dem Pass: Bar Funivia, Canazei, Passo Pordoi, Tel. 0039/333-860 77 67

Unterkunft in Kehre 32: Albergo Ristoro Lezuo, www.ristorolezuo.it

Weiterführende Internetadressen

An der Sellaronda befinden sich allein 8 Tourenfahrer Partner Hotels. Es besteht also kein Mangel an ausgewählten Unterkünften.
Treffen-Infos: www.biker-treff.de

Sieht man gerne: Die Passstraße ist geöffnet.

über den die Grenze zwischen Trentino/Südtirol und dem Veneto verläuft, legen wir wegen der vielen Reisebusse nur eine kurze Pause ein. Neben Souvenirläden und der Talstation der modernen Seilbahn zum Sass Pordoi ist noch Platz für Motorräder – wir bevorzugen wie gesagt die relative Ruhe der Kehre 32.

Die Ostrampe hat mit ihren 33 nummerierten Kehren nicht weniger zu bieten. Der höchste Pass der Sellaronda ist nun überschritten, und Sie wundern sich, warum in Kehre 22 der Blitz auslöst: hier fotografiert

Sie www.bikershot.it, die Bilder können Sie dann online erwerben, wenn Sie es nur wollen. Kehren ohne Ende, bis man schließlich im Hauptquartier der Bikerübernachtungen, in Arabba, einläuft.

Touren rund um den Pass

Das komplette Sella-Pässekarussell steht für Rundtouren zur Verfügung: Campolongo-Pass, Grödnerjoch oder Sellajoch (Col de Toi) ergeben immer eine anspruchsvolle 50-Kilometer-Runde um den Sellastock. An touristisch starken Tagen, wie zur Zeit der Fahrradveranstaltung Sellaronda Bikeday sollte man die Pässe meiden: Schon im Vorfeld befinden sich mehrere Tausend Radler auf der Strecke.

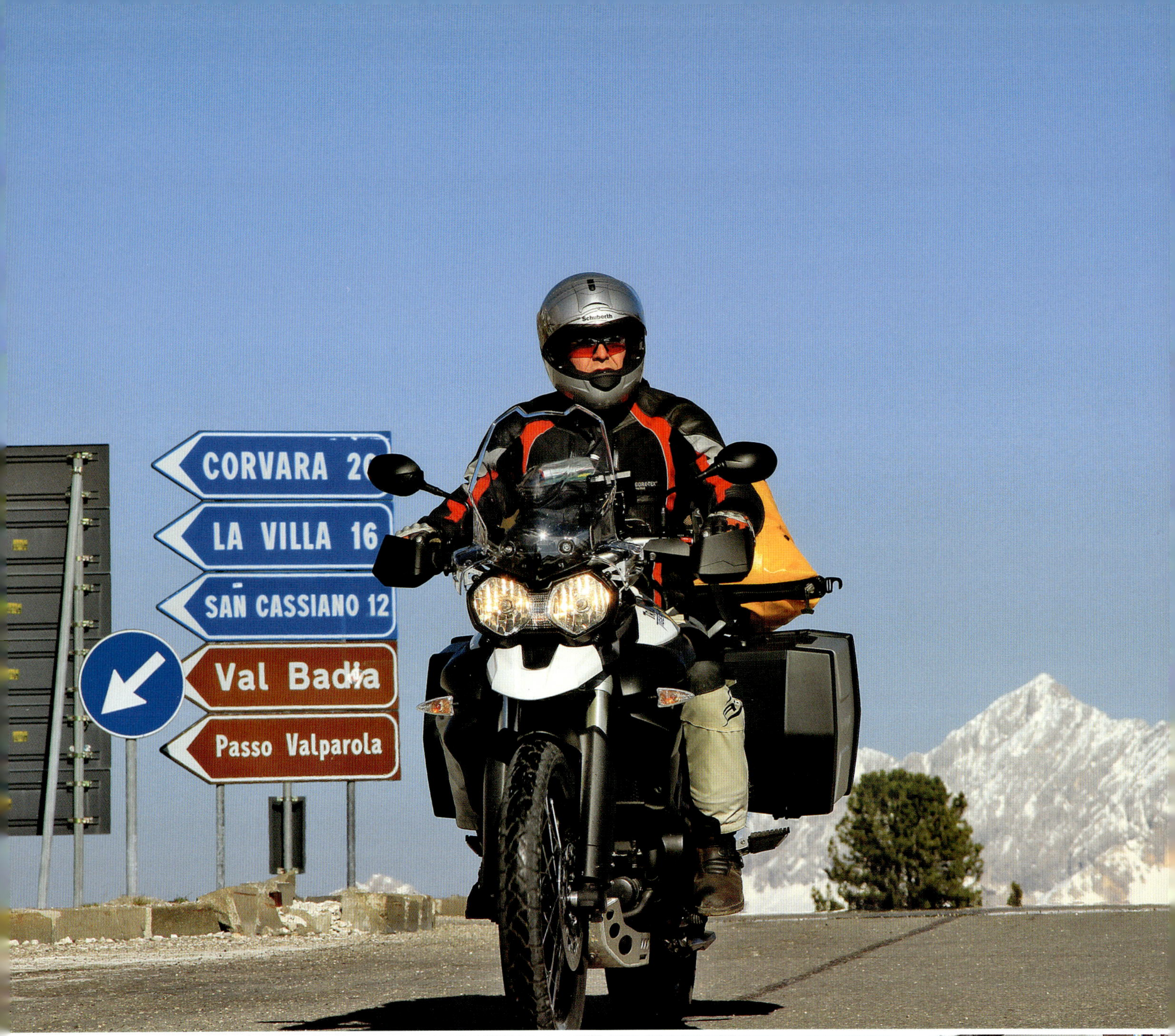
CORVARA 20
LA VILLA 16
SAN CASSIANO 12
Val Badia
Passo Valparola

ALBERGO PASSO FALZAREGO
BAR

PASSO FALZAREGO m. 2117
PANINOTECA

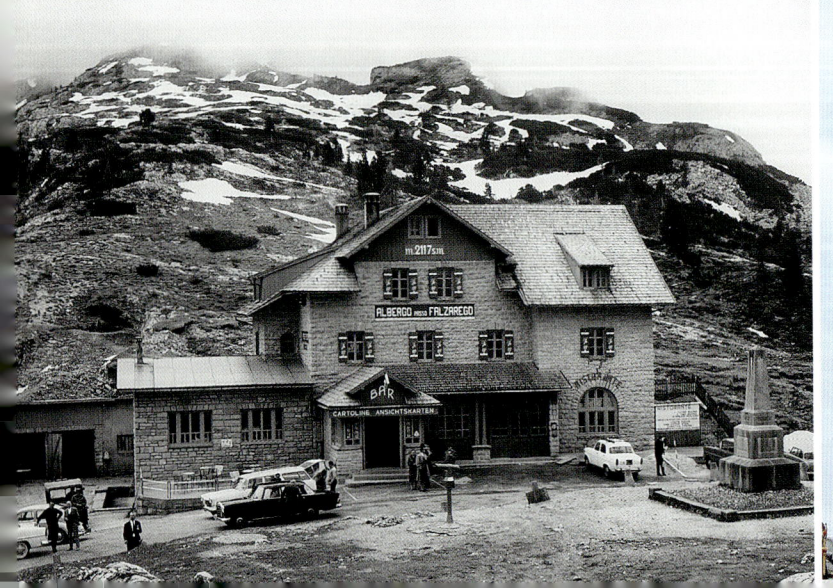

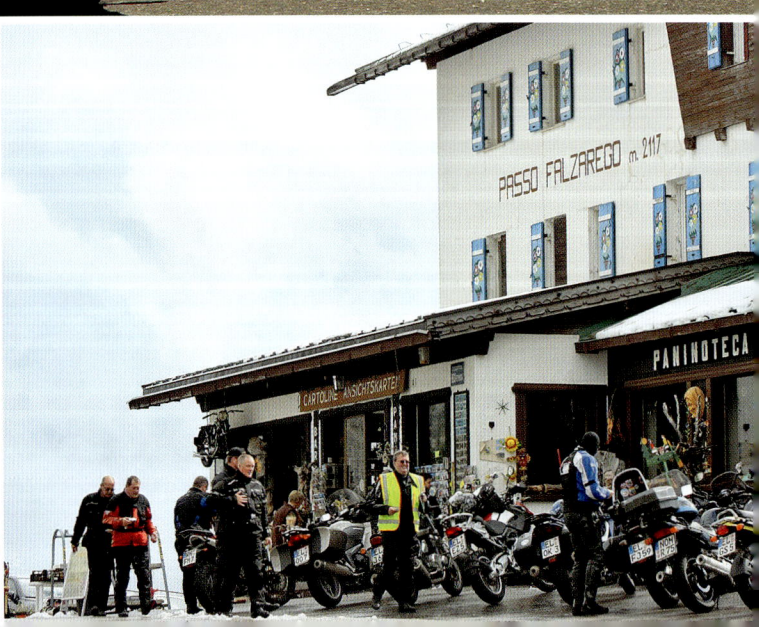

25 Passo di Falzàrego

Einer der Meilensteine auf der Großen Dolomitenstraße ist der Falzàrego. Von seinem Sattel steigt eine Seilbahn zum Kleinen Lagazuoi empor, insgesamt hat der Pass drei Auffahrten und ist damit als Bikertreff prädestiniert. Der Falzàrego liegt im venezianischen Teil der Dolomiten, etliche bekannte Pässe befinden sich in seinem Umkreis: Giau, Valparola, Pordoi, Fedaia, um nur einige zu nennen.

Im Überblick

Name: Passo di Falzàrego
Land: Italien
Region: Veneto/Belluno, Dolomiten
Höchster Punkt: 2105 m
Jahr der Fertigstellung: 1909

Die Geschichte der Passstraße

1909 wurde das letzte und schwierigste Teilstück der Großen Dolomitenstraße fertiggestellt. Dem Gipfelanstieg des Passo di Falzàrego ist es heute auf der SS 48, der Strada delle Dolomiti, immer noch anzusehen, dass das ein ziemliches Stück Arbeit war. Sein Name stammt aus dem Ladinischen und dort bedeutet Falza Rego der Sage nach so viel wie »falscher König«. Gemeint sein soll der König der Fanes, der, wegen seines Verrats zu Stein verwandelt, heute am Lagazuoi zu sehen ist.

In den Fokus der Öffentlichkeit geriet die Region Lagazuoi / Cinque Torri und der Passo di Falzàrego im Gebirgskrieg 1915–1918. Nach Kriegsbeginn überließen die Österreicher kampflos das Vorland der natürlichen Gipfellinie und bauten ihre Stellungen auf den Kammlinien der Felsberge aus. Damit bestimmten die Österreicher zunächst den Frontverlauf: Die Linie führte über den Passo Valparola, Hexenstein, To-

fana, Drei Zinnen, den Piccolo oder Kleinen Lagazuoi sowie den Passo di Falzàrego. Der Hexenstein und die österreichische Stellung sperrten von Nordwesten die Große Dolomitenstraße gegen das Gadertal ab. Nachdem mehrere Vorstöße der Italiener gescheitert waren, diese Stellung einzunehmen, verschanzten sich die Alpini in der Ostwand des Lagazuoi, wo 1916 der Minenkrieg begann. Österreichische Sprengungen waren vorangegangen, als am 20. Juni 1917 die Italiener 33 Tonnen Sprengstoff unterhalb einer österreichischen Stellung zündeten. Alle Sprengungen blieben für den Frontverlauf und den Kriegsausgang ohne nennenswerte Bedeutung. Diese sogenannte Unterminierung machte Schule beim Gebirgskrieg in den Dolomiten, so wird auch von der Marmolata berichtet, dass

dort sogar Stollen ins Eis gegraben wurden, um mit Soldaten besetzte Bergkuppen wegzusprengen.

Am Kleinen Lagazuoi gibt es kurz unterhalb der Seilbahnbergstation noch einen Stollen aus dem Minenkrieg zu besichtigen, ein Wanderweg verläuft mittendurch. Auch kleinere Stellungen, Artilleriestandorte, Laufgräben und Bunkeranlagen können dort angeschaut werden.

Das geübte Auge erkennt auch heute noch die Spuren dieser Sprengmaßnahmen.

Falzàrego im Juni: manchmal noch mit Schnee (o.) | Die Passhöhe des Falzaregopass 1963. (u.l.) | Der Falzàregopass liegt an der Großen Dolomitenstraße und ist zur Saison entsprechend stark frequentiert. (u.re.) | Rechte Seite: Ein paar Gasstöße abwärts nach Cortina liegt das wirtliche Rifugio Col Gallina von Raniero Campigotto.

Der Valparolapass liegt nur 2 km entfernt und eröffnet ein völlig anderes Panorama (li.). | Straßentunnel bei Falzarego um 1910 (re.)

Schuttkegel sind besonders an den Felsabstürzen nördlich des Passes zu sehen. An den ehemaligen Gebirgskriegsschauplätzen trifft man heute auf verschiedene Freilichtmuseen und Dokumentationszentren: Von der Zufahrt zum Valparolapass gut zu erreichen ist die Festungsruine Tre Sassi (erbaut 1897–1900), die das neue Museo della Guerra beherbergt (geöffnet 14–18 Uhr).

Zwischen Col di Lana und Marmolata

Von Arabba führt die Straße in gefälligen Kurven Richtung Col di Lana (vgl. Passo Pordoi) und dann zum Falzàregopass hinauf. Fragt man alte Einwohner – wie wir im Sommer 2013 – nach dem Col di Lana, erfährt man von den vielen Gefallenen und,

dass später die Kinder im Wald mit Totenköpfen spielten, weil diese nur eine Handbreit unter der Erde lagen. Der Berg wurde zum Mahnmal für die Kriegsopfer, darunter Angehörige von zwölf italienischen Infanterie- und 14 Alpinikompanien, deutschen Alpenkorps und österreichischen Truppen. Auf dem Gipfel des Col di Lana steht heute eine Kapelle, die als Andachtsort für die fast 20 000 Gefallenen dienen soll.

Die Passstraße heute

Der Falzàrego ist ein Pass mit drei Auffahrten, der bei keiner Dolomitenrundfahrt fehlen sollte. Zur Saison füllt sich die Passhöhe jeden Tag mit Bikern, nur leider hat die Gastronomie am Pass etwas gelitten. Dafür findet man Souvenirläden mit allerhand Tinnef, was aber nicht von dem positiven Kurvenerlebnis rund um den Pass ablenken soll. Der Passo Valparola und das Rifugio Col Gallina liegen in Sichtweite und sind daher

eine empfehlenswerte Alternative. Vom Falzàrego kann man mit der Seilbahn hinauf auf den Kleinen Lagazuoi – wenn man ihn nicht sogar zu Fuß erklimmen will. Dann geht es im oberen Bereich abenteuerlich für einen Kilometer durch den stockdunklen Lagazuoistollen (s. S. 117, Taschenlampe mitnehmen), von dem aus 1917 die Sprengung der österreichischen Stellung erfolgte. Der »Kleine« Lagazuoi bietet bei gutem Wetter einen sagenhaften Panoramablick auf die vergletscherte Marmolata, die Cinque Torri und andere berühmte Berge der Dolomiten. Fährt man nicht mit der Seilbahn hinauf, ist der Ausblick von der Straße zum Valparolapass etwas besser.

Der Falzàrego wird ganzjährig schneefrei gehalten, trotzdem ist in den Dolomiten grundsätzlich ab Ende September schon mal mit vereinzeltem Schneefall zu rechnen. Unter den drei Abfahrten hat man dann die Qual der Wahl für den Abstieg. Nach Cortina hinunter, links vorbei am Rifugio Col Gallina, in dem auch preiswert eine Übernachtung und regionaltypisches Essen zu bekommen ist. Linker Hand schaut man auf die Tofanaspitzen, den Stock des Nuvolau, davor die Cinque Torri und schließlich die Croda da Lago (2709 m). 13 Serpentinen nach dem Falzàrego mündet die Zufahrt zum Passo di Giau ein – eine beliebte kurvenreiche Variante zur Großen Dolomitenstraße.

Die Kurvenradien werden enger, je näher man Cortina kommt, und die Strada delle Dolomiti ist nicht immer im Bestzustand, nur die bizarre Dolomitenlandschaft bleibt ständiger Begleiter. In einer letzten Serpentinengruppe eröffnen sich Blicke auf Cortina d'Ampezzo mit dem beherrschenden Gipfel des Monte Cristallo (3221 m), an dem entlang die Strecke des Passo Tre Croci (1809 m) führt.

Die dritte Abfahrtsmöglichkeit verläuft nach Andraz, ist etwas kürzer, aber auch steiler, besonders auf den ersten vier Kilometern. Die Straße führt um den Hexenstein (2477 m), auf dem die Italiener im Gebirgskrieg zunächst unentdeckt Stellungen errichteten. Heute ist er ein Wander- und Klettergebiet, in dem man teilweise restaurierte Stollen und Schützengräben besichtigen kann.

Markant und kunstvoll ist der Straßenbau besonders auf dem kurz darauffolgenden Pian Falzàrego, bei dem die in den Berg gehauene Straße mit starkem Unterbau und einem Kehrentunnel versehen ist. Darunter liegt eine Ebene mit ehemals militärischen Bauten. Kunstvoll angelegte Kurven und Serpentinen leiten hinunter nach Andraz (1430 m). Kurz vor dem Abzweig nach Castello sind vom Wald die Ruinen des Schlosses Buchenstein (Castel Andraz) in der Ferne zu erkennen.

Tipp

Auf der gesamten Sellarunde finden in den Sommermonaten mehrfach riesige Fahrradveranstaltungen (Sellaronda Bikeday) statt. Solche Tage sollte man meiden, um ungehinderten Spaß am Motorradfahren zu haben. Die schönsten Zeiten sind der Frühling von April bis Juni, wenn der Bergfrühling erst langsam erwacht, sowie die Monate September bis Mitte November, wenn die kürzer werdenden Tage und die einsetzende Laubfärbung zu Genusstouren einladen. An solchen Tagen ist der Falzàrego ein Bikertreff, ruhiger geht es am benachbarten Valparolapass zu.

Touren rund um den Pass

Passo di Valparola – keine zwei Kilometer vom Falzàrego entfernt, dennoch mit völlig anderer Landschaft und ruhiger, abgelegener. An der Strecke liegt das selten überlaufene Rifugio Passo Valparola. Ein paar Hundert Meter vorher auf der linken Seite an der Ruine Forte Tre Sassi ist das Museo della Guerra entstanden. Von der Passhöhe hat man eine schöne Aussicht auf die Falzàregorampe.

Die Sellarunde um den Sellastock ist eine der beliebtesten Übungen: Zu ihr gehören die Pässe Pordoijoch, Sellajoch, Grödner Joch, Passo Campolongo. Der Ort Arabba liegt genau an der Runde und bietet mit diversen Motorradpartnerhotels einen guten Ausgangspunkt auch für weitere Touren. Die Sellarunde lässt sich auch noch um den Passo Giau, Passo di Fedaia (Marmolata) oder den Passo Tre Croci bei Cortina d'Ampezzo variieren oder verlängern.

Information

Alle Hard Facts zum Pass

Basisorte: Andraz und Cortina d'Ampezzo

Anzahl der Kehren: 27

Streckenlänge: 47 km

Schwierigkeitsgrad: mittelschwer

Straßenzustand: durchweg gut

Mautpflicht: keine

Offizielle Wintersperre: i. d. R. ganzjährig geöffnet

Schönste Reisezeit: Mai bis Ende Oktober

Einkehr- und Übernachtungstipps rund um den Passo di Falzàrego

Hüttenwirt Raniero Campigotto organisiert geführte Wanderungen: Rifugio Col Gallina, Tel. 0039/0436-29 39, rifugio.colgallina@dolomiti.org

Auch für den Abstecher zum Falzàrego geeignet: Rif Pordenone, www.rifugiopordenone.it

Eine der höchstgelegensten Berghütten der Dolomiten: Lagazuoi-Hütte, nur per Seilbahn oder zu Fuß (2 Std.), www.rifugiolagazuoi.com

Weiterführende Internetadressen

www.museodellaguerra.it Museo della Guerra am Valparolapass

www.dolomiti.org/ger Cortina Tourismus Portal

Souvenirs, Souvenirs? Wer es ruhiger mag, fährt zu den Hütten unterhalb der Passhöhe.

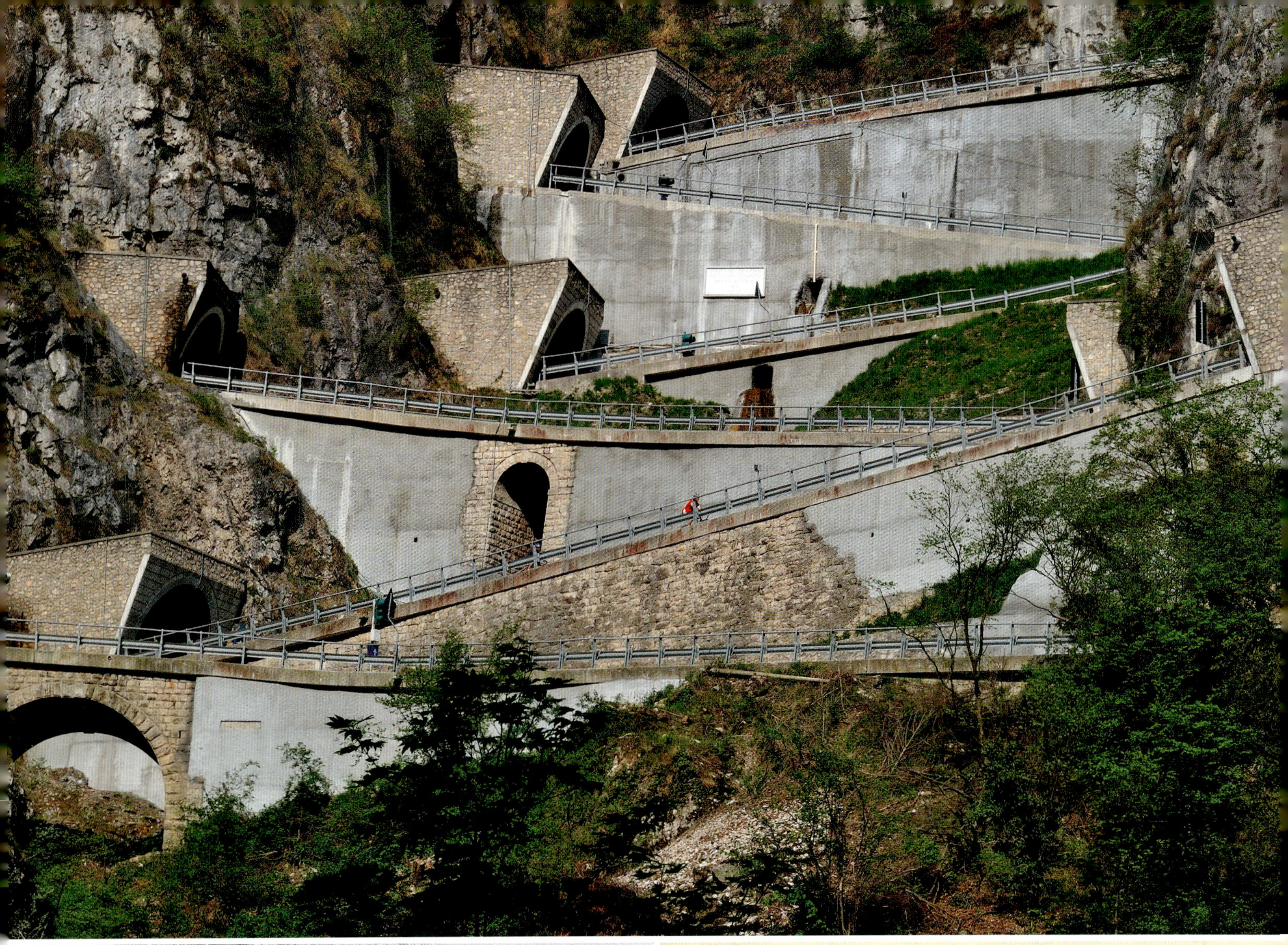

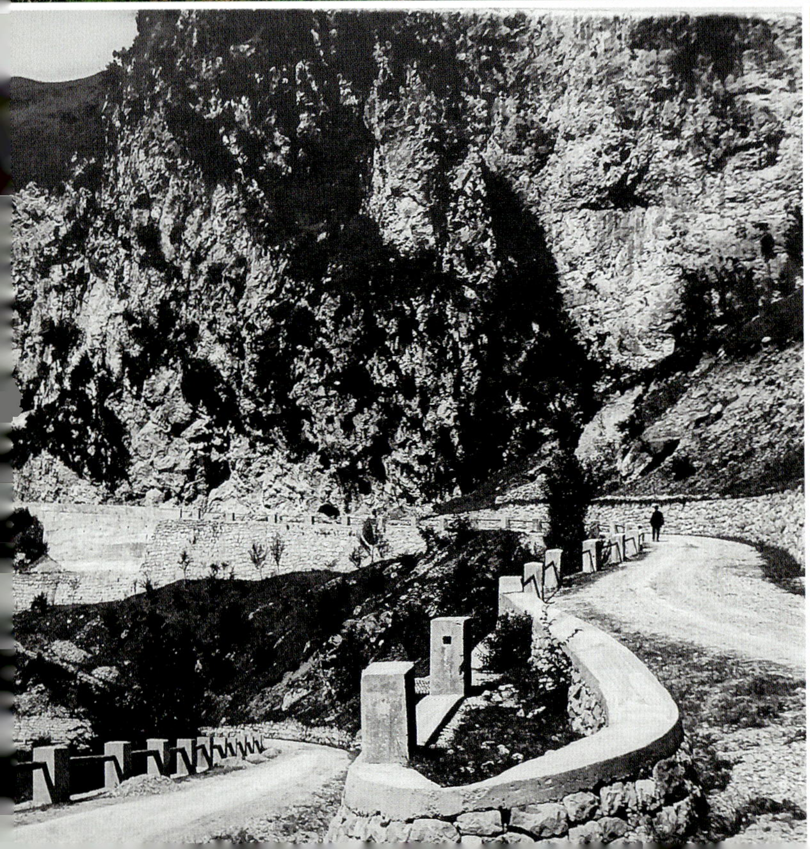

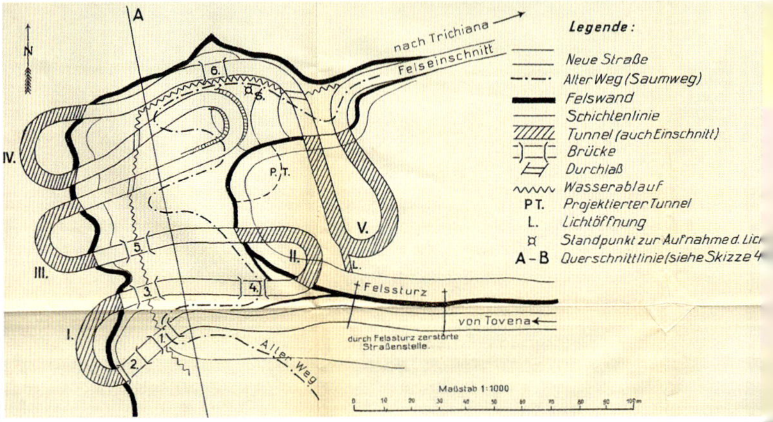

A
N
nach Trichiana
Felseinschnitt
Legende:
Neue Straße
Alter Weg (Saumweg)
Felswand
Schichtenlinie
Tunnel (auch Einschnitt)
Brücke
Durchlaß
Wasserablauf
PT. Projektierter Tunnel
L. Lichtöffnung
Standpunkt zur Aufnahme d. Lic
A–B Querschnittlinie (siehe Skizze 4
IV.
III.
I.
II.
V.
P.T.
L.
S.
1.
2.
3.
4.
5.
6.
Felssturz
von Tovena
durch Felssturz zerstörte Straßenstelle.
Alter Weg
Maßstab 1:1000
0 10 20 30 40 50 60 70 80 90 100 m

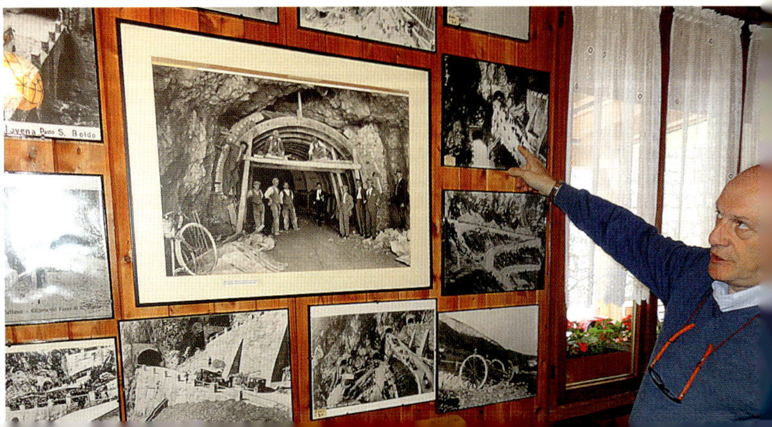

26 Passo San Boldo

In den Jahren 1917/18 wurde an der Piave-Front die »Straße der 100 Tage« in Rekordzeit erbaut. Mit ihren fünf Kehrentunnels stellt sie eine einzigartige Kuriosität in den Alpen dar. Obwohl die Scheitelhöhe des Passes (706 m) nicht besonders hoch ist, lohnt die Fahrt über den Pass ungemein. In 30 Kilometern Entfernung liegt der Monte Grappa mit seinen alpin gewundenen Straßen und weiten Ausblicken.

Die Geschichte der Passstraße

Die asphaltierte Passstraße wurde 1918, gegen Ende des Ersten Weltkrieges, von Pionieren der österreichisch-ungarischen Truppe erbaut, da an der steilsten Stelle des Val Mareno der Straße fast 100 Höhenmeter fehlten. So erzählt es der Wirt des Ristorante »Laris« direkt an der Passhöhe.

Knut Mairs Hochalpenstraßenführer schreibt dazu 1958: »Dass es sich um eine österreichische Kriegsstraße handelt, kann man hier, wie an zahlreichen anderen Stellen, leicht daran erkennen, dass die Gedenktafeln aus dem Fels gehauen wurden; man sieht nur mehr Reste der entfernten Tafeln.«

Eine Recherche nach Geschichte und Bildern zur fast 100 Jahre alten Passstraße führt fast zwangsläufig auf die Website von Herbert Thiess, die sehr fundiert besonders den militärischen Aspekt der Entstehung beleuchtet:

Dort liest man vom Sant-Ubaldo-Pass, der im Italienischen Passo San Boldo heißt

und der quasi die letzte Barriere Norditaliens vor der venezianischen Tiefebene überwindet. Die Route über diesen Pass entstand im Ersten Weltkrieg als rein strategische Militärstraße, als die österreichisch-ungarische Armee 1917 im Kampf gegen die italienischen Angreifer bis zum Fluss Piave vorrückte. Die logistische Versorgung der neuen Piave-Front mit Truppen, Material und schwerer Artillerie erwies sich damals als schwierig. Das Kommando der 6. österreichisch-ungarischen Armee soll daher beschlossen haben, den bestehenden Saumpfad über den Sant-Ubaldo-Pass zu einer militärisch nutzbaren Straße auszubauen. Der enge Talkessel nördlich von Tovena mit seinen beinahe senkrechten, etwa hundert Meter hohen Felswänden stellte das Projekt vor eine große Herausforderung. Insgesamt arbeiten bis zu 1400 Frauen und Männer im Schichtbetrieb an der »Straße der 100 Tage«. An anderer Stelle wird angemerkt, dass sich die Zivilbevölkerung intensiv um Arbeitsplätze beim Bau bewarb. Lohn und Verpflegung waren damit in den Kriegsjahren gesichert – und auf eine befahrbare Straße wartete man schon seit Langem.

Die Bautruppe bewältigte im Frühjahr 1918 die Aufgabe in kurzer Zeit, trotz der enormen Herausforderungen des unwegsamen Geländes, was dem Projekt den Namen »Straße der 100 Tage« einbrachte. Kom-

mandant war der Oberst der Sappeure, Nikolaus Waldmann, an den auf halber Passhöhe eine große steinerne Tafel erinnert. Bei einer Renovierung wurde sein Name leider falsch als »Waldemann« in den Stein gehauen, ist bei Herbert Thiess zu lesen (dem auch einige Fotos in dieser Beschreibung zu verdanken sind). Beim Bau wurden neben Soldaten auch Kriegsgefangene und Alte und Frauen aus der örtlichen Bevölkerung

Fünf Kehrentunnel übereinander sind in den Alpen einzigartig (o.) | Die »Straße der 100 Tage« wurde von Österreichischen Pionieren gebaut (u.li.). | Anlageplan der Straße (Mi.re.) | Bar Laris Hüttenwirt erklärt seine Sammlung historischer Fotos. | Rechte Seite: Im Val Mareno wurden mit dieser Kriegsstraße 100 Höhenmeter überwunden.

rekrutiert. Die kühne Trassenführung und die meisterhafte Anlage der Straße verdienen auch heute noch höchsten Respekt.

Die Bauarbeiten werden sehr genau beschrieben: Da ist die Rede von Bohrminen, von Unfällen durch Acetylenfackeln und einem späteren, umlaufenden Stromleitungssystem, dessen Glühlampen die gesamte Schlucht während der Bauarbeiten ausleuchteten.

Für den Transport von schwerer Artillerie und Nachschublieferungen durfte die Straße nicht zu steil werden. Sie wurde nach Fertigstellung rege genutzt und später sogar für den Busverkehr freigegeben, wie auf einzelnen historischen Bildern zu sehen ist.

Die Passstraße heute

Prosecco bis Grappa

Die Passstraße wurde immer wieder behutsam modernisiert. An der Piave-Wasserscheide gelegen, sind die beiden Rampen sehr unterschiedlich. Während sich die nördliche

---

Oben: Paraglider-Aussicht am Monte Grappa – auch für Biker
Unten: Anlage und Veränderung der Tunnelstrecke im Laufe der Jahre |

durch das Val Belluna schlängelt und durch Wald und Wiesen führt, ändert sich das Bild auf der Passhöhe radikal. Hinter der Bar »Laris« beginnt der Abstieg durch das Val Mareno hinunter nach Tovena. Nach einem kurzen Hohlweg mündet die Straße abrupt an einem Tunneleingang mit Ampel. In kurzen Grünphasen geht es nun durch die fünf Haarnadelkurventunnel und über sechs Brücken eine fast senkrechte Wand nach unten. Anhalten zum Fotografieren sollte man sich verkneifen, denn die Ampelschaltung ist so kurz, dass es dann schnell zu Gegenverkehr in den engen Tunneln kommen kann.

Mit bis zu zwölf Prozent Steigung ist die Straße selbst hier im senkrechten Gelände meisterlich angelegt. Auf der Tunnelstrecke gibt es eine Geschwindigkeitsbegrenzung auf 30 km/h, schneller kommt man da sowieso nicht hinunter. Busse hatten sich früher oft in den engen und stark gebogenen Tunneln verkeilt, weswegen heute eine Höhenbegrenzung auf 3,20 Meter gilt. Die Via San Boldo führt dann gemächlich auslaufend nach Tovena hinein. Wer dann Richtung Westen auf die SP 4/SP 36 abbiegt, gelangt mitten in das Proseccogebiet. Ohne dem Alkohol zu frönen, bietet sich vom Fuß des Passes eine absolut empfehlenswerte Motorradstrecke mit-

ten durch das Zentrum des Proseccoanbaus, von Follina bis nach Valdobbiadene. Eiszeitlich geformt und durch und durch mit Proseccotrauben bestanden, könnte man hier verweilen oder die erste Weinprobe vornehmen. Als abendliches Ziel bietet sich das schöne Sträßchen jenseits der Piave an, das von Pederobba aufsteigt, um den Monte Tomba, den Monte Palon und schließlich den Monte Grappa zu erklimmen. Übernachtungsmöglichkeiten gibt es dann wieder reichlich in der Ebene – eine tolle Tour!

In der Vergangenheit fanden eine Menge Motorradevents am Monte Grappa statt, und noch heute ist die Gipfelregion manchmal Austragungsort verschiedener Treffen oder Offroad-Veranstaltungen. Genaueres erfährt man aktuell auf den Seiten vom Moto Ristorante Pompone (www.motoristorante.it), das übrigens auch rustikales Essen anbietet.

Monte Grappa

Wegen seiner strategisch-militärischen Bedeutung wurden am Monte Grappa die Straßen schon vor 100 Jahren gut ausgebaut. Es

Und oben ein Grappa: Nebenstrecke auf den Namensvetter Monte Grappa

gibt mindestens vier kurvenreiche Straßen mit mehreren Dutzend Serpentinen, die nach aussichtsreicher Fahrt durch die grünen Hügel der Malghe am Gipfel beim Rifugio Bassano und einem gigantischen Ossarium münden. Dort liegen den Aufzeichnungen nach die Gebeine von über 22 000 Soldaten aus Österreich und Italien, die in den drei Piaveschlachten des Ersten Weltkriegs zu Tode kamen. Nicht weit vom Rifugio gibt es ein Museum der Gebirgsjäger.

Enduristen finden auch noch einige Offroadpisten vor, doch viele von ihnen wurden in den letzten Jahren explizit für Motorräder und Quads gesperrt. In der Caserna Milano, nicht weit vom Rifugio Bassano, liegt ein historisches Museum, das den Gebirgskrieg von 1915–18 dokumentiert. Übrigens ist der Monte Grappa nicht der Berg, wo aller Grappa herkommt. Grappa bedeutet lediglich, dass es sich um einen italienischen Tresterbrand handelt. Trotzdem handelt es sich bei Bassano del Grappa um eine Grappa-Hochburg.

Touren rund um den Pass

Unbedingt sollte man, an den Villen des Palladio vorbei, zum Monte Grappa (1745 m) fahren. Auf seinen vier Passrampen erwarten Sie teils über 30 Serpentinen, Paragliding-Abflugplätze und die lokal bekannte Almenlandschaft der Malghe del Grappa. Kleine, stark befestigte Sträßchen weisen auf den militärischen Ursprung hin. Auf dem Gipfel des Monte Grappa steht eine monumentale Gedenkstätte, die den Gefallenen des Ersten Weltkrieges geweiht ist.

Sehr schön – aber teilweise sehr eng – und aussichtsreich ist die Strecke hinüber zum Monte Palon und Monte Tomba nach Pederobba, die in einer Höhe von mindestens 100 Metern entlang der Grenzlinie führt. Auf der Nordseite kann man über Valmorel aussichtsreich durch das verträumte und touristisch wenig erschlossene Nevegal fahren. Dabei ziehen besonders die oft schneebedeckten Gipfel der Belluneser Alpen die Blicke auf sich.

Tunnelperspektive: Unterhalb des geschichtsträchtigen Stausees von Longarone

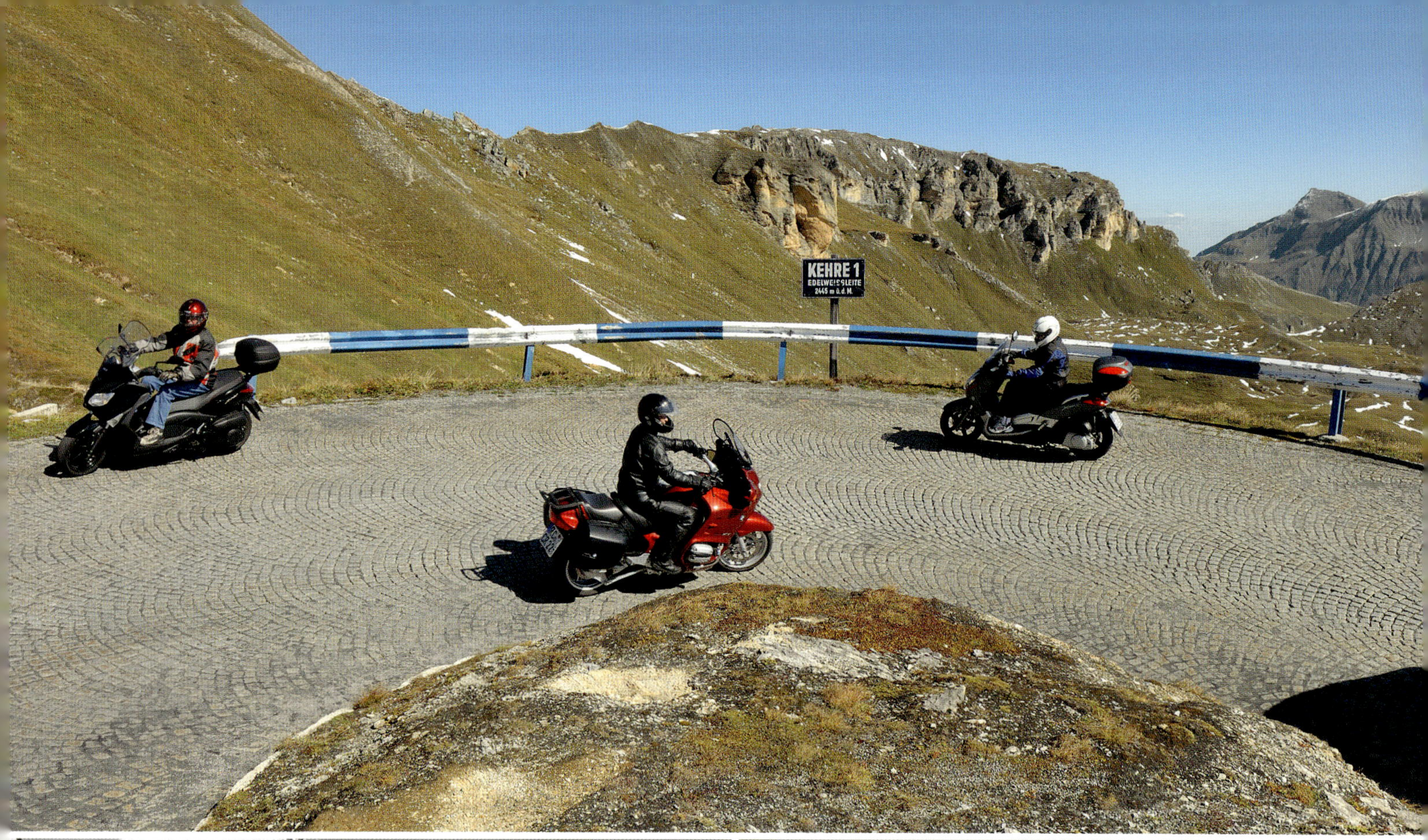
KEHRE 1
2445 m ü.d.M.

Aufstellungsplatz
Motorräder!

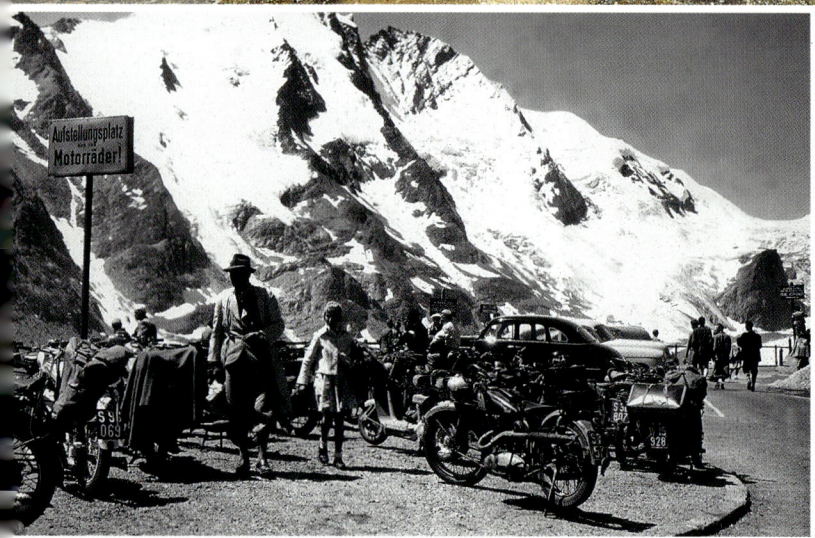

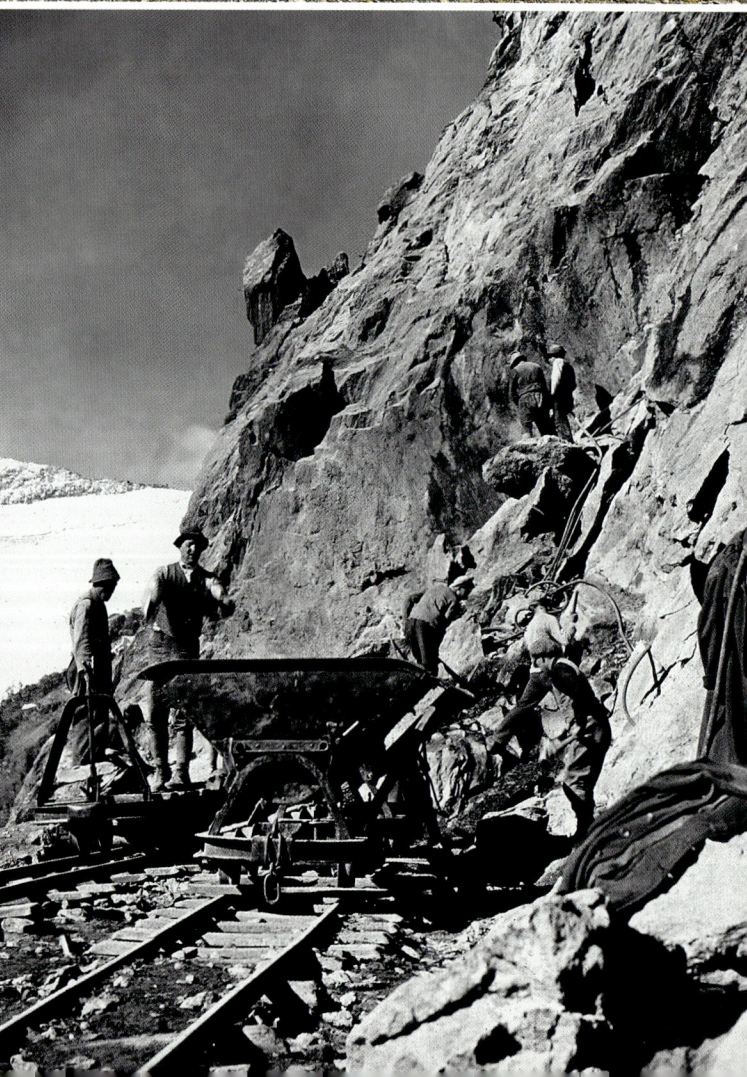

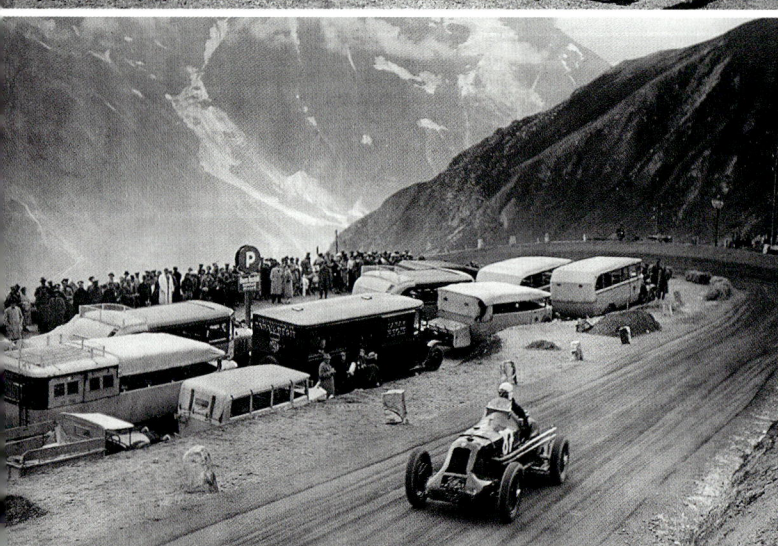

27 Großglockner Hochalpenstraße

Sie ist die berühmteste und vielleicht auch schönste Panoramastraße der Alpen, die höchstgelegene befestigte Passstraße Österreichs – und sie ist ein explizites Motorradrevier, wie es wohl einzigartig im gesamten Alpenraum ist: die Großglockner Hochalpenstraße. Wir Motorradfahrer sind eine der wichtigsten Besuchergruppen der Panoramastraße und genießen hier ganz besondere Vorteile. Und das nicht nur in Sachen Mautgebühren. Aber beginnen wir mit der spannenden Geschichte der Passstraße.

Im Überblick

Name: Großglockner Hochalpenstraße
Land: Österreich
Region: Osttirol, Salzburg und Kärnten
Höchster Punkt: 2572 m
Jahr der Fertigstellung: 1935

Die Geschichte der Passstraße

Bereits 1000 Jahre vor unserer Zeitrechnung sind Menschen über das Hochtor am Großglockner gezogen und haben dabei unter lebensgefährlichen Umständen den Alpenhauptkamm überquert. Zahlreiche Münz- und Bronzestatuettenfunde aus der Bauzeit der Großglockner Hochalpenstraße beweisen, dass die einstige Passhöhe auf 2600 Metern sogar ein heiliger Ort gewesen sein muss, an dem den Göttern geopfert wurde. Die Römer befestigten den Säumerweg dann zu einer Heerstraße, um die Alpen auch mit Lasten überqueren zu können. Bis in das 17. Jahrhundert war die einstige Römerstraße über das Hochtor nach dem westlich liegenden Brenner und den östlich angrenzenden Radstädter Tauernpass der drittwichtigste Übergang für den Handel zwischen Alpennord- und -südseite.

Wo Kaiser gerne jagen gingen

Für die Habsburger Adelsfamilien war das gesamte Gebiet um den Großglockner, immer-

hin Österreichs höchster Berg mit imposanten 3798 Metern Höhe, ein beliebtes kaiserliches Jagdrevier, weshalb sowohl umliegend einige Unterkunftshütten gebaut, als auch um 1875 das berühmte und für ein Alpenvereinsheim enorm großzügige Glocknerhaus errichtet wurde. Direkt am Fuße der mächtigen Pasterze gelegen, dem mit heute noch acht Kilometern längsten Gletscher der Ostalpen. Die Finanzierung des Glocknerhauses wurde übrigens über eine Lotterie gesichert, da dem österreichischen Alpenverein zu der Zeit sowohl die Eigenmittel als auch genügend Großinvestoren fehlten. 1908 ließ der OeAV dann eine Fahrstraße zum Glocknerhaus bauen, die später in die Großglockner Hochalpenstraße integriert wurde.

1924 begann die Projektierung der Panoramastraße, sie sollte eine Länge von gut 48 Kilometern haben und mit Ausweichstellen auf Sichtweite, einer Höchststeigung von zwölf Prozent sowie zunächst einmal nur mit einer einfachen Schotterdecke ausgestattet sein. Weitgehend privat finanziert, sollte sie sich von Anfang an über die Erhebung einer Mautgebühr amortisieren. 1929 beschloss der Salzburger Landtag den Bau der Glocknerstraße, nicht zuletzt, um den Verkehrsanschluss zwischen Kärnten und Tirol wieder zu verbessern. Denn seit dem 1919 geschlossenen Friedensvertrag von St. Germain gehörte die ursprüngliche Strecke

über Südtirol und den Brenner nicht mehr zu Österreich, sondern zu Italien.

Dies, wie auch die Tatsache, dass der federführende Salzburger Landeshauptmann Rehrl ein leidenschaftlicher Autofahrer war, verliehen dem Projekt Glocknerstraße ganz besondere Bedeutung. Bereits am 30. August 1930 donnerte die erste Sprengung durch die bis dahin stille Welt der Hohen Tauern, die Bauarbeiten begannen. Bereits

Pralle Geschichte: Nur am Aufstieg zur Edelweißspitze (o.) gibt es noch historischen Belag, der Rest der Straße ist inzwischen speziell für Biker hochmodern ausgebaut. | Biker-Rast um 1937 (u. Mi.) | MG-Rennwagen beim Großglocknerrennen 1935 (u.li.) und der Bau der Piste um 1930 (u.re.).

zweieinhalb Jahre später konnte die Nordrampe mit Abzweig zur Pasterze feierlich eröffnet werden, wenngleich für die Weiterführung der Bauarbeiten beinahe das Geld auszugehen drohte. Weitere drei Jahre Bauzeit zogen ins Land, bis die gesamte Hochalpenstraße am 3. August 1935 feierlich eröffnet werden konnte. 48 Kilometer lang mit 36 Spitzkehren sowie einem Höhenanstieg auf bis zu 2572 Meter wurde sie rasch zum Traum der motorisierten Welt.

Immenses Bauprojekt
3200 Bauarbeiter bewegten 870 000 Kubikmeter Erde und Fels, schufen 116 000 Kubikmeter Mauerwerk, bauten 67 Brücken und ein Notfalltelefonsystem mit 24 Sprechstellen. Die Gesamtbaukosten betrugen umgerechnet gut 57 Millionen Euro. Noch im gleichen Jahr begann der touristische Sturm auf die Panoramastraße, mit 12 900 Autos fuhr in den verbleibenden wenigen Wochen bis zum Winter mehr als die Hälfte des gesamten Autobestandes Österreichs über das Hochtor nach Heiligenblut.

Auch der Radsport entdeckte bald schon die Hochalpenstraße als Tages- oder Etappenziel. Die Rundfahrt Giro d'Italia hatte schon 1971 eine Bergankunft direkt an die Kaiser-Franz-Josefs-Höhe zu Füßen von Großglockner und Pasterze gelegt. 2011 kam der Tross erneut hierher, diesmal endete eine Tagesetappe direkt am legendären Glocknerhaus. Auch bei der Österreichrundfahrt, einem legendären, seit 1947 ausgetragenen Radrennen, ist der Gewinner der Groß-

Wie die Zeit vergeht: Seit der feierlichen Eröffnung der Großglockner Hochalpenstraße 1935 ist viel geschehen, nur an der Edelweißspitze blieb die Zeit stehen.

glocknerbergetappe der ungekrönte Glocknerkönig.

Doch von ihrem originalen Ausbauzustand ist auf der heutigen Panoramastraße nur noch am Abzweig zur 2572 Meter hohen Edelweißspitze etwas zu entdecken. Das Kopfsteinpflaster der engen Kehren stammt noch aus dem Erbauungsjahr 1935. Der Rest der Straße wurde sukzessive modernisiert und vor allem auch den speziellen Bedürfnissen der Motorradfahrer angepasst, die das Dach der Alpen bequem im Sattel erkunden wollen.

Die Passstraße heute

Wenn es beim Col de l'Iseran heißt, ihn solle jeder Biker einmal in seinem Leben erobert haben, so kann man bei der Großglockner Hochalpenstraße zu Recht sagen: Sie gehört im Grunde in die Tourenplanung jedes Bikerjahres, jeder Saison. Sei es im Juni, wenn der erste Durchstich durch die meterhohen Schneemassen geschafft ist – und regelmäßig von den Betreibern der Panoramastraße zelebriert wird. Oder sei es im Sommer, wenn wir sie in unsere Urlaubsplanung zusammen mit dem Bikerparadies

Biker ausdrücklich willkommen: Mit eigenen Parkplätzen, Helm-Safes und eigenen Kombitickets werden wir perfekt versorgt.

Kärnten, Salzburg oder auch Osttirol packen. Oder ganz besonders auch im Herbst als Saisonabschlussgenuss der ganz besonderen, erinnerungswürdigen Art.

Die fahrerisch anspruchsvollere und abwechslungsreichere Fahrtrichtung auf der Großglockner Hochalpenstraße ist von Süd nach Nord. Ausgehend vom Osttiroler Städtchen Lienz – übrigens Österreichs Stadt mit der höchsten Lebenserwartung! – geht es als kleines Warm-up zunächst hinauf zum Iselsbergpass. Dessen unscheinbare Passhöhe auf 1210 Metern ist vor lauter Kurvenhatz über die gut ausgebaute Piste der Bundesstraße 107 leicht zu übersehen, spätestens wenn Sie im hübschen Bergdorf Winklern auspendeln, sind Sie vorbeige-

rauscht. Macht aber nichts, denn nun liegt der Einstieg zur Großglockner Hochalpenstraße fast schon zum Greifen nahe. Über Mörtschach und Großkirchheim erreichen wir das straßenfüllende Terminal – fragen Sie jetzt bitte nach Kombitickets, falls Sie die weiteren Highlights der Tauern in den kommenden Tagen erfahren wollen. Denn je nach Ihrer weiteren Tourenplanung lassen sich herrliche Passstrecken, wie Felbertauern und auch Gerlospass günstig mit dem Großglockner kombinieren. Die sehr bikerfreundlichen Mitarbeiter des Mautterminals beraten Sie gerne.

Dann liegt das berühmte Bergsteigerdorf Heiligenblut vor uns. Heute ein touristisch geprägter Ort mit sehr langer und spannender

Geschichte. Hier liegen all diejenigen begraben, die den Großglockner als Bergsteiger bezwingen wollten und dabei gescheitert sind. Es waren ziemlich viele im Laufe der Jahrhunderte. Auch Kaiser Franz Joseph wanderte 1856 in den Hohen Tauern, sein Lieblingsplatz wird seither »Kaiser-Franz-Josefs-Höhe« genannt, ein Abzweig wenige Kurven und Kehren linker Hand bergan,

Motorradfahrer in erster Reihe:
Auch beim Blick auf Großglockner und
Pasterze parken wir stets ganz vorne.

den Sie sich unbedingt gönnen sollten. Denn er führt uns direkt vor Österreichs höchsten Berg, den Großglockner (3798 m) und gestattet erinnerungswürdige Ausblicke sowohl auf dessen lebensfeindlichen Gipfel wie auch auf den längsten Gletscher der Ostalpen, die Pasterze. Der mit heute gut acht Kilometern Länge immer noch größte Gletscher Österreichs bietet allerdings im Hochsommer einen eher traurigen Anblick, dann schmelzen die Eiswände dramatisch zusammen. Kohorten beinahe handzahmer Murmeltiere tummeln sich rund um den Gletscherfuß

und in unmittelbarer Nähe des Besucherzentrums, in dem die Geschichte der Hohen Tauern und des Großglockners wieder lebendig wird.

15 Kehren später erreichen wir den Abzweig rechter Hand hinauf zur Edelweißspitze, dem höchsten befahrbaren Punkt der Hochalpenstraße. Auf historischem Kopfsteinpflaster geht es bis zum Gipfelplateau auf 2572 Meter – natürlich mit »Bikers Point«, Motorradparkplätzen sowie atemberaubendem Rundumblick auf die Hohen Tauern.

Information

Alle Hard Facts zum Pass

Basisorte: Lienz und Zell am See

Anzahl der Kehren: 54

Streckenlänge: 115

Schwierigkeitsgrad: leicht

Straßenzustand: sehr gut

Mautpflicht: ja

Offizielle Wintersperre: November bis Mai

Schönste Reisezeit: Mitte Mai bis Mitte Oktober

Einkehr- und Übernachtungstipps rund um den Großglockner

Übernachtungstipp in Lienz: Best Western Hotel Sonne, Südtiroler Platz 8, Tel. 0043/(0)4852-633 11, www.hotelsonnelienz.at

Boxenstopp in Heiligenblut: Café-Restaurant Alm Casino, Hadergasse 11

Einkehrtipp in Zell am See: Gasthof Grüner Baum, Seegasse 1, www.gruener-baum.at

Weiterführende Internetadressen

www.osttirol.com
Die Tourismus-Website Osttirols

www.grossglockner.at
Alle Infos zur Großglockner Hochalpenstraße

www.hohetauern.at
Die Infoseite zum Nationalpark Hohe Tauern

www.stadt-lienz.at
Die Website der Stadt Lienz

17 Kehren mit grandiosen Ausblicken liegen dann auf dem restlichen Weg hinab ins Salzachtal vor uns, ein Genuss, der nicht nur dank perfekt ausgebauter Straße für jeden Motorradfahrer ungetrübt ist. Und dank einzigartig hochalpiner Landschaften in Erinnerung bleiben wird. In Zell am See, einem bereits im Mittelalter wichtigen Handelsstädtchen mit sehenswerter historischer Altstadt, können wir den Tourentag auf der Großglockner Hochalpenstraße Revue passieren lassen.

Traumhafte Kombination: Ganz Osttirol oder auch das herrliche Kärnten liegen uns zu Füßen.

Touren rund um den Pass
Länge: 250 km
Zeitaufwand: 5 Std.
Schwierigkeit: leicht
Diese Rundtour füllt einen ganzen Tag nahtlos aus und stellt die ideale Kombination mit der Großglockner Hochalpenstraße dar. Starten Sie die Runde wie oben beschrieben über die Hochalpenstraße und wenden sich dann aber im Salzachtal gen Westen nach Mittersill. Dort bitte den Blinker links setzen und über die Felbertauernstraße (mautpflichtig, Kombitickets!) nach Süden huschen bis zum Ort Huben. Dort folgen Sie dem Wegweiser links hinauf nach Kals am Großglockner sowie der ebenfalls (separat) mautpflichtigen Kalser Glocknerstraße ganz hinauf zum Südfuß des Großglockners. Am bewirtschafteten Lucknerhaus sind wir dann Österreichs höchstem Berg so nah, wie es on the road nicht mehr näher geht. Zurück im Iseltal geht es dann ganz gemütlich retour zum Ausgangspunkt Lienz. Es soll sogar Biker geben, die diese Runde zweimal am Tag schaffen. Die Mauttagestickets erlauben dies ausdrücklich …

Obligatorisches Beweisfoto: Dieses Bild hat jeder Biker irgendwann im Bestand.

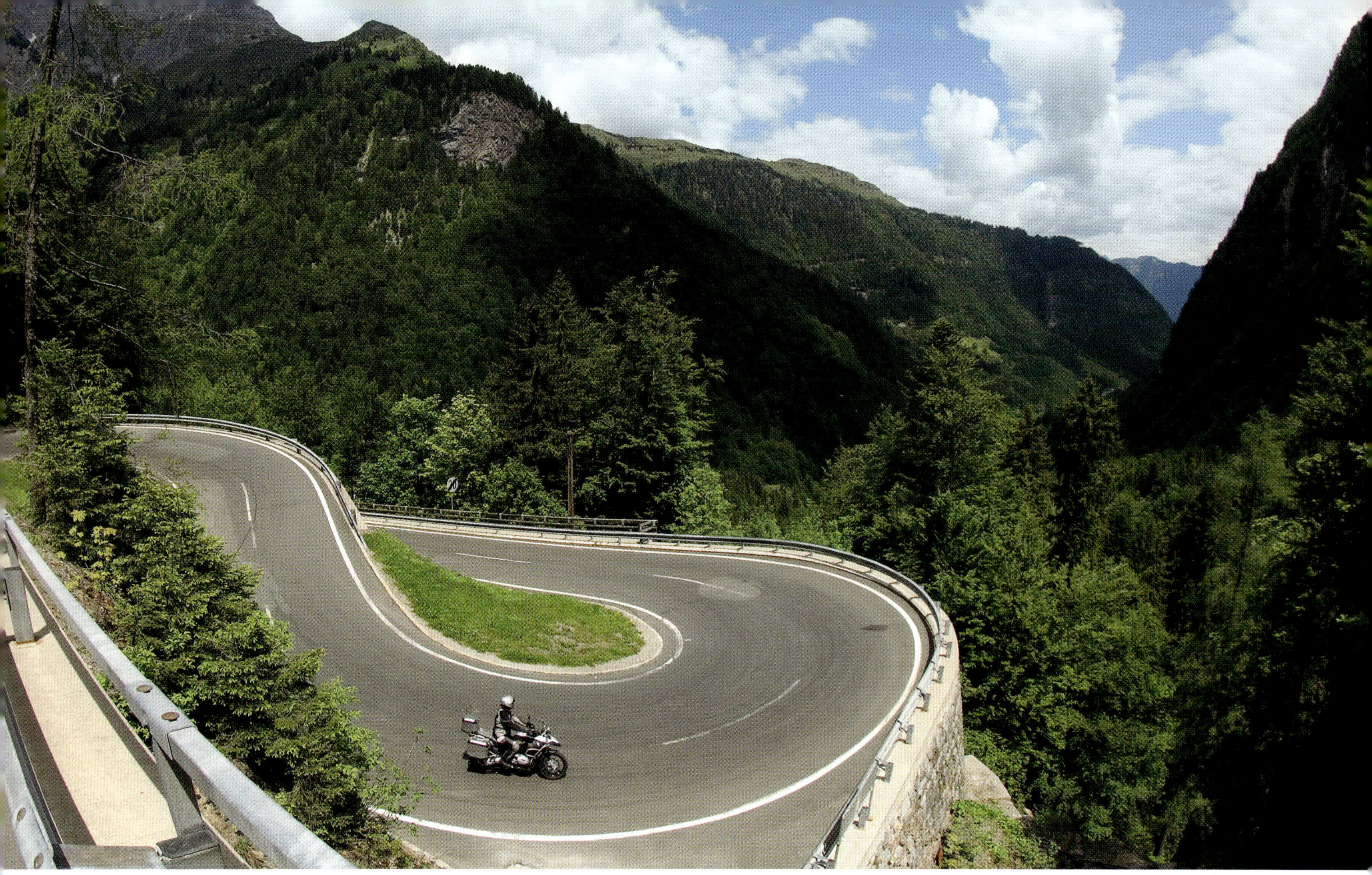
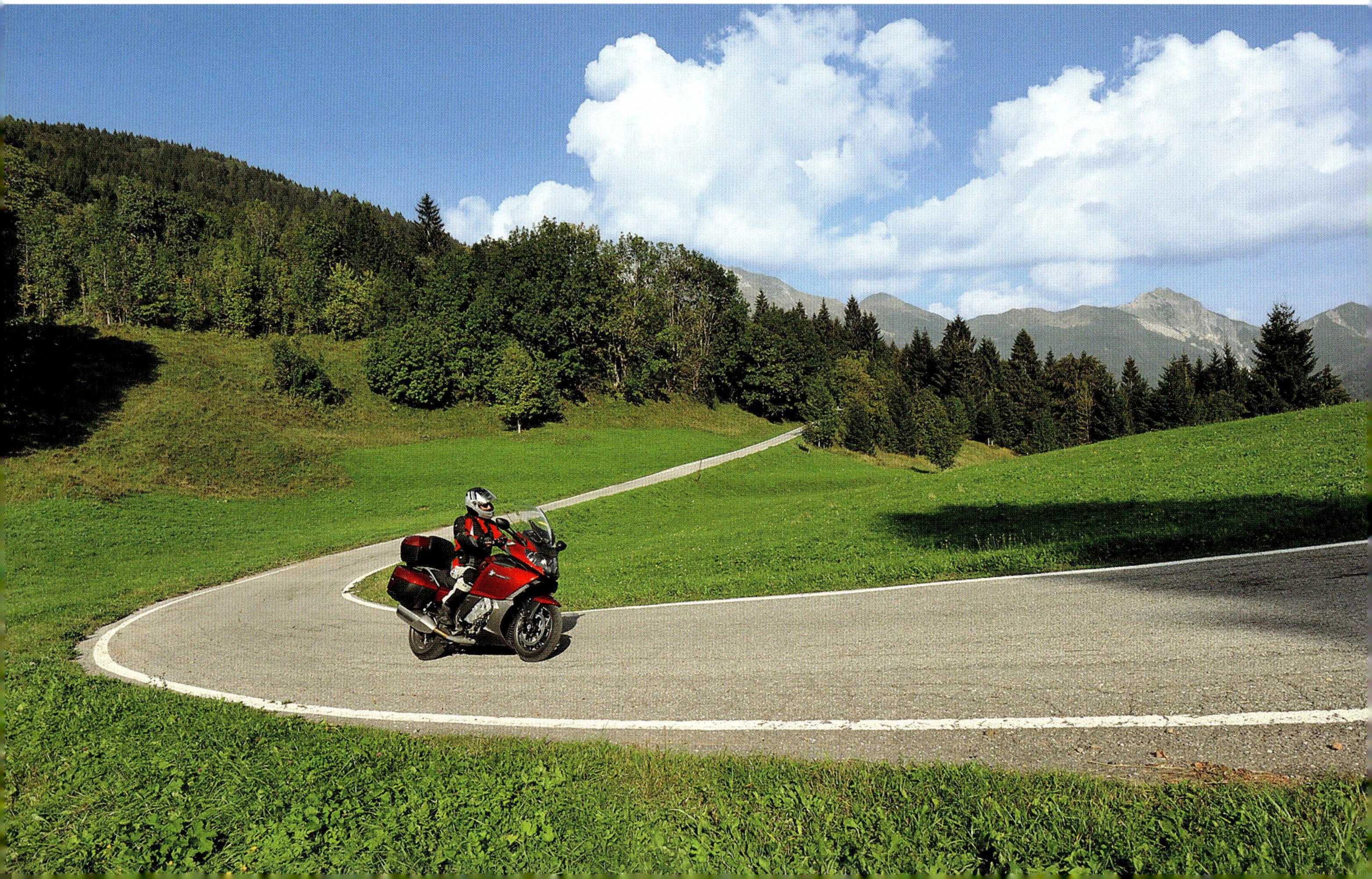

28 Plöckenpass

Der »Plöcken« verlangt damals wie heute Erfahrung – im Mittelalter bei der Überquerung zu Fuß und heute bei der Eroberung im Mopedsattel. Seine Südrampe auf italienischer Seite enthält zwölf Spitzkehren. Die sind – bitte nicht verübeln – keinesfalls anfängergeeignet. Der Rest des Passes ist heute Genuss pur in Kombination mit einer äußerst spannenden Geschichte.

Im Überblick

Name: Plöckenpass
Land: Österreich, Italien
Region: Osttirol, Südtirol
Höchster Punkt: 1357 m
Jahr der Fertigstellung: 1938

Die Geschichte der Passstraße

Seit der Eisenzeit – also 1000 Jahre vor unserer Zeitrechnung – wird der Pass von Menschen genutzt, wie diverse Funde beweisen. Die Kelten nahmen den recht niedrigen Plöckenpass sogar vergleichsweise rege für ihre zahlreichen Alpenüberschreitungen, die Römer bauten den Saumweg dann in bewährter, sprich massiver Art und Weise aus und integrierten ihn in die Via Julia Augusta, die damit von der Küste Liguriens bis nach Gallien, also in die heutige Provence reichte. Noch im 6. Jahrhundert wird die Passstraße als »gut begehbar« urkundlich erwähnt, ein Beweis für die Kunst der römischen Straßenbauer.

Kreuzberg oder Monte Crucis nennt man den Pass im Mittelalter vor allem auch aufgrund der Beschwerlichkeit seines Südanstiegs, ein Name, der ihn im Italienischen bis heute begleitet. Monte Croce Carnico sagen die Italiener. Im Mittelalter freuten sich Wanderer und Fuhrleute, die mit meistens schwer beladenen Karren über den Plöckenpass zogen, vor allem auch beim An-

blick des für sie so manches Mal überlebenswichtigen Hospizes, in dem sie nicht nur Unterschlupf und Schutz vor Wetterumschwüngen fanden, sondern auch Austauschpferde für ihre erschöpften Tiere.

Bereits 1809 zogen französische Truppen in den Napoleonischen Kriegen über den Pass, 1866 besetzten Soldaten des italienischen Freischärlers Giuseppe Garibaldi, der selbst einige Zeit im Plöckenhaus wohnte, den strategisch wichtigen Übergang. Im Ersten Weltkrieg wurde der gesamte Karnische Kamm rund um die Grenze zwischen Österreich und dem Königreich Italien zum Kampfgebiet. Der Plöckenpass als damals einziger einigermaßen befahrbarer Übergang besaß eine entscheidende Schlüsselposition. Im Mai 1915 wurde der Karnische Kamm zur Kriegsfront erklärt und der Raum um den Plöckenpass zum Schwerpunkt der Kämpfe zwischen Österreich und Italien. Im Herbst 1917 konnte Österreich die italienische Armee von der Karnischen Front zurück gen Süden drängen.

Von Kriegen arg gebeutelt

Strategisch wichtige Kriegsgebiete wie der Karnische Kamm mitsamt Plöckenpass waren nach Ende des Ersten Weltkriegs weitgehend verwüstet – so auch der Pass mitsamt seiner Straße. Daran konnte selbst das so solide, auf die Römer zurückgehende Fun-

Genuss mit jeder Art von Motorrad: Der Plöckenpass und sein Umland haben dem erkundungsfreudigen Biker viel zu bieten. Und das auf ganz besonders kurvenreiche Art ...

dament nichts ändern. 1926 begann man damit, die Passrampen auf beiden Seiten der Grenze wieder auf- und auszubauen, 1938 erst war die italienische Seite wieder hergerichtet, wenige Monate später auch der österreichische Abschnitt.

Seit 1980 liegen vor allem in Osttiroler Behördenschubladen Pläne, die im Norden verlaufende Felbertauernstraße – siehe auch Pass Nr. 27, Großglockner Hochalpenstraße – bis zum Plöckenpass zu verlängern und diesen sodann mit einem Basistunnel zu unterqueren. Jedoch regt sich seit diesen Tagen erheblicher Widerstand nicht nur der An-

Eine schnelle Kurvenhatz erlaubt vor allem die Nordrampe des Plöckenpasses, gen Süden wird es deutlich Kehren- und auch ein wenig Schlaglochreicher.

wohner, auch von Naturschützern, die bislang ebenso wie das Fehlen finanzieller Mittel dazu geführt haben, dass wir den Plöckenpass bis heute oberirdisch und inmitten der herrlichen Landschaften des Karnischen Kammes genießen dürfen. Und das in Kombination mit einer spannenden Portion Geschichte: Seit 1983 arbeiten die »Dolomitenfreunde« am Erhalt und Ausbau des Freilichtmuseums Plöckenpass, einer sehenswerten Anlage auf wahrlich historischem Boden, die aus mehreren nicht weit voneinander entfernt gelegenen Abschnitten besteht. Alle Sektoren des Freilichtmuseums sind frei und kostenlos zugänglich, gelbe Tafeln führen umher und markieren gleichzeitig die wichtigsten Besichtigungspunkte. Einer kostenlosen Reise in längst vergangene Kriegstage als Mahnung an den Frieden steht da-

mit nichts mehr im Wege. Da wir uns aber ohne Aufsicht in alpinem Gelände bewegen, ist Vorsicht und festes Schuhwerk unbedingt empfohlen.

Die Passstraße heute

Heutzutage ist der Plöckenpass neben dem östlich gelegenen Nassfeldpass die einzige befahrbare Straße über die Karnischen Alpen, die Passstraße führt von Kötschach-Mauthen im Kärntner Gailtal ins italienische Paluzza.

Die Straße selbst ist, aus Richtung Kötschach-Mauthen kommend, gut ausgebaut und in ebensolchem Zustand. Die Passhöhe selbst liegt eingebettet zwischen einigen Felsengipfeln und besteht aus einem großen Parkplatz, der Grenzstation zwischen Österreich und Italien und einem ehemaligen Kasernengebäude. Ein Kiosk sowie ein Gasthaus komplettieren die Scheitelhöhe, das Gasthaus ist ein beliebter Treff der einheimischen Biker aus den umliegenden Regionen. Die nutzen den Plöcken auch, um das gen Süden angrenzende Tourengebiet der Dolomiten nach Norden zu erweitern. Höchst sinnvoll vor allem auch im Juli und August, wenn die meisten Dolomitenlegenden von Wohnmobilen und Reisebussen komplett zugeparkt werden.

Erst nach dem Scheitelpunkt und meistens problemlosen Grenzübertritt kommen wir auf italienischer Seite in den Genuss einiger schöner Kehren und damit eines echten Schräglagenvergnügens. Das allerdings dann auf nicht mehr ganz so gutem Straßenbelag, der letztendlich auch die verkehrstechnisch relativ geringe heutige Bedeutung des Plöckenpasses widerspiegelt. Für einen deutlichen Adrenalinschub sorgen zudem einige spärlich oder gar nicht beleuchtete Tunnel mit Längs-

Information

Alle Hard Facts zum Pass

Basisorte: Kötschach-Mauthen und Paluzza

Anzahl der Kehren: 20

Streckenlänge: 30

Schwierigkeitsgrad: leicht (abschnitts-weise mittelschwer)

Straßenzustand: insgesamt mittelmäßig

Mautpflicht: keine

Offizielle Wintersperre: keine

Schönste Reisezeit: Mai bis Oktober

Einkehr- und Übernachtungstipps rund um den Plöckenpass

Übernachtungstipp in Kötschach-Mauthen: Sissy & Stefanie Sonnleitner Landhaus, Restaurant, Genusswerkstatt, Mauthen 24, Tel. 0043/(0)4715 269, www.sissy-sonnleitner.at

Boxenstopp in Santo Stefano di Cadore: Ristorante Café Centrale, Piazza Roma, 5, www.albergocentrale1900.it

Einkehrtipp in Lienz: Gösserbräu im Alten Rathaus, Johannesplatz 10, www.goesserbraeu-lienz.at

Weiterführende Internetadressen

www.dolomitenfreunde.at Zur Kriegsgeschichte rund um den Plöckenpass

www.kaernten.at Tourismusportal des Bundeslandes Kärnten

www.osttirol.com Portal des Osttirol Tourismus

www.koemau.at Website der Stadt Kötschach-Mauthen

rissen und Schlaglöchern natürlich stets auf der Ideallinie. Hupen ist hier zur Sicherheit ausdrücklich erlaubt.

Zwar versuchen sowohl Österreich wie auch Italien, den Plöckenpass ganzjährig offen zu halten, bei hohem Schneeaufkommen kann es aber auch zu tageweiser Sperrung kommen. Aber bei den recht schneesicheren Wintern in den Karnischen Alpen sollten wir zwischen Dezember und Mai auch um den Plöcken einen weiträumigen Bogen machen.

Touren rund um den Pass

Länge: 225 km
Zeitaufwand: 4–5 Std.
Schwierigkeit: leicht
Von Kötschach-Mauthen aus starten wir zunächst gen Süden und erobern den Plöckenpass. In Paluzza wenden wir uns dann Richtung Westen und wedeln über Comeglians hinauf zum unscheinbaren Sappadapass (Cima Sappada, 1300 m) sowie weiter

Kötschach-Mauthen als Ausgangsort für die Erkundung des Plöckenpasses hat auch abseits des Sattels viel zu bieten.

nach Santo Stefano di Cadore. Fahrerisch ist das Gelände recht einfach. Genießen Sie vor allem die atemberaubenden Ausblicke auf die Karnischen Alpen, ein ausgesprochen reizvolles Tourengebiet auf der Grenze zwischen Österreich und Italien.

Der Passo San Antonio (1489 m) sowie der Kreuzbergsattel (1074 m), auch Kreuzberg genannt, führen uns dann hinüber ins Pustertal. Hier stehen alternativ die Talstraße in Form der B 100 oder aber die grandiose Pustertaler Höhenstraße am Nordhang des Tales zur Auswahl, die uns beide hinüber nach Lienz bringen. Durch das Drautal und über den Gailbergsattel mit seinen gut 1000 Höhenmetern geht es am Spätnachmittag retour zum Ausgangspunkt. Gut 80 Spitzkehren später, wohlgemerkt.

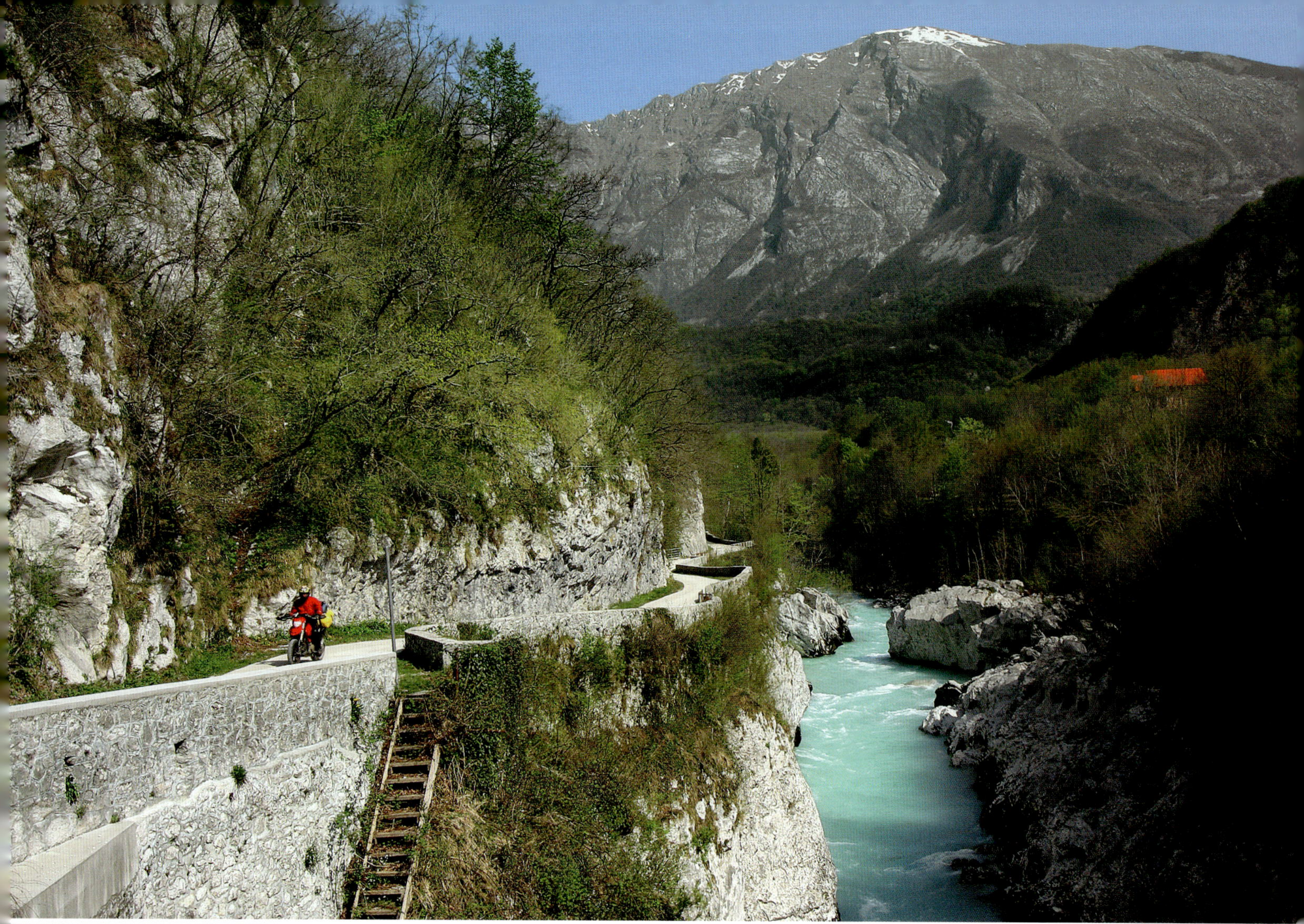

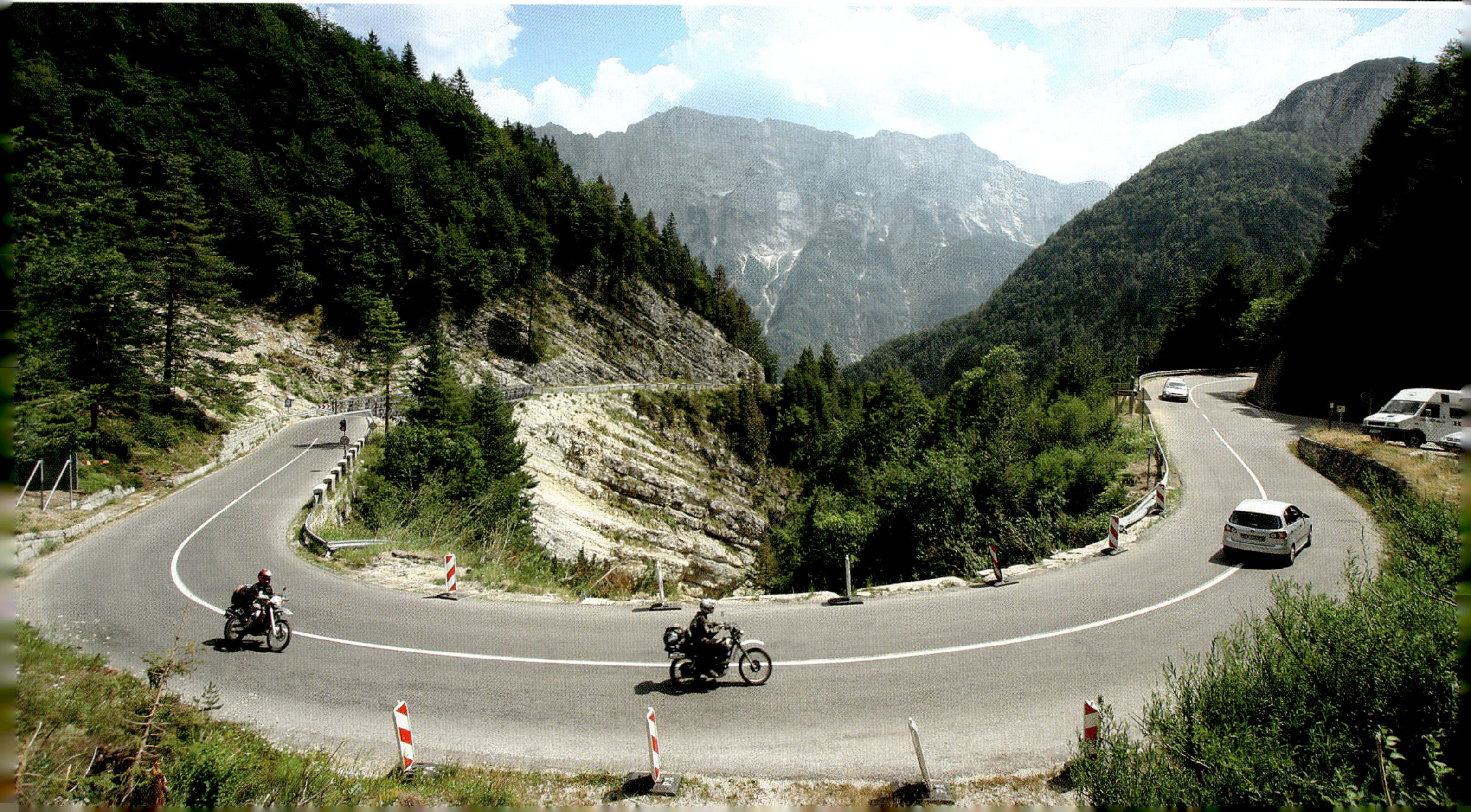

29 Mangartstraße

Hoch über Slowenien verläuft, entlang der Grenze zu Italien, die Mangart-Panorama-straße. Sie ist gleichzeitig die höchste Straße des Landes und so schön, das man Eintritt in Form von Maut verlangen kann … und das auch macht. Am Predilpass gelegen – von dem sie abgeht – bringt sie es allerdings nur auf zehn Panoramakilometer. Natur-steintunnel, Steinberge und am Ende der Ausblick in die 600 Meter tiefe Lahnscharte sind ihre Highlights, der Blick reicht bis zum Großglockner.

Die Geschichte der Passstraße

Die Geschichte der Panoramastraße ist eng verwoben mit der des Predilpasses, von dem sie in einer Höhe von 1094 Metern abzweigt.

Die Bürger der Stadt Civale del Friuli ersuchten 1319 den Bischof von Bamberg, auf eigene Kosten eine Straße über den Pre-dilpass bauen zu dürfen. Der Bamberger Bi-schof verfügte seinerzeit über zahlreiche Be-sitzungen und hatte anderweitige Interessen nördlich und südlich des Predils. Schon 1326 wurde die Predilstraße rege genutzt, so wird aus dieser Zeit bereits über eine Mautver-pachtung berichtet. Die Bürger Civales wollten dadurch die Kosten für den Stra-ßenbau wieder hereinbekommen. Endgültig fertiggestellt wurde die Predilstraße vermut-lich erst 1404. Im Jahr 1490 wurden einige Brücken neu gebaut und die alte Straße an ei-nigen Stellen begradigt, sie war damals aber nur ein besserer Karrenweg. Nachdem Civi-dale im 16. Jahrhundert unter venezianische Herrschaft geriet, ebbte der Verkehr am Pre-dil aufgrund von Sanktionen stark ab. In der Zwischenzeit erschloss Österreich neue Han-delsrouten, und der Pass verlor weiter an Be-deutung. 1678 und 1680–84 fand letztma-lig ein Ausbau statt, bevor mit aufkommen-der Motorisierung neuzeitliche Anpassungen vorgenommen wurden.

Als die Mangartstraße gebaut wurde, be-fand sie sich auf italienischem Staatsgebiet. Zwischen dem Ersten und dem Zweiten Welt-krieg waren das Soča- und Isonzotal italie-nisch. Deshalb trägt der Pass auch zahlreiche Namen: Mangartsko, Sedlo, Lahnscharte, Klanska Škrbina, Forcella della Lavina …

Auf Befehl des Duce Mussolini wurde die Mangartstraße als reine Touristenroute in den 1930er-Jahren angelegt und innerhalb von zwei Jahren fertiggestellt. Man spricht von – verlustreichen – Arbeiten auch im Winter. Der urwüchsige Kopfsteinpflaster-besatz des benachbarten Vršič-Passes wurde von russischen Kriegsgefangenen verlegt. Die Mangartstraße mit ihren fünf Naturstein-

Zwischen Soča-Tal und dem Friaul liegt die Mangartstraße, die früher italienisch war. (o.) | Abzweig zum Mangart an der Predil-Passstraße (u.) | Rechte Seite: XT 500-Treffen an der Lahnscharte

Nur gut elf Kilometer lang ist die Fahrt auf der Mangartstraße, aber jeder Kilometer ist lohnend!

Karstige Einblicke gewährt die Mangartstraße im äußersten und höchstgelegenen Zipfel Sloweniens.

tunneln wurde immer wieder moderat modernisiert und den heutigen Verhältnissen angepasst. Sie dient nach wie vor nur touristischen Zwecken.

Die Passstraße heute

Die Kluže oder Flitscher Klause genannte militärische Bunkeranlage von 1882 klebt linker Hand am Felsen, dahinter geht es mit 14 Prozent Steigung mächtig bergauf, bis die Mangartstraße recht unauffällig in einer 180-Grad-Kurve abbiegt. Nur etwa 1,5 Kilometer östlich liegt am Predilpass (1156 m) der Grenzübergang nach Italien. Ihre Straßentrasse wird oft als abenteuerlich und verschlungen beschrieben. Es gilt fünf schmale, finstere und unverkleidete Tunnel zu durchfahren, zwei von ihnen liegen in zwei »Stockwerken« übereinander und kreuzen einander auf unterschiedlichen Ebenen. Ein nächtlicher Erdrutsch von mehreren Millionen Kubikmetern Geröll und Gestein im November 2000 kostete im darunterliegenden Ort Log pod Mangartom sieben Menschen das Leben.

Der Online-Guide Alpenrouten.de schreibt: »… im November 2000 wurde die Strecke komplett asphaltiert und ist heute bestens ausgebaut, allerdings nach wie vor im oberen Teil sehr schmal, unübersichtlich und nicht überall wirkungsvoll randgesichert«. An einer Stelle wird ein Bachbett durchquert, dann nähert man sich einer sporadisch besetzten Mautstelle (5 Euro) an der Mangartalm. In der Nähe kann man leckeren Bovec-Käse direkt vom Erzeuger kaufen, anschließend beginnt der aussichtsreiche und finale Aufstieg zur Lahnscharte.

Das Ziel nun vor Augen: Es ist die im Sommer bewirtschaftete Mangarthütte. Dort teilt sich die Strecke zu einer Ein-

Lahnscharte von oben: Vorsicht an der Kante!

Information

Alle Hard Facts zum Pass

Basisorte: Predilpass bzw. Bovec und Tarvisio

Anzahl der Kehren: 17

Streckenlänge: 11,7 km

Schwierigkeitsgrad: anspruchsvoll

Straßenzustand: gut

Mautpflicht: im Sommer, ab Mangartalm

Offizielle Wintersperre: November bis ca. Ende Mai

Schönste Reisezeit: Juni bis Oktober

Einkehr- und Übernachtungstipps rund um die Mangartstraße

Campingplatz in Bovec: Camp Liza, www.camp-liza.com

Campingplatz in Tolmin: Camp Vili, www.camp-vili.si

Hotel in der Provinz Udine: Sport Hotel Bellavista, Tarvisio, www.sporthotelbella-vista.com

Hotels, Bauernhöfe, B&B für Biker: www.bikershotel.it

Weiterführende Internetadressen

alpenrouten.de

Pässeinfos für Motorradfahrer

www.turismofvg.it/Seen/Predil-See
Der Predilsee auf dem Tourismusportal von Friaul Julisch-Venetien

bahnschleife. In einem letzten kühnen Anstieg wird der Hochpunkt erreicht. Wir sind nicht die einzigen Biker auf dem wiesengrünen Aussichtsplateau, die Teilnehmer eines XT-500-Treffens sind zum Gruppenfoto angereist. Von den Klippen des steil abfallenden Plateaus lassen sich in der Ferne, im nord-östlichsten Zipfel Italiens, die Laghi di Fusine erkennen. Die Lahnscharte liegt kaum 100 Meter abseits der Mangartstraße, hier geht es einfach nur 600 Meter steil abwärts …

Aktuelle Ereignisse

Ab und an gibt es kleinere Marken- oder Community-Treffen am Mangartpass, der von Motorradfahrern wegen seiner herausragenden Höhe, seiner Aussicht oder einfach nur für ein Foto der Lahnscharte aufgesucht wird.

Touren rund um den Pass

Beiderseits der Grenze hat man von der Mangartstraße aus gute Tourenmöglichkeiten. Einfach nur an der kristallklaren, türkis schillernden Soča entlangzufahren, ist für sich schon ein reines Vergnügen. Angefangen am Predilpass kann man zum Vršič-Pass fahren, der im Nationalpark Triglav liegt, oder weiter westlich im Friaul nach Touren Ausschau halten. Über den Vršič-Pass gelangt man in Sloweniens einzigen Nationalpark, der nach dem höchsten Berg Triglav (Dreikopf) benannt ist. Hier wachte der Sage nach Zlatorog, ein weißer Gamsbock mit goldenen Hörnern, über einen Schatz im Hochgebirge. Heute erinnert eher das Logo der wohlschmeckenden slowenischen Biermarke Pivovarna Laško an den Bock.

Kurz und knackig: die Mangartstraße zwischen Predilpass und Lahnscharte

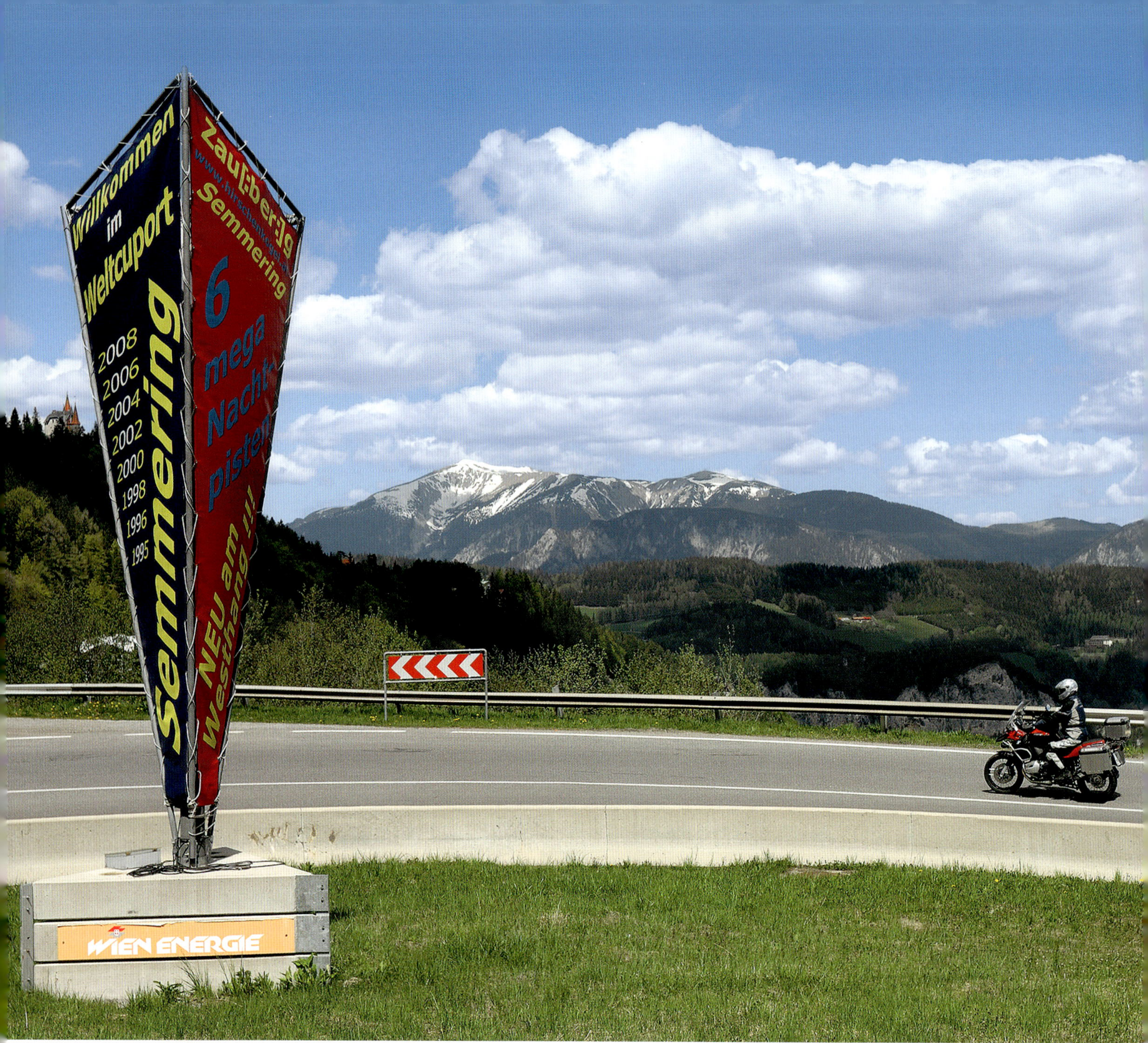
Willkommen
im
Weltcuport
Semmering
2008
2006
2004
2002
2000
1998
1996
1995
Zauberberg
Semmering
6
mega
Nacht-
pisten
NEU am !!!
Westhang
WIEN ENERGIE

29
48

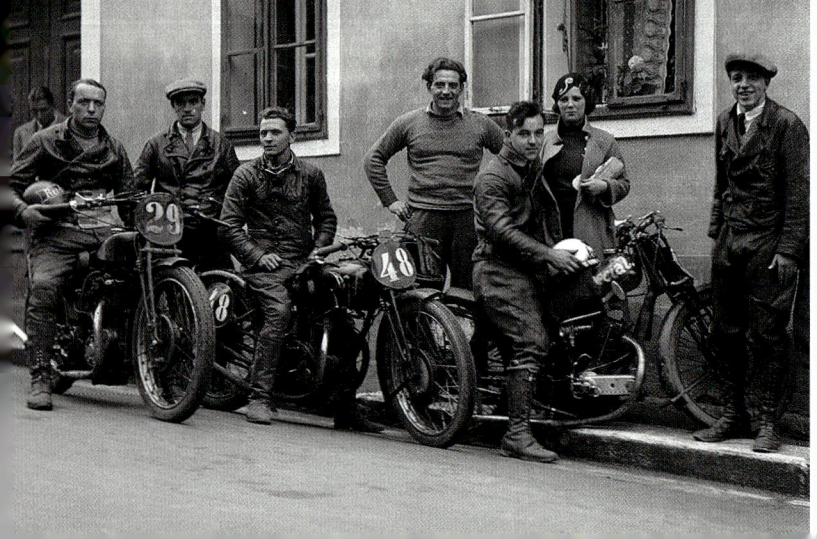

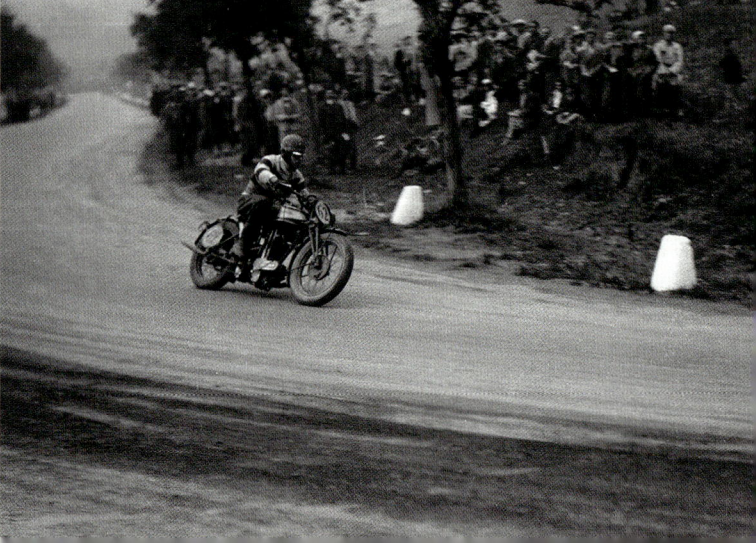

30 Semmering

Der Semmering ist für Geologen ein seltenes Fenster in längst vergangene Zeiten,
für Geschichtsinteressierte ein Füllhorn voller Fakten und Anekdoten – und für Motorradfahrer ein Grund mehr, sich die herrliche Steiermark ganz besonders intensiv zu Gemüte
zu führen. Welch ein vielfältiger Pass!

Im Überblick

Name: Semmering
Land: Österreich
Region: Steiermark und Niederösterreich
Höchster Punkt: 984 m
Jahr der Fertigstellung: 1958

Die Geschichte der Passstraße

Etrusker sollen schon 1000 Jahre vor unserer
Zeitrechnung über den Semmering gezogen
sein, ja, der nicht besonders hoch reichende
und damit auch im Winter nutzbare Saumpfad soll ein wichtiger Handelsweg für Bern-
stein gewesen sein, das im Baltikum zutage
gefördert wurde. An vielen Stellen rund um
den Pass entdeckte man etruskische Bronze-
und Goldarbeiten, die diese These unter-
mauern. Dass die Römer sich hier ebenfalls
ausbreiteten, ist logisch, gleichwohl der Semmering für sie keine große Bedeutung besaß.

Karl der Große soll im 8. Jahrhundert
dann die erste Befestigung des Saumpfades
angeordnet haben, sodass er zumindest abschnittsweise auch mit Karren befahrbar war.
Während der Völkerwanderung wurde es
still rund um den Semmering – so wie in
vielen Gebieten der Ostalpen. Das nutzten
slawische Stämme, die sich ab dem 6. Jahrhundert hier ungehindert ausbreiten konn-

ten. Sie gaben dem Gebiet auch seinen Namen: »Semmerick – der Unwirtliche« be-
ruhte auf den damaligen Lebensverhältnis-
sen dort. Ab dem 10. Jahrhundert begann-
nen Germanen den Semmering mit Erfolg
für sich zu reklamieren, behielten allerdings
die Namensgebung bei.

Der erste urkundlich erwähnte und für
damalige Verhältnisse recht ordentlich befestigte Saumweg wurde im Jahr 1160 angelegt, um vor allem Waren vom Wiener Becken recht bequem gen Süden transportie-
ren zu können. Der Weiler Schottwien am
Fuß des Passes wurde zu einer wichtigen
Wechselstation für die Fuhrwerke, die hier
doppelt so viele Pferde vorspannen mussten,
um die Steigungen zu bewältigen. Bereits zu
Beginn des 19. Jahrhunderts wurde dann eine neue Streckenführung geplant, um die
zum Teil sehr gefährlichen Steigungen deutlich zu entschärfen.

Tummelplatz der feinen Gesellschaft

Der Ort Semmering – direkt auf der Grenze zwischen Niederösterreich und Steiermark
– entwickelte sich beinahe »über Nacht« zu
einem beliebten Sommer- wie Winterur-
laubsdomizil der feinen Gesellschaft Wiens.
In den oftmals mondänen, aber auch höchst
sehenswerten Villen des Kurortes gastierten
nicht nur Habsburger Kaiser, sondern auch
Poeten, Schriftsteller und berühmte Musi-

ker. Einer der Gründe für die Attraktivität
des Semmerings für die High Society
Europas war der Bau einer Eisenbahnlinie,
die ab 1854 Semmering mit dem gerade einmal 90 Kilometer entfernten Wien auf

Der Semmering ist legendär – sei es in
Sachen Motorsport, wie hier beim Internationalen Semmering-Rennen 1933:
Josef Haberer (29) auf Rudge-Whiteworth,
Franz Schmied (48) auf Rudge-Whiteworth, Hugo Roigk (3) auf HR Spezial
(u.li.) und Hermann Deimel auf Norton
505 ccm auf der Strecke (u.re.) oder
auch als »Sommerfrische« für die k.u.k.
High Society (rechte Seite).

Rund um den Semmering erwartet uns ein Tourengebiet, wie es abwechslungsreicher kaum noch sein kann. Und das nicht nur im steirischen Frühling wie hier.

höchst bequeme Art und Weise verband.

Die bald schon berühmte Semmeringbahn schnaufte von Gloggnitz über den Semmering nach Mürzzuschlag und war damals die erste normalspurige Gebirgsbahn Europas. Sie gilt heutzutage als einer der wichtigsten Meilensteine der Eisenbahngeschichte und zählt deshalb seit 1998 zum UNESCO-Weltkulturerbe.

Trotz Eisenbahnanbindung wurde bald schon deutlich, dass der Semmering seinen illustren Gästen mehr bieten musste als »nur« eine prächtige Landschaft. So gab es bereits 1899 das erste Semmering-Bergrennen, eine inzwischen legendäre Motorsportveranstaltung für Autos und Motorräder. Zehn Kilometer lang war die damalige Bergstrecke, und wieder waren es all die großen Namen des Rennsports, die sich auch am Semmering mit ihren Siegen und Erfolgen verewigten: Rudolf Caracciola oder auch Hans Stuck. Bis 1933 fanden nahezu jährlich die Semmering-Bergrennen statt und lockten Motorsportfans aus ganz Europa.

Um 1958 wurde die Semmeringstraße komplett neu gebaut, um dem deutlich gewachsenen Verkehrsaufkommen Rechnung zu tragen. Heute ist der Semmering-Bergpreis als Erinnerung an alte Zeiten eine der bekanntesten Motorsportveranstaltungen Österreichs – und der beliebteste Austragungsort für Oldtimer-Rallyes rund um Wien.

Die Passstraße heute

Geologen begeistert der Semmering, da sich hier ein gut 200 Quadratkilometer großes geologisches Fenster auftut, in dem ältere Gesteinsschichten der Erdkruste durch neuere Schichten hindurchragen und damit zugänglich sind. Der Durchreisende auf zwei oder vier Rädern schätzt an diesem Pass, dass er neben dem Wechselpass in der südlich gelegenen Buckligen Welt die wichtigste, weil direkteste Verkehrsverbindung zwischen Niederösterreich und der Steiermark darstellt. Und der Genussbiker weiß zu schätzen, dass sich das dementsprechend hohe Verkehrsaufkommen recht geschickt auf die zur Auswahl stehende Semmering-Landesstraße, die Schnellstraße S6 sowie auch den Semmeringtunnel verteilt. Und die Semmeringbahn steht ebenfalls noch zur Verfügung.

Zwar werden wir zur Sommerreisezeit den Semmering wohl kaum jemals am Tag für uns allein haben, aber abseits von Juli und August können wir hier inmitten einer sehenswerten Landschaft hinauf zur Passhöhe huschen. Dort direkt auf der Scheitelhöhe liegt der gleichnamige Luftkurort, der auch von ebenjener berühmten Semmeringbahn angefahren wird. Um den sehenswerten historischen Kern des Kurortes mit seiner Vielzahl an prachtvollen Jugendstilvillen zu entlasten, wurde 2004 der Semmeringtunnel freigegeben. Seitdem klagt der Ortskern zwar über deutliche Einbußen aus dem Geschäft mit dem Reisenden, dem Fahrgenuss vor allem auch für erkundungsfreudige Biker hat dies allerdings nicht geschadet. Ganz im Gegenteil. Tuckern Sie einfach genüsslich durch den historischen Kern von Semmering, schauen Sie sich ausgiebig um und begeben Sie sich auf eine kostenlose Reise zurück in die Wiener K.-u.-k.-Zeit. Toll!

Von der Ostrampe des Passes liegt dann das Wiener Becken mit Neunkirchen und Wiener Neustadt nicht mehr weit entfernt.

Information

Alle Hard Facts zum Pass

Basisorte: Mürzzuschlag und Gloggnitz

Anzahl der Kehren: 3

Streckenlänge: 30

Schwierigkeitsgrad: leicht

Straßenzustand: gut

Mautpflicht: keine

Offizielle Wintersperre: keine

Schönste Reisezeit: Mai bis Oktober

Einkehr- und Übernachtungstipps rund um den Semmering

Übernachtungstipp in Mürzzuschlag: Hotel-Restaurant Winkler, Stadtplatz 3, www.restaurant-winkler.at

Boxenstopp in Semmering: Restaurant Seewirtshaus, Zauberberg 2

Einkehrtipp in Stanz im Mürztal: Wirtshaus am Webergut, Stanz Nr. 15

Weiterführende Internetadressen

www.semmering.at alle Infos über die Legende

www.oldtimerclub-gloggnitz.com Veranstalter des Semmering-Bergpreises

www.steiermark.com ein Bikerparadies stellt sich vor

www.semmeringbahn.at nicht nur für Eisenbahnfans

Einer der Gründe, warum der Semmering auch heute noch als das beliebteste Naherholungsgebiet der Hauptstädter rangiert.

Der Bau der Semmering-Bahnstrecke (Bild aus dem Jahr 1900) gilt bis heute als ein Meilenstein der Eisenbahngeschichte und ist zu Recht UNESCO Welterbe.

Touren rund um den Pass

Länge: 250 km
Zeitaufwand: 5 Std.
Schwierigkeit: leicht

Ausgehend vom sehenswerten Städtchen Mürzzuschlag geht es zunächst hinauf nach Kapellen und sodann rechts ab zum Anstieg zum Preiner Gscheid (1070 m), einem parallel zum Semmering verlaufenden Mittelgebirgspass. Zwar sind dessen Höhen stark bewaldet und bieten recht wenig Aussicht, dennoch ist die Fahrt ein Genuss. Und das auch, weil wir die Anfahrt zum Semmering dann über Reichenau an der Rax, Klamm und Breitenstein am Semmering legen können, die uns eine satte Portion Kurven und Kehren schenkt. Nach einem ausgiebigen

Rundumblick im Ort Semmering geht es weiter zu einer ausgiebigen Runde in die Ausläufer der Buckligen Welt. Der Landstrich im Südosten Niederösterreichs wird gern auch »Land der 1000 Hügel« genannt, Sie werden rasch erahnen können, warum.

Über den Feistritzsattel (1298 m) geht es am Westrand der Buckligen Welt entlang, über Sankt Jakob im Walde und Wenigzell erreichen wir nach einem Potpourri an ungezählten Kurven und Kehren das Städtchen Birkfeld, einen beschaulichen Markt im Herzen der Steiermark. Nun wenden wir uns wieder gen Norden und schwingen über Fischbach und Stanz retour ins Mürztal sowie zu unserem Ausgangsort.

Karl Abarth auf Sunbeam 602 ccm mit Beiwagen und Beifahrer auf der Strecke beim Semmering-Rennen 1933

Die Autoren:

Heinz E. Studt, geboren 1958 in Osnabrück, lebt seit 25 Jahren in München. Als leidenschaftlicher Motorradfahrer und Fotograf hat er seine Passion zum Schwerpunkt seiner täglichen Arbeit als freier Journalist und Buchautor gemacht. Von Frühling bis weit in den Herbst hinein gehören vor allem Süddeutschland und die Alpen zum festen Bestandteil seiner unzähligen Motorradtouren.

Markus Golletz, geboren 1966, lebt und arbeitet in Italien und Hannover als freier Journalist. Meist auf Enduros unterwegs, gibt es viele Verlockungen in Italien, denen der Autor nicht widerstehen kann.

Wir danken für die freundliche Unterstützung:
Karla Klocke; Sabine Bade & Wolfram Mikuteit, Andreas Hecht von Alpenrouten.de; Giorgio

Martino, Milano; Karen Kloss; Comunity Montana Valle Varaita; Office de Tourisme du Queyras, Archiv Nationalpark Gran Paradiso, Marcella Tortorelli; TCI Archiv Triennale Milano, Luciana Senna; Parco Nazionale Gran Paradiso, Marcella Tortorelli; Autozug der DB (Dagmar Kothe, Olaf Gebauer); Ducati Deutschland und Touratech GmbH; Severin Werner (www.Moto-adventure.ch); Herbert Thiess; Martin Scholz (Hannibal Experte)

Verantwortlich: Claudia Hohdorf
Lektorat: mcp concept Susanne Kraus, Kolbermoor/Rosenheim
Layout: BUCHFLINK Rüdiger Wagner, Nördlingen
Kartografie: Heidi Schmalfuß, München
Repro: Cromika, Verona
Herstellung: Anna Katavic
Printed in Italy by Printer Trento

★ ★ ★ ★ ★

Sind Sie mit diesem Titel zufrieden? Dann würden wir uns über Ihre Weiterempfehlung freuen.
Erzählen Sie es im Freundeskreis, berichten Sie Ihrem Buchhändler, oder bewerten Sie bei Onlinekauf.
Und wenn Sie Kritik, Korrekturen, Aktualisierungen haben, freuen wir uns über Ihre Nachricht an den Bruckmann Verlag, Postfach 40 02 09, D-80702 München oder per E-Mail an lektorat@verlagshaus.de.

Unser komplettes Programm finden Sie unter:

 www.bruckmann.de

Alle Angaben dieses Werkes wurden von den Autoren sorgfältig recherchiert und auf den aktuellen Stand gebracht sowie vom Verlag geprüft. Für die Richtigkeit der Angaben kann jedoch keine Haftung übernommen werden. Für Hinweise und Anregungen sind wir jederzeit dankbar.

Bildnachweis
Alle Bilder stammen von den Autoren, mit Ausnahme von:
Alpenrouten.de, S. 28 o.; Andreas Hecht, S. 31; Artur Fenzlau/Technisches Museum Wien, S. 138 u., S. 141 u.; Großglockner Hochalpenstraßen AG, S. 124 M., u.re., S. 125 o.l.; Herbert Thiess/ Nikolaus Waldmann, S. 120 u.li.; meralpes.fr, S.12 re.; picture-alliance/akg-images/Paul Almasy, S. 36 o., S. 52 li.; Picture alliances/akg-images, S. 45 o., S. 108 o.; picture-alliance/dpa, S. 109; picture-alliance/dpa/dpaweb, S. 91 o.; picture alliance/ IMAGNO/Austrian Archives (S), S. 89, S. 124 u.li.; picture alliance/Katharina Heyne, S. 116 u.li.; picture alliance/KEYSTONE, S. 54 o., S. 60 o.li., u.li., S. 61, S. 62, S. 63 u., S. 50 o.li., o.re., o.li., S. 52 re., S. 64 o., S. 68 re.u., re.o., li.u., S. 70 o., S. 72 u.M., S. 73, S. 76 u.li., u.re., S. 80 o., S. 82 u.; Privat, S. 22 re., S. 24 u.; Sammlung

Marco Bellone, S. 12 u.li., S. 14 o.; Spriet Hugues, S. 30; TCI Archiv Triennale Milano, S. 22 u.li., S. 40 u.re., S. 48, S. 54 u., S. 58, S. 92 u.li., u.re., S. 94 o.; Wikipedia/Louis Inghilbert, S. 8 u.M.; Wikipedia/Joseph Anton Koch, S. 66 u.; Wikipedia/Rothe, S. 75; Wikipedia/Albert Gross, S. 88 u.re.; Wikipedia/Romedo Guler, S. 95 u.; Wikipedia, S. 54 re.u., S. 72 u.li., u.re., S. 84 u.li., S. 141 o.; Wolfram Mikuteit, S. 34 o.

Umschlag:
Vorderseite: Groß: Die legendäre Tremola, die historische Gotthardsüdrampe (picture alliance/KEYSTONE). klein: historisches Klausenpassrennen
Rückseite: Das Klausenpass-Hotel 1950 (picture alliance/KEYSTONE) und heute (Heinz E.Studt)

Die Deutsche Nationalbibliothek verzeichnet diese Publikation in der Deutschen Nationalbibliografie; detaillierte bibliografische Daten sind im Internet über http://dnb.d-nb.de abrufbar.

© 2014 Bruckmann Verlag GmbH
ISBN 978-3-7654-6042-5

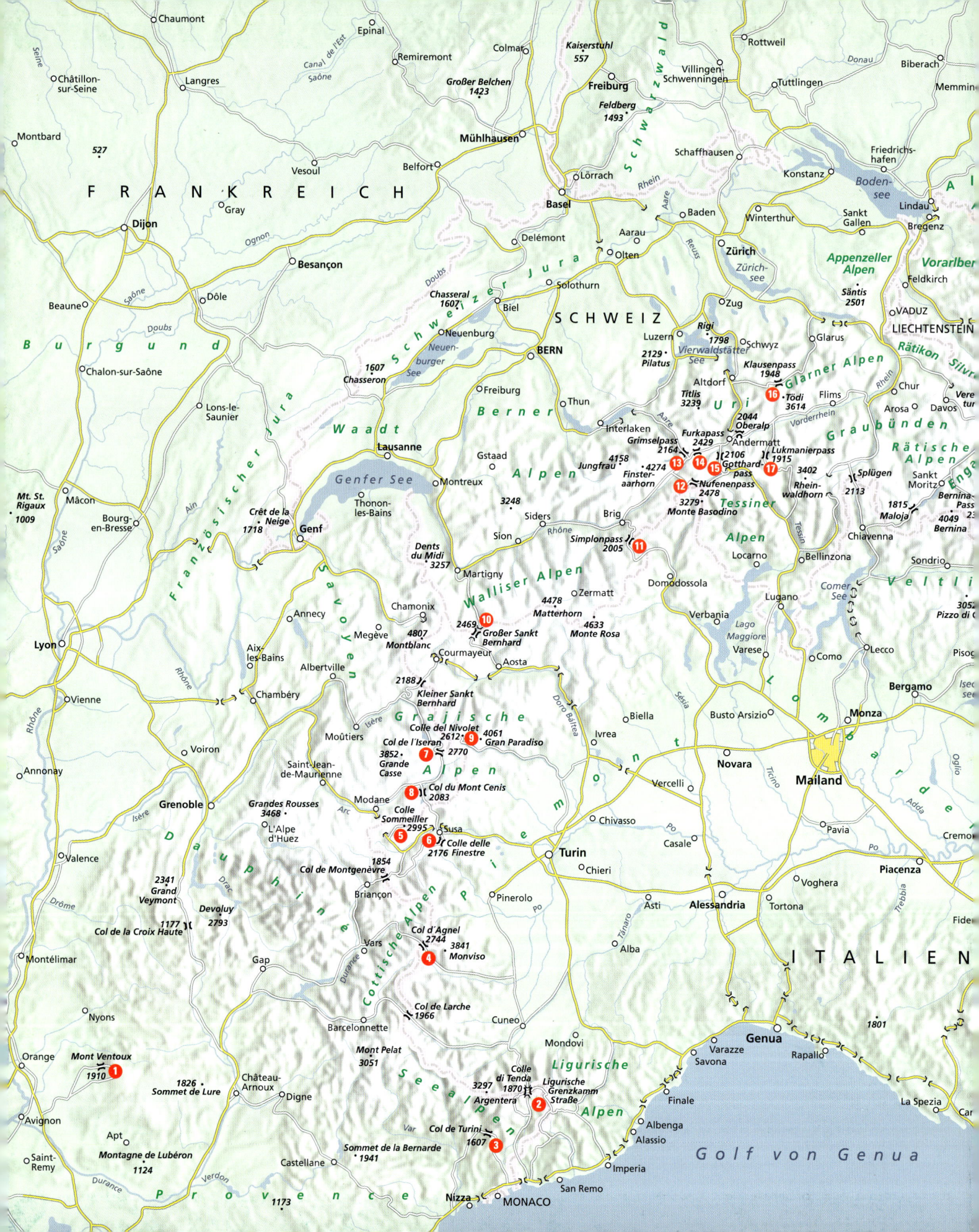